SILKE PFERSDORF | Erziehungsfalle Angst

SILKE PFERSDORF

Erziehungsfalle Angst

Warum Eltern ihren Kindern die Freiheit zurückgeben müssen

Brigitte Buch im Diana Verlag

FSC
Mix
Produktgruppe aus vorbildlich bewirtschafteten Wäldern und anderen kontrollierten Herkünften

Zert.-Nr. SGS-COC-1940
www.fsc.org
© 1996 Forest Stewardship Council

Verlagsgruppe Random House FSC-DEU-0100.
Das für dieses Buch verwendete
FSC-zertifizierte Papier *EOS*
liefert Salzer, St. Pölten.

BRIGITTE-Buch im Diana Verlag

Redaktion | Regina Carstensen
Herstellung | Gabriele Kutscha
Satz | Leingärtner, Nabburg
Druck und Bindung | GGP Media GmbH, Pößneck

Printed in Germany
ISBN-10: 3-453-28506-9
ISBN-13: 978-3-453-28506-4

www.diana-verlag.de

Meinen Kindern Svea und Fabian

Inhalt

Vorwort

Es war auf dem Weg zurück in meine Kindheit. Langsam kurvte ich mit meinem Wagen durch Oberricklingen, den Stadtteil von Hannover, in dem ich aufgewachsen war. Vom Rücksitz aus beäugten meine Kinder Svea und Fabian neugierig die Gegend. »Gibt's ja nicht, der Park ist auch noch da«, rief ich begeistert aus. »Ihr glaubt gar nicht, wie klasse man dort spielen konnte. Die Bäume – mit dicken Ästen, ganz nach oben sind wir geklettert. Und wenn wir Hunger kriegten, sind wir rüber zum Fleischer, da gab es schon mal ein paar Scheiben Mortadella umsonst. Im Winter, wenn es früh dunkel wurde, war es richtig gruselig, Verstecken zu spielen. Herrlich!« Meine Kinder starrten auf das dichte Buschwerk, an dem wir gerade vorbeifuhren. »Hat Oma das denn auch Spaß gemacht?«, wollte mein neunjähriger Sohn wissen. »Die war doch gar nicht dabei«, antwortete ich verdutzt. »Aber wer«, fragte er, »hat denn auf euch aufgepasst?«

Ja, wer hatte eigentlich auf uns aufgepasst? Von mittags bis späten Nachmittag, nach den Hausaufgaben bis zum Abendbrot. Wo wir gewesen waren, hat selten einer gefragt. Und zwischendurch mal anrufen, ging auch schlecht – es gab ja keine Handys. Dafür gab es abends Pflaster für aufgeschlagene Knie oder Schimpfe, wenn die Hose zerrissen oder voller Matsch war. Klar, manchmal verliefen wir uns auch, irgendwo im Straßendickicht der Vorstadt. Oder wir stiegen falsch aus der

Bahn, die wir nehmen mussten, wenn wir ins Freizeitheim zum Tischtennisspielen wollten. Dann mussten wir sehen, wie wir noch hinkamen. Gebracht hat uns jedenfalls keiner. Wenn man Pech hatte, wurde man von ein paar Jugendlichen verprügelt, irgendwo auf den Wegen, wo die Kinder wohnten, mit denen wir nicht spielen durften. Keiner ging dazwischen. Erst recht kein Erwachsener. Die waren irgendwie immer woanders. In den Nachmittagsstunden unserer Kindheit jedenfalls kamen sie nicht vor. Da waren nur Freunde, die draußen mit uns spielten, Abenteuer erlebten in Hinterhöfen und Gassen, auf wilden Wiesen, Baustellen.

Diese Kindheit gibt es heute nicht mehr. Weil es die Eltern nicht mehr gibt, die zu so einer Kindheit nun mal gehören würden: Eltern, die das Leben nicht nur als Aneinanderreihung von Fast-wäre-es-passiert-Momenten betrachten, die ihre Kinder nicht ständig behüten wollen vor Gefahren, die sie überall wittern: In Pfützen können Kleinkinder ertrinken, von Bäumen können sie stürzen, um auf Zäunen zu landen, die sie aufspießen. Ein Auto könnte sie erwischen, und der nächste Sextäter wartet bestimmt schon um die Ecke. Himmel, sind wir ängstlich geworden. Sorgenfalteneltern, eine ganze Kindheit lang. Heute tragen nur noch wenige Kinder einen Schlüssel um den Hals – Eltern trauen sich einfach nicht mehr, ihre Kinder unbeaufsichtigt daheim zu lassen. Dafür tragen die wenigen verbliebenen Mütter und Väter von Schlüsselkindern oft schwer am Vorwurf, ihre Kinder zu vernachlässigen.

Wir glauben, unseren Kindern alles zu geben. Und nehmen ihnen dabei mit unserer Angst so viel. Die Freiheit, natürlich. Aber auch jede Menge selbst erlebte Welt. Ein Kind, das Nudelwasser einmal allein aufsetzen darf, verbrüht sich vielleicht. Und wenn es das erste Mal mit dem Bügeleisen hantiert, könnte es sich verbrennen, sicher. Aber es macht eben auch jede Menge Erfahrungen. Unter anderem am Ende die, wieder etwas

Neues dazugelernt zu haben, wieder einen Schritt weitergekommen zu sein.

Die Zeitschrift *Brigitte* hatte das Thema in ihrer Ausgabe 7 im März 2006 in einem Dossier unter dem Titel »Wie viel Angst dürfen Eltern haben?« aufgegriffen – und viele Eltern erkannten sich und ihre Befürchtungen darin wieder. Die Frage ist nur: Wie wird man die Ängste los? Wo ist der Schlüssel zu dem Käfig, in dem wir unsere Kinder gefangen halten? Wie können wir ihnen die Freiheit wiedergeben, ohne selbst vor Sorge zu vergehen?

Indem wir dem Risiko einmal ganz nüchtern ins Auge sehen, zum Beispiel. Tatsächlich nämlich ist Kindheit viel sicherer geworden. Unter den Kindern gibt es weniger Verkehrstote denn je, die Zahl der Sexualmorde ist rückläufig. Und wir müssen uns nicht ständig einmischen, weil Kinder eine Menge selbst regeln können. Ihre Streitigkeiten, ihre Wut, auch ihre Traurigkeiten. Kinder brauchen Krisen – und das Gefühl, selbst hindurchgestiefelt zu sein. Das macht sie stark.

Als ich das Kapitel schrieb, in dem es um genau diese Momente ging, durch die man seine Kinder am liebsten eigenhändig auf starken Armen tragen möchte, damit ihnen nur ja kein Leid geschieht und ihr zartes Seelchen Schaden nehme, rief meine Tochter Svea von einer Gruppenfahrt an. »Hol mich ab, Mama«, flüsterte sie. Sie hatte sich gleich mit mehreren Freundinnen überworfen, fühlte sich einsam, sie litt. Mein erster Impuls: hinfahren, abholen, mein Kind retten. Dann erst wurde mir klar: Da muss sie durch. Allein. Ich kann ihr nicht alles im Leben abnehmen, ich darf es gar nicht. So wie ich ihr nicht jeden Baum verbieten kann, auf den sie klettern möchte, nicht den Schwimmbadbesuch mit Freundinnen (und ohne Aufsichtsperson), nicht die Fahrt mit der Bahn zum Reitklub. Wer begreift, dass es genau diese Freiheit ist, die Kinder erst fürs Leben rüstet, lernt loszulassen.

Dieses Buch ist kein Ratgeber. Es erklärt Eltern, dass die ständige Bemutterung den Kindern schadet – und gibt ihnen jede Menge Gründe, mit mehr Mut an die Erziehung zu gehen.

Kinder, die mit Stützrädern Fahrradfahren lernen, haben es schwerer, Balance zu lernen, als Kinder, die ohne diese Hilfen auskommen mussten. Genauso ist es eben auch mit vielen anderen Hilfestellungen, die wir unseren Sprösslingen geben, weil wir Angst haben, sie kriegen es allein ja doch nicht hin, oder sie könnten sich womöglich irgendwelche Blessuren holen. Klar, auf zwei Rädern kann man umfallen. Das ist halt das Leben. Das richtige Leben.

1

Die neue deutsche Kindheit

Von umsorgten Eizellen, gepamperten Kleinkindern und Müttern mit Tunnelblick

Fotoalben liebe ich. Erinnerungen zu Standbildern eingefroren, Momente voller Glück, Lachen und Weißt-du-noch!-Geschichten. Aber dann schiebt sich plötzlich auch ein großes Fragezeichen in meine Gedanken: Welches Bild werden meine Kinder in ihren Köpfen bewahren? Von den Tagen, als sie klein waren – und von uns, ihren Eltern. Ich habe Angst, meinem Bild in ihnen wäre eine dicke Sorgefalte ins Gesicht geschrieben. Und nicht das Lachen und die Lebensfreude, mit dem ich mich viel lieber sehen würde. In solchen Augenblicken wird mir klar, was ich an mir als Mutter hasse: meine Unsicherheit. Meine ständige Furcht, meinen Kinder zu wenig Zeit, zu wenig Liebe, zu wenig Bildung, zu wenig Zuspruch zu geben. Das ständige Gefühl, als Mutter nicht gut genug zu sein.

Eine Angst, die viele Eltern kennen. Eine von vielen Ängsten. Eltern heute wissen, dass Kinder sich in der Sandkiste Bakterien einfangen können, sie wittern Gifte im Babybrei und in der Farbe, mit denen die Wiege gestrichen wurde, sie freuen sich nicht mehr an einem blühenden Baum, weil sie ahnen, dass ihr Kind eines Tages von seinen herrlichen Ästen stürzen könnte, auch von den bunten Sprossen eines Klettergerüsts. Alles Schöne trägt für uns einen Grauschleier der Unsicherheit. Eltern heute haben eine genaue Vorstellung davon, was alles passieren kann. So wie sie wissen, dass Erziehung ein unerhört schwieriges Geschäft ist. Sie können es schließlich täglich lesen. In den Zeitungen, in den Ratgebern, die zu Dutzenden in den Buchläden stehen: Kinder ersticken an den Haaren ihres Teddys, verbrühen sich an heißer Suppe, werden vom Nachbarn mit Gummibärchen angelockt und verschleppt, von Mitschülern gemobbt.

Die Schwangerschaft – neun, zehn sorgenvolle Monate, ob das Kind im Bauch auch gesund heranwächst; die Kindergarten- und die Schulzeit – mit Erziehern, Lehrern und anderen Risikofaktoren. Die ständige Befürchtung, die Sprösslinge könnten irgendwo im weiten Feld des Lebens den Weg verfehlen oder zu kurz kommen. Wir sind bestens informiert über jedes noch so kleine Risiko; die Angst aber verstellt uns letztlich auch den Blick darauf, wie groß die Gefahr wirklich ist.

Manchmal vermag die Angst den Eltern fast den Atem zu nehmen. Aber, noch schlimmer: Sie nimmt ihn auch den Kindern. Weil Eltern sie mit ihrer Angst umklammern.

Das leichte, entspannte Leben mit unseren Kindern haben wir verlernt. Und unsere eigene Unbeschwertheit auch ein bisschen – weil wir uns in unseren Sorgen mit kaum noch etwas anderem beschäftigen als mit unserem Nachwuchs. Angst ist das Fundament für den Thron, auf den wir unsere kleinen Prinzen und Prinzessinnen gesetzt haben.

Sabine, neununddreißig, stöhnt in der Babygymnastikgruppe, dass ihre Tochter Agnes sie so auf Trab hält, dass sie morgens nicht einmal mehr zum Duschen kommt. Agnes, wohlgemerkt, ist ein zwei Wochen alter Säugling. Den allerdings zehn Minuten unbeaufsichtigt, aber halt wach in seinem Bettchen rumoren zu lassen, würde Sabine nicht einfallen. Das Kind könnte sich die Zudecke wegstrampeln, eine sich im Zimmer verirrte Biene könnte es stechen, und womöglich erstickt es an der Milch, die es kurz vorher noch gesaugt hat. In zehn Minuten können in den Vorstellungen vieler Mütter Welten einstürzen.

Hannah schnallt ihren Dreikäsehoch Martin jeden Mittag nach dem Essen in den Kindersitz und fährt glatt zwanzig Minuten bis ins nächste Dorf und wieder zurück, »weil Martin sonst einfach nicht einschläft, und er braucht doch seinen Schlaf«.

Vor vielen Schulen stauen sich morgens und mittags ganze Autokolonnen, weil Mütter oder Väter aus Angst vor bösen fremden Menschen und verantwortungslosen Rasern ihren Kindern nicht zumuten wollen, die Viertelstunde zu Fuß dorthin und wieder zurück nach Hause zu laufen. Obwohl es nie weniger Sexualstraftaten in Deutschland gab, obwohl die Zahl der Kinder unter den Unfalltoten deutlich gesunken ist.

Nicht wenige der Kleinen haben noch nie das oberste Ende eines Klettergerüsts erklommen, weil wir sie stets bereits nach der fünften oder sechsten Sprosse herunterzerrten.

Deutschland – Sorgenfaltenland. Von einer Leichtigkeit des Seins ist nichts zu spüren, stattdessen ersticken ganze Familien fast unter der Decke ihrer Ängste. Wir haben immer weniger Kinder und immer weniger Mut, sie großzuziehen, wie wir selbst groß geworden sind – nebenbei halt. Als Teil einer Familie, nicht aber als ihr Dreh- und Angelpunkt.

Irgendwie schafft es unser Nachwuchs, unseren Tagesplan so grundlegend durcheinanderzuwirbeln, nur weil er nach seinem Belieben schlafen, essen, spielen will, und wir selbstverständlich alle Pläne, eigenen Wünsche, Erledigungen darauf abstellen, aus lauter Furcht, den Kleinen sonst nicht gerecht zu werden.

Irgendwann fingen wir an, ihren Lebensraum zu dem unseren zu erklären – in ihren Schulen ein- und auszugehen, uns bis zur Selbstaufgabe in ihren Kindergärten und Sportklubs zu engagieren und unsere Freundinnen danach auszusuchen, ob ihre Kinder mit unseren etwas anfangen konnten. Komplette Nachmittage verplemperte ich schon bei einer ständig nervös an ihrer Kochschürze nestelnden Nachbarsmutter, während unsere Kinder miteinander durch den Garten tollten. Wir redeten nur über das völlig verfehlte Konzept des nahe gelegenen Kindergartens, in den wir unsere Lieblinge natürlich nicht gesteckt hatten, und darüber, wie leicht die Kleinen in den Teich der städtischen Parkanlage fallen könnten. Wir waren sicherlich nicht auf den Kopf gefallen – wir hatten einfach keine anderen gemeinsamen Themen. Unsere Kinder hatten sie aber: Einträchtig bauten sie im Sandkasten an einer Ritterburg, mümmelten gemeinsam Apfelschnitze, versanken in ihrer Barbie- und-Ken-Welt.

Mit jeder Verabredung für einen dieser entsetzlich langweiligen Tage förderten wir die sozialen Fähigkeiten unserer Kinder, schufen wir ein Stück glückliche Kindheit, turnten wir nach, was wir in irgendwelchen Ratgebern über die wichtige Hilfe der Eltern beim Aufbau der Freundschaften ihrer Kinder gelesen hatten. Und wir hatten die kleinen Racker unter Kontrolle – es konnte nichts passieren. Der Glauben daran wärmte, gab ein gutes Gefühl. Eines, das den schalen Geschmack vertrödelter Stunden locker übertünchte.

Klar gab es Nachbarn, Bekannte, sogar Cousinen und andere Verwandte, die unsere Angst nicht sahen, nur unser angeblich lockeres Mütterleben. Klar, dass sie uns für neurotische Glucken hielten. Aber hatten sie Kinder? Eben nicht. Sie verstanden nicht, dass ein aufgeschrammtes Kinderknie sofort in Jod getunkt und am besten vom Spezialisten begutachtet werden musste. Dass man Kinder davor bewahren musste, auch nur zehn unbeaufsichtigte Minuten verbringen zu müssen. Sie wussten halt nichts von Müttern.

Das Kind, der Nabel unserer neuen Welt. Unser Lebensprojekt, vor dessen Gewaltigkeit wir insgeheim erzittern. Ein Kind, für das wir natürlich nur das Beste wollen. Und genau das macht uns ja so hilflos. Denn wie das Beste zu erreichen ist, darüber streiten sich die Geister. Selbst die Experten finden offenbar keine einheitlichen Antworten. Die Unsicherheit pappt uns Eltern wie angeklebt auf der Seele.

Auf jeden Fall wollen wir unseren Elternjob gut machen. Es soll uns keiner was vorwerfen können – am wenigsten unsere Kinder selbst, irgendwann später. Junge Eltern von heute, fand das Allensbacher Institut bei einer Umfrage im Frühjahr 2006 heraus, wissen genau, wie ihr Kind sein sollte. Der Katalog ihrer Wertigkeiten liest sich nicht eben bescheiden: Erziehung zu Höflichkeit und gutem Benehmen steht für 89 Prozent aller Eltern unter vierundvierzig Jahren an erster Stelle – fünfzehn Jahre zuvor waren es nur 68 Prozent. Es folgt mit 80 Prozent die Vermittlung des Anspruchs, bei der Arbeit ordentlich und gewissenhaft zu sein (1991: 67 Prozent), und bei 69 Prozent steht die Sparsamkeit unter den Top Ten der Erziehungsstile (1991: 44 Prozent). Wissensdurst zu haben und ständig den Horizont zu erweitern, wünschen sich 71 Prozent für ihre Kinder (1991: 55 Prozent). Sich durchzusetzen, ist damals wie heute bei 75 Prozent der Eltern ein Wert, den Kinder unbedingt lernen sollen. Nie war Erziehung zukunftsorientierter und stärker auf Wirkung nach außen und aufs Fortkommen und Bestehen des Nachwuchses in einer Leistungsgesellschaft gerichtet als heute.

Früher liefen Kinder nebenher – heute laufen Mutter und Vater ihnen hinterher. Beeilen sich, jedes Hindernis aus dem Weg zu räumen, die Stolpersteine des Lebens wegzukicken, die Schotterpisten fein zu harken, auf dass sich kein zartes Kinderfüßchen auch nur einen Kratzer hole. Dafür haben wir die Kindheit verlagert – von der freien Wildbahn in den eingezäunten Schonbezirk. Dort lebt es sich sicherer und antiseptisch und hermetisch abgeriegelt. 78 Prozent aller Mütter und 66 Prozent aller Väter sind laut einer Forsa-Umfrage für die Zeitschrift *Brigitte* überzeugt davon, dass der Alltag heutzutage gefährlicher ist als noch vor einigen Jahrzehnten. Vor einem solchen Dasein muss man seinen Nachwuchs doch schützen, selbst wenn die Lebensfreude dabei auf der Strecke zu bleiben droht. Mutlos sind wir Eltern mit den Jahren geworden. Verzagte, wenn auch liebevolle Angsthasen. Der Radius, in dem Grundschulkinder sich heutzutage bewegen, ist seit den siebziger Jahren von zwanzig auf vier Kilometer geschrumpft.

Schwanger. Der Bauch wächst – die Angst auch

Als mein Gynäkologe mir in der sechsten Woche bestätigte, dass ich schwanger sei, habe ich vor Freude geweint. Jetzt habe ich prompt sämtliche Wehwehchen, die man da so haben kann – Übelkeit, Müdigkeit, alles. Mürbe macht mich aber etwas ganz anderes: Beim Stöbern im Internet und in Foren rund um die Schwangerschaft lese ich immer wieder Horrorgeschichten. Statistiken über Fehlgeburten, Gefahren von Infektionen, was das Kind alles an Krankheiten haben kann. Ich kann an fast nichts anderes mehr denken als daran, dass mir das Glück, bevor es richtig angefangen hat, wieder genommen werden könnte. Ich habe Angst vor allem, dass ich was Falsches esse, dass ich eine Pilzinfektion kriege. Verdammtes Internet. Ich bekomme das erste Mal Infos en masse, die ich eigentlich nie haben wollte. Ich stehe wie unter Hochspannung. Es juckt – eine Infektion? Es sticht am Muttermund – ist das normal? Wegen jedem Ziehen bin ich beunruhigt, könnte täglich zum Gyn rennen, dabei bin ich sonst kein hysterischer Typ. Da mache ich mir schon Sorgen, ob ich später wohl auch so eine Mutter sein werde? (Heidrun, zweiunddreißig Jahre, in einem Internetforum für Mütter)

Wir kriegen ein Kind, wie wunderbar, eine Nachricht aus purem Gold, jedes Wort ist glücksbeladen. Ein unschuldiger Zustand, eine Art von Paradies sozusagen. Aber eines, in dem die Schlange offenbar schon auf der Lauer lag. Denn so wie Adam und Eva sich nach der Vertreibung aus dem unbedarften Wohlgefühl plötzlich nackt und schutzlos fühlten, wird zukünftigen Vätern, werdenden Müttern zum Glückwunsch zur Schwangerschaft inzwischen gleich noch eine weitere Gabe verabreicht: die Angst. Herzklopfen, nicht nur aus Freude. Zum dicken Bauch da unten tragen wir weiter oben ein paar massive Sorgenfalten – mit einer Schwangerschaft ist schließlich nicht zu spaßen; die Frucht mag auf die Blase drücken, aber viel schwerer lastet die Verantwortung für ein weiteres Leben von nun an auf den Schultern.

Alles wird gut? Offenbar nur für Randgruppen: 80 Prozent sämtlicher zukünftigen Mütter werden von den Ärzten zu Risikopatientinnen erklärt – seit die Liste der Risikofaktoren bei Schwangerschaften in den letzten fünfzehn Jahren von siebzehn auf zweiundfünfzig aufgepumpt wurde, ist das Alter allein längst nicht mehr der kritische Punkt; inzwischen wird der Gynäkologe fast bei jeder zukünftigen Mutter fündig: Heuschnupfen, Übergewicht oder eine krumme Wirbelsäule können fürs Prädikat »Risiko« schon ausreichen. Bekannte Nebenwirkungen: klamme Gefühle, Unsicherheit. Die Sorge, was ist mit meinem Kind, ist zu einem Stammgast in den Frauenarztpraxen geworden. Sie hat sich eingenistet zwischen den Monitoren, Reagenzgläsern, Ultraschallgeräten. Hat die pure Freude aufs Kind in die Flucht geschlagen. Sechs bis sieben statt der drei vorgeschriebenen Ultraschall-Checks sind inzwischen an der Tagesordnung. Dann sind da noch die Untersuchung des Fruchtwassers (Amniozentese), um Chromosomenveränderungen festzustellen, zum gleichen Zweck die Gewebeentnahme aus dem späteren Mutterkuchen (Chorionzottenbiopsie), die Blutentnahme zum Voraussagen eventueller Behinderungen (Alpha-Feto-Protein-Bestimmung oder Triple-Test, Nabelschnurblut-Punktion), die Nackenfaltenuntersuchung, weil eine verdickte Falte auf Herz- und andere Fehler hinweisen könnte, sowie die Vermessung des Nasenbeins beim Fötus. Allein die Zahl der Chorionzottenbiopsien und der Fruchtwasseruntersuchungen sind von 1976 bis heute von 1800 auf 80 000 gestiegen. In den vergangenen zwei Jahrzehnten verfünffachte sich die Zahl der Vorsorgeuntersuchungen während der Schwangerschaft. Der Segen dieses Methodenreigens: Mehrlinge können entdeckt, Krankheiten schon im Mutterleib behandelt werden. Bisweilen ist es ein Fluch, weil er die Angst, das ständige Bangen um das, was sein könnte, schürt. Mit der Folge: werdende Mütter am Rande eines Nervenzusammenbruchs. Dabei kommen 97 Prozent aller Kinder mit oder ohne Zitterpartie ihrer Mütter kerngesund zur Welt, ein Prozent sind durch genetische Defekte behindert, weitere zwei Prozent werden während der Schwangerschaft oder unter der Geburt geschädigt. Aber: Entdecke die Möglichkeiten, und das möglichst früh, und alles im Namen der Sicherheit. Doch hinter dem schönen Wort »Sicherheit« versteckt sich immer auch etwas anderes – nackte Angst. Selbst die des Arztes übrigens: Entgeht ihm ein eigentlich sichtbarer Defekt des Kindes, hat er womöglich versäumt, eine achtunddreißigjährige Schwangere über die Möglichkeit einer Fruchtwasseranalyse zu informieren, muss er im Zweifelsfall Unterhalt zahlen – wozu 1984 erstmals ein Arzt verurteilt wurde, nachdem seine vierunddreißigjährige Patientin, der er von der Fruchtwasseranalyse abgeraten hatte, ein Kind mit Downsyndrom zur Welt brachte.

Früher warteten werdende Mütter aufs Kind, heute erst einmal auf die Testergebnisse. Ängstlich, versteht sich – mag das Gefühl im Nachhinein auch Erleichterung sein. Unterdessen verblüffen immer mehr Schwangere ihre Gynäkologen mit medizinischem Detailwissen und insistierenden Fragen rund um die angeblich natürlichste Sache der Welt. »Was zur Beruhigung der Schwangeren auf den Markt kam«, sagt Annegret Braun, Leiterin der Stuttgarter Pränatalen Diagnostikberatungsstelle der Diakonie, »hat sich zu einem Geschäft mit der Angst entwickelt.« Die Anwendung der Tests habe fast »kulthaften Charakter« angenommen.

Geburtsvorbereitung im Zeichen der neuen Angst: Das Vertrauen ins Bauchgefühl schwindet – Kinderkriegen wird immer mehr zu einer kopfgesteuerten Angelegenheit. Unter Qualitätskontrolle durchläuft das Großprojekt Kind also seine Startphase. Über japanische Schwangere, die ihre Bäuche mit monoton dahingeplapperten englischen Vokabeln aus dem Kassettenrekorder beschallen, in der Hoffnung, ihren Babys damit für später einen Startvorteil beim Fremdsprachenlernen zu verschaffen, müssen wir hierzulande nicht mehr grinsen; seit Experten verkündeten, dass klassische Musik gut fürs Hirn ist, beschallen ganze Heere baldiger Mütter auch in Deutschland ihren ungeborenen Nachwuchs mit Beethoven-Sinfonien und Mozart-Sonaten. Sofern sie nicht gerade beim Schwangeren-Bauchtanz bei ausgebildeten Hebammen für die leichte Geburt trainieren, die dem Kind möglichst wenige Traumata beschert, und sich aus gleichem Grunde möglichst schon nach dem ersten Ultraschall in die Suche nach dem idealen Krankenhaus stürzen oder mit ihren Partnern im Schwangerschaftskurs korrektes Hecheln üben. Die Panik ist hochgradig ansteckend: »Ich habe hier zum Beispiel gerade einen Brief bekommen«, erzählt Franz Joseph Freisleder, Kinder- und Jugendpsychologe sowie ärztlicher Direktor der Heckscher-Kinderklinik in München in einem Gespräch mit der Zeitschrift *Brigitte* (7/2006): »Ein Siebenundvierzigjähriger schreibt, seine Frau sei im dritten Monat schwanger. Er hatte ein Interview mit mir zum Thema Depressionen bei Kindern gelesen und bittet nun um ein Beratungsgespräch. Damit er als Vater später alles richtig machen kann.«

Das Baby ist da. Das Projekt (m)eines Lebens beginnt

Dass irgendwann ein kerngesundes Baby vor einem liegt, können Eltern eigentlich kaum anders als mit ungläubigem Staunen quittieren. Das Geschenk, ohne Zweifel, ist großartig. Aber schon nagt die Frage, ob man damit auch umzugehen weiß. In den Generationen vor uns blieb weit weniger Zeit, das Wunder Kind ausgiebig zu bestaunen. Sein Zuhause aber zu einer Art Intensivstation mit Vierundzwanzig-Stunden-Beobachtung umzurüsten, wäre diesen wohl ohnehin lächerlich erschienen. Unsere Lieblinge heute nuckeln, schlummern und brüllen nicht anders als die Kinder vor dreißig, vierzig oder auch hundert Jahren – und wir schauen dauerverliebt zu. Und überlegen dabei, ob wir den Säugling noch montags zum Babyschwimmen anmelden sollten, wo doch dienstags schon Babymassage im Kalender steht und donnerstags die PEKiPgruppe. Das Prager-Eltern-Kind-Programm (PEKiP), das Eltern anregen soll, zum »Spielpartner ihres Kindes« zu werden und »eine vertrauensvolle Beziehung zwischen Eltern und Kindern anzuregen« (gelingt das eigentlich nur noch unter Anleitung?), gehört schließlich zum Standardprogramm, ohne das heutzutage offenbar kein Kind ins Leben entlassen werden sollte. »Du gehst nicht in PEKiP?« Ich kenne die Frage. Ich musste sie mir anhören, mehrmals. Meine neuen Freundinnen aus der Schwangerengymnastik waren erschüttert. Und ich komplett verunsichert. Ich vernachlässigte meine Tochter, ganz klar. Der einzige Ausweg: sich mit dem Nachwuchs anmelden. Dalli, dalli.

Entdecke die Möglichkeiten: Wer die Wahl hat, ist vor allem mit der Qual der Verantwortung belastet. Es geht schließlich um das Kind. Ein Menschlein, das der Bearbeitung harrt. Formbar, steuerbar, machbar. Ein Projekt, das es zu meistern gilt. Von wegen Bereicherung: Jedes weitere Angebot im Kurskatalog wäre purer Stress. Da wird nicht etwa die Auswahl größer, sondern die verfluchte Sorge, seinem Kind mit der falschen Entscheidung womöglich irgendwelche frühkindlichen Erfahrungen vorzuenthalten. Vermutlich würden wir uns in schwachen Minuten sogar ernsthaft mit den Kursbeschreibungen von Baby-Yoga oder Säuglings-Tango beschäftigen – aus lauter Angst, unseren Kindern einen wichtigen Startvorteil beim Rennen um die besseren Plätze im Leben zu verwehren.

Da schütteln wir den Kopf über das Gejammer der Mütter von allzu markenhungrigen Teenagern – aber wie war das denn beim Aussuchen des Kinderwagens und anderer wichtiger Säuglingsaccessoires? Meiner hochschwangeren Nachbarin Monika, die beim Babyausstatter angesichts der hochpreisigen Gefährte nach etwas günstigeren Modellen schielte, gab die Verkäuferin deutlich zu verstehen, dass einem das Wohl des Kindes ruhig ein bisschen mehr wert sein sollte. Meine Freundin kaufte das Luxusmodell. Sie wollte schließlich nicht als schlechte Mutter gelten.

Erstklassige Materialien für erstklassige Kinder von erstklassigen Müttern. Keine Generation vor uns startet so perfekt vorbereitet ins Abenteuer Kind – daheim in den Regalen stapeln sich die Ratgeberbücher, die gesammelten Theorien der Elternschaft. Rund 750 Millionen Euro gaben die Deutschen 2004 für Erziehungsbücher und einschlägige Zeitschriften aus. Hunderte von Vätern und Müttern machen Erziehungsführerscheine, Tausende kommen zu Elterntreffs, die »Stadtteilmütter« oder »Dialogische Begleitung« heißen, Hunderttausende suchen Beratungsstellen auf und erbitten Hilfe bei anonymen

Elterntelefonen, wunderte sich der *Spiegel* im Juli 2005. Tatsächlich sind in den zehn Jahren zwischen 1993 und 2003 die Zahl der Konsultationen in deutschen Erziehungsberatungsstellen von 200 000 auf 300 000 gestiegen. Die Menge der Gespräche am kostenlosen Elterntelefon des Bundesfamilienministeriums verdreifachte sich zwischen 2001 und 2003.

Die Eltern lassen sich überschwemmen mit einer Flut von Infos, die verarbeitet, gelernt, beachtet sein wollen – und den Druck in Wirklichkeit nur ins Unermessliche treiben. Und in schön abgegrenzte Kapitel lassen sich auch nur Worte fassen, nicht aber die Taten, Ereignisse und kleinen Katastrophen, die das Leben mit Kindern nun mal ausmachen. Im Kopf jedoch türmen sich die guten Vorsätze, alle nackte Theorie maßstabsgetreu in die Tat umsetzen zu wollen, dem Egoismus abzuschwören und von nun an die Welt in ein Kinderparadies zu verwandeln.

Eltern heute stürzen sich mit einer Wucht in ihre neuen Aufgaben, die selbst Kinderprofis umhaut. Vor allem Mütter, die selbst nicht mehr ganz jung sind. »Die eigenen Interessen und Vorlieben rücken dabei in den Hintergrund«, bemerkt der amerikanische Soziologe Frank Furedi in seinem Buch *Die Elternparanoia*. Mütter und Väter horchen nicht mehr in sich selbst hinein, so Furedi, fragen sich nicht mehr, was sie eigentlich wirklich wollen, fühlen, hoffen.

Hannes und Alice sind seit der Geburt ihrer Tochter Marlies vor sieben Jahren an keinem Abend mehr zusammen ausgegangen, weil das mittlerweile zum Schulkind avancierte Töchterlein nicht ohne Mamas Hand einschlafen mag. Leider duldet Marlies ebensowenig einen Babysitter. Und Hannes und Alice eigentlich auch nicht, unter seiner Aufsicht würde das Kind womöglich statt des Kinderkanals abends einen Krimi im Fernsehen zu sehen kriegen, und mit dem Essen ist Marlies schließlich auch sehr eigen – was, wenn sie an jenem Abend ohne eine warme Mahlzeit zu Bett ginge? Mit dem Erfolg, dass Alice sich abends stets brav zu ihrer Tochter legt – und darüber meist selbst einschläft.

Susanne nahm ihre kleine Tochter bis zum Alter von einem Jahr nie mit in den Supermarkt, geschweige denn in ein Kaufhaus, weil sie in einem Buch gelesen hatte, dass Babys durch laute, ihnen unbekannte Geräusche und Stimmendurcheinander Schäden davontragen können.

Beate trug ihr Kind stundenlang des Nachts durch die Wohnung, weil der Kleine offenbar ein Problem hatte, Tag und Nacht zu unterscheiden – einem Umstand, dem die Spaziergänge nicht gerade abhalfen. »Wenn er nicht schrie, wollte er wenigstens spielen«, sagt Beate. Und ergab sich nachts um vier Uhr, Bauklötze stapelnd, in ihr vermeintliches Schicksal, um das offensichtliche Bedürfnis des Kindes nach Beschäftigung zu stillen. »Das Kind ist eben noch nicht auf den Tag- und Nachtrhythmus umgestellt«, so Beates Überzeugung. »Das muss man langsam angehen, sonst werden daraus ganz nervöse Kinder.«

Eltern heute berichten häufig, dass ihre Kinder herzzerreißend schreien, sobald sie sich nur kurz aus ihrer Nähe entfernen, dass sie keine fremden Betreuungspersonen dulden und sogar bei der geliebten Oma weinen, wenn nicht auch Mama oder Papa greifbar ist. Und sie sind stolz darauf, die Eltern. Bei ihnen wird kein Kind in fremde Hände abgeschoben. Kinder brauchen ihre Eltern, das kann man schließlich überall lesen. Sätze, die aber kaum für jene Väter und Mütter formuliert worden sind, die sich ohnehin den lieben langen Tag um ihre Kinder kümmern.

Tatsächlich führt die Angst vor allen möglichen Gefahren und davor, der Kinderseele versehentlich einen Kratzer zuzufügen, zur Furcht vor der Erziehung allgemein. Ein Kind halbwegs unbeschadet durchs Leben zu bringen, erscheint vielen

Eltern als monströses Unterfangen, dessen Gelingen fraglich ist. Ihre Köpfe sind weniger voller Gedanken an Chancen und Glücksmomente als an die drohende Unbill, die lauernden Absturzmöglichkeiten. Deswegen rüsten sie sich mit Netzen und doppelten Böden – und halten ihre Kinder letztlich darin gefangen. Gleichzeitig sind sie enorm unsicher: Wie viele Nein, wie viele Grenze kann ein Kind ertragen, wenn man nicht seinen Willen brechen und es charakterlich verbiegen will? Eine Frage, die Andreas, ein Freund von mir, für sich und seine Tochter eindeutig beantwortet hat: »Lena soll immer ihre eigene Meinung vertreten können, und wenn ich etwas verbiete, und sie akzeptiert das nicht, diskutieren wir darüber.« Lena war dreieinhalb und im Kindersitz des Autos ihres Vaters festgeschnallt, als die beiden auf dem Weg in die Stadt an der Haltestelle vorbeikamen, an der ich auf den Bus wartete. Andreas hielt, ließ mich einsteigen und fragte nach hinten: »Wollen wir die Tante mitfahren lassen?« Lena sagte grinsend: »Nein.« Gut, dachte ich insgeheim, da muss ihr Vater jetzt wohl dem Kind erklären, dass das Auto leider seins ist und er entscheiden kann, wann er wen darin mitnimmt. Tat er aber nicht; Andreas versuchte Lena umzustimmen, bis er fast bettelte, dass ich mitfahren durfte. Er diskutierte tatsächlich mit einer Dreijährigen, aus Angst, dem Kind eine klare Ansage entgegenzusetzen.

Wir lassen unsere Kinder regieren. In unseren Köpfen, in unserem Alltag. »Das Kind wird das Accessoire der achtziger Jahre«, prophezeite die Moderedakteurin Antonia Hilke 1979 in ihrer NDR-Fashion-Fernsehsendung *Neues vom Kleidermarkt*, als Models mit Babys auf dem Arm über den Laufsteg flanierten – ein paar Jahrzehnte später ist um Kinder längst ein Kult gewachsen, wie es ihn noch nie gab.

Behütete Kinder kennen keine Laufställe und keine Auszeiten, in denen sie einfach mal sich selbst überlassen werden. Die Schutzwälle, hinter denen sich frühere Generationen selbstverständlich eine Ruhepause gönnten, hat unsereins gar nicht erst aufgebaut. Wir sind Workaholics auf dem Gebiet Kind – und gefallen uns in der Rolle. Und schläft das Goldstück ruhig und selig, starren wir aufs Babyfon wie die gepeinigte Angestellte aufs Telefon, da der Chef jeden Augenblick anrufen könnte. Oder wir ergreifen Vorsorgemaßnahmen gegen das Böse, das immer und überall lauert. Wie ein ehemaliger Nachbar von mir: Rüdiger radierte nahezu die komplette Rasenfläche hinter seinem Reihenhaus aus, um dort einen Pool bauen zu lassen. Seine sechsjährige Lena wäre eigentlich lieber mit Freundinnen ins Freibad gegangen, aber »diese öffentlichen Bäder sind ja richtige Keimschleudern – was Kinder sich da alles holen können!«, war Rüdigers Kommentar. Baggerseen? Niemals. Wo Entengrütze schwimmt und manchmal womöglich auch ein toter Fisch.

Mütter – seien wir mal ehrlich: es sind fast nur die Mütter – erklären die Welt gern zu einer einzigen Gefahrenzone. Auch aus nackter Angst vor dem Versagen. Dem Kind nicht gerecht zu werden, die große Aufgabe zu vermasseln, als Rabenmutter von der Stange zu fallen. Während der Schwangerschaft was Falsches gegessen, nicht richtig geatmet, später nicht lange genug gestillt oder mit dem kleinen blauen Fleck am Arm des Kleinen nicht gleich zum Arzt gerannt? Das musste ja falsch laufen. Das Urteil über Gut oder Böse fällt dabei mitnichten das Kind; das tun andere. Andere Mütter zum Beispiel.

Applaus für Netz und doppelten Boden

Sie lauern schon. Füllen Backförmchen voll Sand, schubsen den Fünfjährigen auf der Schaukel an, was er durchaus selbst gelernt hätte, wenn Mutter ihn endlich mal ließe, sitzen keksverkrümelt herum und warten, dass der Kleine Hunger bekommt. Mutter nährt, tröstet – und, viel besser, schimpft mit dem Rotzlöffel, der dem eigenen Sprössling mit der Schaufel eins überziehen wollte; Mutter kittet Sandburgen, weil der Frust eines Kompletteinsturzes für ihre Kleine vermutlich traumatische Folgen gehabt hätte; Mutter hält ihr Söhnchen an der Jacke fest und stützt den Popo, während er das Gerüst hochkrabbelt – wodurch es sich zwar nicht so gut klettern lässt, aber wenigstens sicher. Nirgends ist Mutter so sehr Netz und doppelter Boden wie auf dem Spielplatz. Und nirgends fällt es mehr auf, wenn eine Mutter aus ihrer Rolle fällt.

Ich hatte meine Arbeitsmaterialien, sprich: Kinderausrüstung, selten vollständig, wenn ich mit Svea und Fabian gen Sandkiste spazierte. Ich war die ohne Papiertaschentücher, ohne Mütze, obwohl entweder die Sonne knallte oder ein scharfer Wind pfiff, also die Außenbedingungen mit Sicherheit so waren, dass ein Baby ohne Kopfbedeckung niemals hätte überleben können. Ich rannte auch nicht immer wie ein Sanitäter zum Herzstillstandpatienten, wenn Fabian sich beim Laufen auf die Nase legte. Ehrlich gesagt, ich kriegte es manchmal gar nicht mit. Ich war die, die man mit Tempos, Hütchen und überlegenen Blicken bedachte.

Und der man ab und an ihren heulenden Kleinen in die Arme drückte, weil ich gar nicht mitbekommen hatte, dass dieser gestolpert war. Einmal fiel Fabian die Flasche auf den Boden, er hob sie auf, wollte weiternuckeln, aber fremde Hände schnappten sie ihm weg und reichten sie mir. »Die lag im Schmutz«, verkündete mir der flaschenrettende Engel stolz, als hätte er das Kind davor bewahrt, sich Kloreiniger einzuverleiben. »Macht nichts, davon stirbt er nicht«, hätte ich antworten können. Tat ich aber nicht. Ich eilte zum Wasserhahn und unterzog das Fläschchen einer gründlichen Waschung. Nicht aus Überzeugung, sondern aus dem Gefühl heraus, wieder mal nicht genügend Mütterlichkeit an den Tag gelegt zu haben. Skeptische Blicke erntete ich trotzdem. »Ich koche ja die Sauger immer aus«, raunte noch eine der anderen zu.

Der Mütterpolizei entgeht halt nichts. Das Kind ist noch nicht gegen Zecken geimpft, wo es die neuerdings doch sogar auf entlegenen Nordseeinseln geben soll? Nach drei Monaten schon von der Brust aufs Fläschchen umgestellt, wo man doch weiß, dass nur Muttermilch stark fürs Leben macht? Eine von der Zeitschrift *Familie & Co* herausgegebene psychologische Studie über die Mütter von heute bestätigt: »Treten die Frauen in der Öffentlichkeit gemeinsam mit ihrem Kind auf, so hat dies einen bestimmenden Einfluss auf ihre Selbstwahrnehmung als Frau zur Folge. Denn weil Müttern ihr großer Einfluss auf die Entwicklung ihrer Kinder bewusst ist, übernehmen diese eine Art Visitenkarten-Funktion: Eine Mutter präsentiert sich mit ihrer ureigensten Schöpfung, lässt sich daran messen und misst daran auch andere. Mütter definieren sich damit über ihre Kinder. Das ist einerseits mit sehr viel Stolz verbunden, solange die positiven Eigenschaften eines Kindes offensichtlich werden, führt aber auch zu Neid, Missgunst und sogar zu Wut und Tränen, wenn die eigenen Erwartungen nicht erfüllt werden oder bei anderen Kindern scheinbar besser erfüllt scheinen.

Prototypisch für Außenkontakte werden in den Interviews immer wieder die Spielplatzrunden genannt, an denen sich eine besondere Dramatik des Mutterseins abspielt. Der Spielplatz mutiert oft zum Laufsteg für Mütter, auf dem sich Frauen als Mütter einerseits profilieren können, andererseits aber auch zum Spießrutenlauf, wenn Blamagen dadurch drohen, dass die Erziehungsbemühungen durch die Sprösslinge nicht umgesetzt werden.«

Mütter richten – und sie rächen. Im Namen der Liebe und ihrer Sorge um das Glück ihres Kindes. Einmal habe ich tatsächlich eine Mittdreißigerin in der Sandkiste dabei ertappt, wie sie einem verblüfften Kleinkind seinen schönen, knallroten Eimer wegnahm, weil ihr Sohn danach lautstark brüllte. Nur damit die Tränen versiegen. Damit das Glück wiederkommt. Das letztlich nur ein schaler Triumph ist. Wir haben uns längst angewöhnt, Tränen nicht nur mit tröstenden Worten, sondern mit Hardware zu trocknen. Etwa dann, wenn wir beim zartesten Gemecker unserer Kleinen Fläschchen und Gummibärchen hervorzaubern, ängstlich bemüht, das Bedürfnis zu stillen, bevor heftiges Geschrei den Verpflegungsnachschub einfordert. Kinderwagen auf dem Spielplatz – eine Art Essen auf Rädern. Beladen wie nach dem Einkauf.

»Früher waren Stücke wie *Urmel aus dem Eis* oder *Ritter Rost* für mich das Größte«, erzählte mir eine junge Hamburger Schauspielerin kürzlich. »Vor Kindern spielte ich einfach wahnsinnig gern.« Seit zwei Jahren allerdings sind kleine Kinder im Publikum – eigentlich die Mütter – ihr und einigen ihrer Kollegen eine Qual: »Bis zur ersten Pause ist es gerade mal eine Dreiviertelstunde, aber ständig rascheln die Mütter mit Bonbontüten, zerren Keksdosen raus oder Flaschen – als ob die Kleinen ständig etwas futtern müssten.«

Eigentlich helfen Chips und Fruchtsaft nur gegen die eigene Ohnmacht. »In den Elternratgebern heißt es immer, eine Mutter erkennt am Geschrei ihres Kindes, was ihm fehlt«, erzählte mir eine verzweifelte Freundin. »Ehrlich gesagt, ich erkenne da gar nichts. Ich will nur, dass es aufhört. Ich habe das Gefühl, dass mich das Kind anklagt, wenn es schreit.« Mutter kämpft. Mit Gummibärchen & Co, mit der Sandburg, mit dem Spielkameraden, der die Schaufel nicht hergeben will, mit dem Nachbarsmädchen, das ihren Liebling mit gemeinen Schimpfwörtern belegt hat, mit dem Regen, in dem die Kleinen sich einen Schnupfen holen könnten. Mutter kämpft für ihr Kind. Um es zu beruhigen. Aber eben auch, um sich selbst zu beruhigen. In der Angst, nicht ordentlich für das Glück ihres Kindes sorgen zu können.

Geben wir zu: Als Mütter leben wir mit einem Tunnelblick. Wir sehen unser Kind, den größten Schatz, das Schönste unseres Lebens. Dabei bemerken wir nichts anderes mehr. Nicht mehr, was richtig ist und was falsch. Und dass hier vielleicht etwas ganz gewaltig schiefläuft.

2

Mama ist doch die Beste – und sie will es bleiben

Von einer Kindheit in Zuckerwatte und der Frage, wie viel Eltern braucht ein Kind?

Man muss loslassen können, das wissen auch Manager. Als Projektleiter halten sie die Fäden natürlich in der Hand, aber Teile des Jobs müssen andere erledigen. Wer selbst souverän ist, vertraut seinen Mitarbeitern dabei leichter; ängstliche, verzagte Charaktere, die ihre eigenen Fehler fürchten, tun sich dagegen oft schwer damit, einzelne Aufgaben des Projekts in andere Hände zu geben – viele moderne Eltern zum Beispiel. Nur kommen sie um ein paar Mitarbeiter einfach nicht herum – Kindergartenerzieher und Lehrer zum Beispiel. Die wollen nämlich mitreden in Sachen Kind. Aber wer gibt seinen Rohdiamanten schon gern in fremde Hände, bevor man die Schleifmaschinen nicht aufs Genaueste inspiziert hat. Ohnehin will die Sache mit dem Kindergarten wohlüberlegt sein:

»Im Kindergarten grassieren ständig Grippe und Erkältungen, da möchte ich warten, bis mein Sohn mehr Abwehrkräfte hat.«

»Meine Tochter ist doch noch so klein, sie könnte sich vielleicht nicht allein behaupten unter all den Rowdys.«

»Vier Jahre Kindergarten sind ohnehin zu lang. Wenn mein Kind da mit vier hinkommt, reicht das völlig.«

Dann kann es lieber zu Hause noch ein bisschen spielen. Mit Mama. Weil Mama doch die Beste ist und die Welt da draußen so ungewiss und böse. Aber eigentlich haben wir uns selbst das Ei ins Nest gelegt: mit unserer Unsicherheit. Wir fühlen uns erschlagen vom Für und Wider, hin- und hergerissen zwischen dem Wunsch, die Kinder einfach loszulassen, und der Angst, sie dafür nicht gerüstet zu sehen. Sie sind doch noch so klein.

Und dann sollen sie mit sechs schon in die Schule? »Meine Tochter ist so verspielt, ich gönne ihr lieber noch ein bisschen Kindheit« – den Satz kennen viele Eltern. Nix da, wir geben den Schlüssel zum Käfig nicht einfach her. Wir verkriechen uns lieber mit unseren Kindern weiterhin in dem Kokon, in dem wir uns mit ihnen eingesponnen haben. Wir wissen schließlich, dass hinter den Schulmauern jede Menge von dem Leben lauert, vor dem wir unsere Kinder so gern bewahren möchten. Mahnende Lehrer, schlechte Noten, messerstechende und drogendealende Halbwüchsige. Das Ende aller Blümchenwelt. Und die Hochphase unserer Ängste. Die Aufregung um die Pisa-Studie hat vielleicht nicht den Wissensstand der Kinder, wohl aber die Elternsorgen noch um eine zusätzliche Furcht erweitert: Unser Nachwuchs soll schlauer werden, aber wie? Werden wir es schaffen, unsere Kinder zu fördern?

Ein Konflikt, fürwahr. Hier die glückliche Kindheit, dort die Lernmöglichkeiten der Schule. Kein Wunder, dass die Sonderwege der Montessori- und Waldorfschulen in den letzten Jahren enormes Interesse gefunden haben. »Hilf mir, es selbst zu tun!« – dieser Montessori-Ansatz oder das spielerische, drucklose Lernen an den Waldorfschulen scheinen Eltern oft als die perfekte Verquickung ihrer beiden Herzenswünsche nach fröhlichem Heititei und Hirnschmiede. Allein zwischen 2000 und 2004 stiegen die Neugründungen von Privatschulen in Deutschland um 16,6 Prozent. Nach einer Umfrage von 2005 würden 30 Prozent von 1000 befragten Eltern ihre Sprösslinge am liebsten auf eine Privatschule schicken, weil die Kinder dort mehr lernten und später bessere Chancen im Berufsleben hätten.

»Dass das Interesse der Eltern da ist, spüren unsere Mitgliedsschulen angesichts der immer länger werdenden Wartelisten«, sagt Martin Kunze vom Bundesverband Deutscher Privatschulen. »Da findet der eigentliche Boom statt.«

Wo Kinder früher vorzugsweise in den nächsten erreichbaren Hort gesteckt wurden, der für Mutti oder Vati auf dem Weg zum Obst- und Gemüsehändler oder zur Arbeit lag, stellen Eltern heute umfangreiche Recherchen an, in welchem Kindergarten der Liebling der Familie am besten aufgehoben wäre. Ihr Auftrag ist schließlich sogar im Grundgesetz, Artikel 6, verankert: »Pflege und Erziehung der Kinder sind das natürliche Recht der Eltern und die zuvörderst ihnen obliegende Pflicht.« Die Erzieherinnen werden deshalb in vorgeblich lockeren Gesprächen während der Suche nach einem Kindergarten auf ihre pädagogische Grundhaltung hin inspiziert, die Räume auf Sicherheit, das Kindergartenkonzept auf das erwartete Elternengagement. Dass Mütter sich bereit erklären, einmal im Monat zu kochen, zu putzen, Unkraut zu jäten oder an freien Wochenenden Baumhäuser zu zimmern und bei Instandsetzungsarbeiten zu dienen, ist in vielen angesagten Einrichtungen Grundvoraussetzung dafür, dass ein Kind überhaupt aufgenommen wird. Ausländische Spielkameraden sind beim Kindergarten-Check durch die Eltern durchaus erwünscht, bei einigen aber auch nur, weil ein Touch von Multikulti ja ein bisschen schick ist; sofern die richtigen Nationen, vorzugsweise Erste-Welt-Staaten, vertreten sind.

»Also, bei uns im Kindergarten gibt es kaum Spielzeug, da gehen die Kinder fast immer in den Wald!« Dieser Satz einer Bekannten hat mich damals schlaflose Nächte gekostet. Im Kindergarten meiner Kinder gab es nämlich Spielzeug, auch solches aus Plastik, wobei Holz natürlich ungleich natürlicher wäre, ein willkommener Kontakt mit der Natur sozusagen, eine zusätzliche Lernerfahrung – diese Gedanken kamen mir vorzugsweise gegen zwei Uhr nachts in den Sinn. Andererseits, überlegte ich gegen drei Uhr, war die Vorstellung glücklicher Kinder inmitten von Moos und Ästen noch weitaus naturnaher. Über den Spaßfaktor für die Kleinen sinnierte ich gegen vier Uhr, bevor ich mir vornahm, meine Kinder gleich am nächsten Tag umzumelden. Über meinen eigenen Spaßfaktor hätte ich vielleicht auch mal nachdenken sollen. Dazu blieb aber keine Zeit. Um sechs Uhr klingelte der Wecker.

Letztendlich blieben meine Kinder, wo sie waren, nachdem ich mich dort von netten Vorträgen über pädagogisches Spielzeug hatte einlullen lassen, von dem es in der Einrichtung jede Menge gab: Kartensätze mit ersten, kleinen Additionsaufgaben, Tierstimmen, die den jeweiligen Bildern zugeordnet werden müssen, Bauklötze zur Förderung der Feinmotorik. Der Zweck heiligt noch jedes Spiel-Mittel.

»Ein eigenes Baby fürs Geschwisterkind, gegen die Eifersucht, damit es alles mitmachen kann«, wirbt ein einschlägig bekannter Spielwarenversand für eine gewöhnliche Babypuppe, und selbst ein paar harmlosen Knuddelwichteln wird in der Werbung noch ein pädagogisch wertvoller Touch verpasst: »Farben, Stoffe und Geräusche erkennen … der eine lässt sich lieb drücken, der andere klappert beim Schütteln, und der dritte hat ein Glöckchen im Bauch.« Man merkt die Absicht und ist verstimmt, möchte man nach Wilhelm Busch anmerken. Immerhin: Nebenbei lässt sich mit Püppchen und Wichteln auch noch ganz normal spielen, wie schön. Andere Kindheiten kannten anderes Spielzeug. Äste, Dosen, Blumen zum Beispiel. Aber heutige Holzstäbe etwa können nicht einfach Holzstäbe bleiben. Sie werden zu Lernmaterialien, die man mit Gummibändern und Leinenschnüren verbinden kann, um die Herstellung frühgeschichtlicher Wassertransportfahrzeuge oder Jagdwaffen zu simulieren. Eimer? Warum nicht gleich Rundbehälter aus Metall, die man zu jeder Menge fantasievoller Figuren stapeln kann. Von wegen eine Rose ist eine Rose: Eltern heute stellen Erwartungen ans Spielzeug. Weil sie Erwartungen an ihre Kinder stellen. Sie sprechen von Kindheit – und denken in Wirklichkeit an den Ernst des Lebens. An das Leben, das ihnen Angst macht. Ein Leben, für das sie ihre Kinder rüsten wollen.

Dem Zufall kann man heutzutage leider nichts mehr überlassen – man hätte ja auch das Gefühl, seine Möglichkeiten nicht ordentlich ausgeschöpft zu haben. Bei der Wahl der richtigen Lerneinrichtung zum Beispiel. Umfragen bestätigten, dass die Mehrheit aller Eltern als eine der drängendsten Erziehungssorgen die Frage beschäftigt, wie sie die richtige weiterführende Schule für ihr Kind finden. Das Schul-Hunting beginnen viele oft schon, wenn der Sprössling, knapp den Windeln entstiegen, noch in der Sandkiste wühlt.

Bilinguale, naturwissenschaftliche, fremdsprachliche oder sportliche Schwerpunkte, mit Bundesmitteln angereicherte Unterrichtsprojekte, eigene Hockey-, Tennis- oder Badmintoncourts, nachmittägliche AG-Angebote, die sich wie das Programm des Club Med lesen – die Welt des neuen Lernens, ein bunter Strauß voller Möglichkeiten. Nach Jahren, in denen Schulleiter und Politiker mit dem Wunsch nach Förderung einer Elite mit strammer Gegenwehr rechnen mussten, sind es nun wieder just die Gymnasien, die sich eben dieser Förderung verschrieben haben und die sich vor Anfragen kaum retten können. Während die meisten Rektoren und Direktoren auf möglichst werbewirksame Internetauftritte ihrer Einrichtungen vertrauen und ordentlich die Trommel schlagen müssen, um ihre Klassen vollzukriegen – die Teilmenge der Kinder in unserer Gesellschaft ist eben deutlich geschrumpft.

Um ihren Nachwuchs an ihrer Wunschschule unterzubringen, tun viele Eltern eine Menge von dem, was sie ihren Kindern normalerweise vermutlich verbieten: lügen, betrügen, konvertieren. »Eigentlich wohnen wir auf der anderen Seite der Stadt; da hätten wir bei dem Gymnasium, das wir für unsere Tochter ausgesucht hatten, schlechte Chancen gehabt bei dem Andrang, der dort herrscht«, erzählt ein Vater aus Saarbrücken. Bis ihm ein Gedanke kam: Seine Tochter musste umziehen. Auf dem Papier zumindest. Im Begründungsschreiben gab er an, dass sie tagsüber stets vom Au-pair-Mädchen einer befreundeten Familie betreut werde, die zwei Minuten von der Schule entfernt ihren Wohnsitz hat. Papa erhielt den Platz für sein Töchterlein. Ein anderer Vater trat kurzerhand in die Kirche ein, aus der er vier Jahre zuvor mit fester Überzeugung ausgetreten war; das Gymnasium, das sein zehnjähriger Nikolas, besuchen sollte, war dummerweise ein katholisches und vergab die Plätze im Rahmen einer Art Lotterie, bei der christliche Familien zugelassen wurden. Im Namen der Lose …

Tatsächlich ist die Angst der Eltern, ihre Entscheidung für eine Schule würde das Leben ihrer Kinder nachhaltig beeinflussen, kaum begründet. Untersuchungen ergaben, dass Lernerfolge und Wohlfühlfaktor der Kinder hauptsächlich durch ihr Umfeld bestimmt werden – durch Lehrer und Mitschüler nämlich. Und da weiß man im Vorhinein höchst selten, was man bekommt. Das Schicksal, jene große Unbekannte, gegen die Eltern von heute ihren Nachwuchs so gern schützen wollen, lässt sich eben nicht austricksen. So ist das Leben.

Vielen Lehrern, auch den beliebten, wunderbaren, gütigen, verdirbt die ständige elterliche Sorge übrigens kräftig die Laune. Bei der Planung einer Skireise als Klassenfahrt etwa, erzählt Josef Kraus, Präsident des Deutschen Lehrerverbands und Leiter eines bayerischen Gymnasiums, wird die Erreichbarkeit des Hotels und des Schneegebiets von den Eltern immer wieder gegengecheckt, als wollte man ihre Kinder zum Mond verschleppen. »Oder sie sagen: ›So viele Kilometer können unsere Kinder aber unmöglich im Bus fahren, das ist ja viel zu gefährlich.‹ Und was immer wieder kommt: die Klagen, dass das Essen in der Herberge nicht gut sei, dass ihren Kindern davon schlecht würde. Ich hatte schon Eltern, die sind ihren Kindern mit dem Wagen hinterhergefahren und haben ihnen Essen gebracht.«

Eltern planen, denken, entscheiden für ihre Kinder. Man lernt schließlich nie aus. Aber ist das die Botschaft, die wir am eigenen Leib erfahren haben? Früher, in Zeiten, die seltsamerweise ebenfalls einen Haufen Akademiker hervorgebracht haben, kamen wir, als wir Kinder waren, von der Schule, hudelten ein bisschen an den Hausaufgaben herum und huschten dann nach draußen zum Spielen. Klar, heute lassen wir Eltern unsere Kinder immer noch spielen – wir erwarten sogar, dass sie spielen: Blockflöte etwa oder Klavier, Tennis, Basketball oder Fußball im Verein. Sinnvolle sportliche oder den Intellekt und die Musikalität fördernde Betätigungen im kontrollierten Umfeld. Unter Aufsicht mindestens eines Erwachsenen, versteht sich. Schon Zehnjährige, so die Statistik, haben pro Tag durchschnittlich nur eine Stunde nichtorganisierte Zeit. Und wie regen wir uns auf, wenn die Klasse unserer Kinder eine Lektion hinter dem sorgsam von irgendwelchen Bürokraten aufgelisteten Lehrstoff hinterherhinkt; wie erbost sind wir, wenn schon wieder Projektarbeit anliegt, statt dass strikt nach dem für teures Geld angeschafften Geschichtsbuch geackert wird. Einige Mütter und Väter rufen nach jeder ausgefallenen Unterrichtsstunde beim Schulleiter persönlich an.

Die Unzufriedenheit der Eltern mit der Schule belegt eine Umfrage des Instituts für Schulentwicklungsforschung (IFS) der Universität Dortmund: 1993 glaubten noch 62 Prozent, ihr Kind gehe gern zur Schule, 2004 waren es nur noch 40 Prozent. Früher fürchteten sie, die Schule überfordere ihren Nachwuchs, heute glauben sie weit häufiger, ihre Kinder lernen zu wenig in der Schule, es würden zu viele Unterrichtseinheiten ausfallen. »Das sind alles Stunden, die unseren Kindern später fehlen«, klagte neulich eine Mutter aus der Klasse meines Sohnes, während ich in ihrer Nähe stand. »Wenn Ihr Kind einen schlechten Tag hat, guckt es nur aus dem Fenster und kriegt nichts mit, auch wenn normaler Unterricht gemacht wird.« Die Lehrerin versuchte, die Mutter mit diesen Worten zu beschwichtigen: »Und das haben wir als Kinder auch getan. Unzählige Stunden lang. Mal ehrlich: Haben wir denn von unserer Schulzeit alles an Wissen mitgenommen, was es zu lernen gab? Da machen ein paar Stunden mehr oder weniger wirklich nichts aus.« Sie hat Recht, dachte ich. Jetzt gerade lerne ich, was ich eigentlich noch wissen müsste. Beim Nachschauen der Hausaufgaben meiner Kinder.

Kindheit heute: Jeder Augenblick braucht offenbar einen sinnvollen Grund, ihn zu leben. Jeder Tag ein Stakkato aus organisiertem Entertainment. Tage auch, an denen sich Kinder ständig kontrolliert fühlen müssen – und sich an diese Art Kontrolle, an das Gefühl, den Brei stets vorgekocht und wohltemperiert serviert zu bekommen, durchaus gewöhnen: »Auch die Zwölfjährige erwartet wie selbstverständlich Antworten auf ihre Wissensfragen, statt im Lexikon nachzuschauen, Hilfe bei ihrer Schularbeit und aufmerksame Zuhörer bei ihren ›Berichten vom Tage‹«, bemerkte der Essayist Wolfgang Schirmacher in seinem Essay »Erziehung in der technischen Welt«. Straßenkinder, das war einmal. Das Wort allein kommt nur noch in trauter Zweisamkeit mit dem Ausdruck »Verwahrlosung« oder »Vernachlässigung« daher. Kinder nehmen nach den Hausaufgaben nicht mehr im Eilschritt die Treppen, um auf Hinterhöfe, in nahe Parks und auf die Gassen zu eilen, wo sie jeden noch so verschwiegenen Winkel kannten, wo ihre Geheimnisse ein Zuhause hatten. Es ist ja auch keiner dort, der mit ihnen spielen würde. Hausarrest, ein Kinderleben lang. Mit Ausgangserlaubnis – wenn Mutter den Wagen aus der Garage holt, um Sohn oder Tochter zur nächsten Aktivität zu kutschieren, von mir aus auch zum besten Freund, zur liebsten Freundin.

Kinder und Jugendliche führen oft Terminkalender, bei deren Durchsicht einem schwindelig wird. Jede Menge Kurse, Vereine, lang verabredete Treffen, Stundenfüller, die auf ihren Sinn und ihre Unbedenklichkeit von besorgten Eltern abgeklopft wurden. Nur keine Komm-doch-mal-rüber-Tage, keine Bist-du-auch-gerade-draußen-Momente. Spiel nicht mit den Schmuddelkindern! Die Warnung gab es schon immer, nur hielt man sich nicht daran – Mutter war ja nicht dabei. Heute ist das Verbot überflüssig geworden. Nicht zuletzt deshalb, weil die Kinder oft auf Schulen außerhalb ihres Einzugsbereichs gehen und die wenigsten Klassenkameraden um die Ecke wohnen.

Und draußen vor der Tür? Gähnende Leere. Experten sprechen von einer »Verinselung« der Kindheit. Weil das Leben nur noch aus festgelegten Events, aus besprochenen und verplanten Stunden an immer unterschiedlichen Orten, zu denen ihre Eltern sie hinfahren, von denen sie wieder abgeholt werden müssen, stattfindet. Zufällige Begegnungen, der Tag als langer Fluss aus lauter Beobachtungen und Erlebnissen in fremden Welten, haben in dieser Kindheit keinen Platz mehr. Zeit-lose Kindheit. Ein Trauerspiel.

Mein Haus, mein Auto, mein Kind

Viele Eltern müssen offenbar ständig darüber sprechen, dass sie ihre Kinder lieben, damit man sie für perfekte Eltern hält. Das ist nicht gut. Zumal wahre Liebe doch auch mal ohne viel Worte auskommen sollte. Aber während frühere Elterngenerationen tief durchatmeten, wenn sie die Haustür schlossen, um zu einer Party im Freundeskreis zu eilen, lassen Sorgenfalten-Eltern oft nur ein paar gequälte Seufzer vernehmen, weil sie das Kind der Obhut eines fremden Babysitters überantworten müssen. Manche nehmen ihre Kinder auch kurzerhand mit, zur Verblüffung ihrer Gastgeber. Nicht selten lärmt auf Feten, die einst so selbstverständlich kinderfreie Zonen waren wie die erste Kellerfete der pubertierenden Brut möglichst elternlos gehalten wurde, ein halber Hort durchs Haus und beschwert sich – das kommt vor – über die Musik, die »voll doof« und so gar nicht nach seinem Geschmack ist. Gastgeber, die das nicht ganz so lustig finden, erhalten den Stempel »kinderfeindlich« aufgedrückt, und damit hat sich das Problem für einige Eltern auch schon erledigt. Wird solchen Vätern und Müttern im Vorhinein deutlich gemacht, dass Kinder bitte draußen zu bleiben haben, bekommt man schon mal ein beleidigtes »Aber wir sind nun mal zu dritt« zu hören. Die Unzertrennlichen. Paare, das ist jedem klar, der eine Party schmeißt, lassen sich nicht auseinanderdividieren. Dass man ihre Kinder dabei ebenfalls billigend in Kauf nehmen muss, ist neu. Nach Zweisamkeit die Mindestens-Dreisamkeit. Verbunden durch ein magisches Band. Oder das Handy.

Verliebte schauen minütlich, ob eine SMS mit Herzensschwüren eingegangen ist; Eltern eher halbminütlich. Das halbwüchsige Kind könnte sich gemeldet haben oder der überforderte Babysitter. Einmal erlebte ich nach einem Klassikkonzert eine Mutter, die ihrem vierjährigen Sohn am Handy gegen Mitternacht erklärte, dass Disneys Tarzan nicht etwa erschossen wird, sondern am Ende glücklich und zufrieden mit seiner Jane leben würde. Der Kleine hatte den Film mit seiner dänischen Babysitterin angeschaut, bis er eingeschlafen war. Nach einer Stunde war er wieder aufgewacht und wollte nun unbedingt wissen, welche Wendung die Handlung noch genommen hatte. Er kriegte von Mama eine detailgetreue Inhaltsangabe. Und nicht etwa einen Rüffel dafür, dass er um diese Zeit längst in der Klappe zu liegen habe. Himmel, wie liebevoll, dachte ich einen Moment verzückt, als ich meine eigenen beiden Kinder vor Augen hatte, die hoffentlich seelenruhig zu Hause schlummerten. Verdammt, wie dämlich, durchfuhr es mich wenig später, als ich versuchte, die Szene mal nicht mit verklärtem Elternblick zu sehen.

Manche Kinder allerdings klingeln ihre Eltern im Halbstundentakt aus einem Partyvergnügen. Um zu erzählen, was sie gerade machen. Wir Eltern sind selbst schuld – wir haben unsere Kinder schließlich so sehr an Daueraufsicht gewöhnt, dass die elternlosen Stunden, in denen meist »nur« ein Babysitter zugegen ist, in ihren Seelen höchste Verwirrung stiften.

Sorge lässt sich nicht aus den Köpfen bannen, Sorge ist allgegenwärtig. Besitzerstolz leider auch. »Mein Haus, mein Auto, meine Yacht«, prahlte in einem Werbespot der neunziger Jahre ein Großkotz vor seinem Schulkameraden von einst und blätterte ein prachtvolles Foto nach dem anderen auf den Tisch. Heute würde er wohl noch ein weiteres Bild aus der Geldbörse ziehen – das seines Kindes. Von der Tochter, die problemlos durch sämtliche Schulprüfungen marschiert, neulich in der Ballettaufführung im Jugendhaus eine tragende Rolle tanzte und mit Bach'schen Präludien am Klavier begeistert; vom Sohn, den die Eltern demnächst auf schulische Überqualifizierung testen müssen, der neulich in einem Fußballspiel vier Tore versenkt hat und schon mit zwölf einen Charme hat, der mindestens seine Mutter in die Knie zwingt. Kein Wort von Töchterleins Nachhilfestunden, ihren Essproblemen und der Unlust, mit der sie sich an die täglichen Fingerübungen macht; keine Silbe darüber, dass der Junge den Lehrern vor allem deshalb auffiel, weil er im Unterricht abwechselnd gelangweilt aus dem Fenster stiert oder über Tische und Bänke geht.

Licht aus, Spot an – auf den Glamour, den Glanz, die guten Dinge, die glücklich machen. Wir rubbeln beständig am Image unseres Nachwuchses, polieren die Verpackung, schielen auf die gute Präsentation. Wir trachten, mal ehrlich, alle danach, unser Produkt sozusagen bestens zu präsentieren: »Mein Schätzchen.« Müssten viele Kinder das nicht eigentlich wörtlich nehmen? 66 Prozent der Eltern beschäftigt laut einer Umfrage der Zeitschrift *TV Hören und Sehen* im Jahr 2004 die Frage, wie sie die Fähigkeiten ihrer Kinder besser fördern können; nur 26 Prozent dagegen interessiert, woran sie merken könnten, dass ihre Kinder überfordert sind. Kein Wunder eigentlich, dass der Wunsch nach einem Hochleistungskind immer mehr Eltern den Blick auf die Realität verstellt: »Noch nie gab es so viele Kinder, die eine Klasse übersprungen haben wie heute«, konstatiert Franz Joseph Freisleder. »Eine Unsitte. Die Eltern steigern sich da rein.« Kürzlich hatte der Kinder- und Jugendpsychologe einen Jungen in der Praxis, der von der zweiten in die vierte Klasse befördert worden war, nachdem ein Schulpsychologe ihm einen IQ von über 140 bescheinigt hatte. »Alle waren sehr stolz. In der vierten Klasse klappte es aber mit dem Lesen nicht so richtig. Die Eltern dachten nun, ihr hochbegabtes Kind habe eine leichte Legasthenie.« Freisleder stellte nur einen normalen IQ von 114 fest: »Damit kann der Bub sein Abitur machen, aber keine Klasse überspringen.« Auch der Marburger Psychologieprofessor Detlef Rost, der seit 1987 europaweit Grundschüler auf Hochbegabung testet, glaubt: »Schätzungsweise die Hälfte der Eltern, die eine Hochbegabung bei ihrem Kind vermutet, liegt falsch.« Den als Kriterium geltenden Mindest-IQ von 130 und höher haben nämlich nach wie vor nur zwei Prozent der Bevölkerung. Nicht die Superschlauen sind also mehr geworden – nur die Eltern, die ihre Kinder für superschlau halten.

Hoffnungsträger Nachwuchs: Jedes Kind kann schlafen lernen, richtig essen, Regeln und das Lernen selbst. So die Versprechungen auf den Titeln der Elternratgeber, die das leisten, was man von ihnen erwartet: Ratschläge geben. Wir verspeisen alle Theorien zum Durchschlafen, Grenzensetzen und Loslassen des Nachwuchses, wir halten sie für nahrhaft – dabei verursachen sie bei uns längst nur noch ein Völlegefühl. Ratgeber zeigen uns, was wir versäumt haben, was wir ändern müssen, wo wir schiefzuliegen scheinen. Aber eigentlich ziehen wir noch eine ganz andere Botschaft aus dem gesammelten Pädagogikwissen: Alles ist machbar, jedes Problem im Leben unserer Kinder findet eine Lösung, jede unserer Fragen eine Antwort. Wir sehnen uns nach einer Gebrauchsanleitung und glauben, sie zwischen Tausenden von Papierseiten zu finden.

Sicher, wir lieben unsere Kinder. Aber wir wollen auch, dass sie funktionieren. Zu ihrem Besten, versteht sich. Wir wollen, dass unser Liebling fröhlich ist, mit Freuden zur Schule geht, Freunde hat, sportliche Leistungen bringt, ordentlich was in der Birne hat und wie ein Schwamm neues Wissen begierig aufsaugt. Wir sorgen für den richtigen Input – aber wir wollen auch den Output sehen, den wir uns vorstellen. Den man uns vorstellt. Abends, vor der *Tagesschau*, zum Beispiel, in hübschen, bunten Werbespots. Mit Frühstücksflocken und der richtigen Margarine und dem richtigen Auto – und den richtigen Eltern. Wir, die wir heimlich doch am liebsten alle so dynamisch, durchtrainiert und daueraktiv wären wie die schnieke Dunkelblonde aus dem Jacobs-Krönung-Kaffeespot, die tagsüber als Staranwältin reüssiert, in der Mittagspause ins Gym eilt, abends ein perfektes Dinner zaubert und die knackigsten Typen an Land zieht. Kinder kommen in ihrem Leben offenbar nicht vor, aber auch die, davon sind wir überzeugt, würde sie mit links stemmen.

Kein Mensch will Kinder wie aus dem Werbefernsehen? Vorsichtig. Kaum einer von uns Eltern ist so sicher, dass er sich den

Weg durchs Erziehungsdickicht allein zutraut; kaum einer weiß, welcher Weg der erfolgversprechendste ist. Wir sind doch alle ständig auf der Suche – und dabei bringen wir es fertig, uns nicht von fremden Bildern beeinflussen zu lassen? Wir lieben unsere Kinder, aber wir wollen, dass auch andere sie lieben. Eine Umfrage unter Ost- und Westdeutschen ergab, dass zumindest in Westdeutschland Kinder schon mal als Prestigeobjekt gelten – Erfolgserlebnisse zum Vorzeigen.

Die Ratgeber bestärken uns tatsächlich in der Alles-ist-möglich-Hoffnung für unsere Kinder. Setzen bunte Muttupfer in die graue Verzagtheit. Mut ist durchaus ein wunderbarer Motivator – sofern man auf ein erreichbares Ziel hinsteuert. Ist das Licht am Ende des Tunnels jedoch nur ein Wetterleuchten, das Unternehmen ein schlichtweg Unmögliches, steigt der Druck ins Unerträgliche. Für die Eltern – und für die Kinder. Die nicht können, wie sie sollen. Kinder spüren, wenn sie enttäuschen. Und wie schnell enttäuschen sie, wenn Eltern ihre ganzen Hoffnungen, ihren ganzen Ehrgeiz, ihr ganzes Wollen in sie setzen.

Aber enttäuschte Eltern wissen sich zu helfen. Wenn sie das Projekt nicht selbst zu ihrer Zufriedenheit in den Griff kriegen, suchen sie, mit oder ohne Gelbe Seiten, jemanden auf, der sich mit so etwas auskennt. Etwa einen Kinderpsychologen. Tatsächlich verzeichnen viele Beratungsstellen und Therapeuten seit einigen Jahren einen regelrechten Run auf ihre Dienste. Manche Eltern haben die Ansprüche an ihren Nachwuchs bereits so hoch geschraubt, dass sie schlichtweg vergessen, dass sie es mit Kindern zu tun haben. Da wird der Psychologe schon mal zu Rate gezogen, weil das Kind im Restaurant nicht eine Stunde still zu sitzen vermag und beim letzten gemeinsamen Schmausen gar die nicht fernliegende Idee entwickelte, mit dem Zweijährigen von der Nachbartafel unter dem Tisch Fangen zu spielen. Auch Lehrer drängen unsichere Mütter und Väter schon mal in die Erziehungsberatungsstelle, weil ein Kind den Unterricht stört oder sich mit Klassenkameraden prügelt. Wenn die Eltern sich nicht ohnehin gleich an den Spezialisten wenden mit ihren Ängsten und Erziehungsfragen: »Die Unsicherheiten der Eltern haben enorm zugenommen«, berichtet Michael Schulte-Markwort, Direktor der Poliklinik für Kinder und Jugendpsychosomatik an der Universitätsklinik Hamburg-Eppendorf. Viele Mütter und Väter kämen zunehmend mit reinen Erziehungsberatungsfragen in die Klinik.

»Ein Kind zu haben, ist derzeit das höchste Gut. Die heutigen Eltern haben maximal zwei, sind selbst meist schon älter, also weit von der eigenen Kindheit entfernt, und deshalb wenig locker«, sagt Franz Joseph Freisleder. »Die möchten sich den lange ersehnten Stammhalter total nach ihren Vorstellungen formen. Nach dem Boom der antiautoritären Erziehung in den sechziger und siebziger Jahren, als man sagte: ›Kinder entwickeln sich von selbst, Regeln und Verbote braucht es nicht, kleine Macken sind normal‹, ist das Pendel jetzt zurückgeschlagen. Kinder sollen maximal gefördert, organisiert und beobachtet werden. Solche Eltern gehen auch eher zu einem Spezialisten. Die Anfragen an unsere Klinik sind im letzten Jahr um 20 Prozent gestiegen.«

Die häufigsten Klagen der Eltern: Mein Kind ist zappelig, kann sich nicht konzentrieren, kommt nicht zur Ruhe, ist aggressiv, hat Schulangst. Eltern von Kindern, deren Rechtschreibung zu wünschen übrig lässt, schleppen ihre Kinder zu Tests, die sie als anerkannte Legastheniker ausweisen sollen – was sie in vielen Fällen vor jeglicher Bewertung ihrer Diktate beschützen würde; Eltern von Kindern, die mit Konzentrationsschwächen zu kämpfen haben, ringen Ärzten immer häufiger die Diagnose »Aufmerksamkeitsdefizitstörung« (ADHS) ab – und manchmal auch die Zauberpille Ritalin, die dieses Problem beheben soll.

Verhaltensauffällige, Legastheniker, Schreikinder, Schulverweigerer, ADHS-Kinder, Hochbegabte. Müssen unsere Kinder wirklich nahezu geschlossen in die Reparaturwerkstatt? Bei vielen Eltern scheint sich die Meinung durchgesetzt zu haben, dass hinter schlechten Noten stets eine Art Seelenverstimmung liegt, die ein Experte schon in den Griff kriegt. Ansonsten sind die Lehrer eben schuld. »Es gibt Eltern, die rennen in jede Sprechstunde und verlangen Erklärungen für jede Note, und wenn es dann mal eine Drei ist, drohen sie gleich mit dem Anwalt«, sagt der Präsident des Deutschen Lehrerverbands, Josef Kraus.

Einer war immer der Letzte, zu allen Zeiten. Sitzenbleiben ist ein Schönheitsfehler im Kinderleben, aber keine Katastrophe. Lehrer, die ein Kind heute zur Ehrenrunde verdonnern, müssen mit heftiger Gegenwehr rechnen – von den Eltern. Natürlich will jeder das Beste für sein Kind, das bedeutet für die meisten Eltern das Gymnasium. Real- oder gar Hauptschule? Um Himmels willen. Früher galten diese Schulformen in Familien durchaus als akzeptable Möglichkeiten, heute nur noch als Notlösungen. Aus den Zeitungen brüllen gar Schlagzeilen, die Hauptschule müsse abgeschafft werden, weil sie nichts wert sei. Kein Wunder, dass Mütter und Väter mit allen Mitteln versuchen, ihre Kinder dem Gymnasium einzuverleiben – notfalls gegen sämtliche Empfehlungen ihrer Lehrer. Kein Wunder dann aber auch, dass viele der Kinder dort baden gehen. »Ein Kind, das überfordert ist, das ständig, tagtäglich sozusagen, seinen Ohrfeigen hinterherläuft, kann sich doch nicht frei entwickeln«, sagt Josef Kraus. »Aber gerade Eltern, die selbst eine akademische Ausbildung hatten, empfinden alle anderen Schulformen als Abstieg.«

Ein Druck, der vielen die Schulzeit zur Hölle macht. Das Leben, eine einzige Forderung: in der Klasse die Lehrer, zu Hause wir Eltern mit unseren tausend Sorgen.

Eltern seien oft »überehrgeizige Karriereberater« ihrer Kinder, so eine Pressemitteilung der Uni Bielefeld schon aus dem Jahr 1994. Aber diesen Punkt kann man neuerdings auch in die Hände von Experten geben: Einige Unternehmensberatungen bieten Eltern als Dienstleistung inzwischen an, die Laufbahn ihres Nachwuchses professionell zu planen.

Ein Kind braucht seine Eltern. Oder brauchen die Eltern ihr Kind?

Liebevolle, sensible Wesen sind wir Mütter. Zumindest, wenn unsere eigenen Kinder betroffen sind. Mitstreiterinnen gegenüber sind wir oft weniger zimperlich und holen schon mal kräftig aus: Wenn eine plötzlich mehr will. Zum Kind auch wieder den Job, zum Beispiel. Toll, rufen die Übermütter aus, und: Die Möglichkeit hätte ich auch gern! Um dann, am nächsten Tag auf dem Spielplatz, endlich vom Leder zu ziehen:

»Pauls Mama kommt ja gar nicht mehr auf den Spielplatz.«

»Die hockt wieder im Büro.«

»Reicht ihr wohl nicht, ein Kind glücklich zu machen.«

»Und der Kleine?«

»Tagesmutter.«

Tagesmutter. Mülltonne. Abgeschoben. Ist ja irgendwie alles das Gleiche, oder nicht? Wie kann man so ein kompliziertes Geschäft wie die Erziehung auch so einfach in andere Hände geben? Auf dem Spielplatz hat Paulchens Mutter ihr Sitzrecht am Sandkasten vermutlich verwirkt. Eene meene muh, und raus bist du. Hierzulande werden Hortkinder zutiefst bedauert – bei unseren französischen Nachbarn gelten umgekehrt Kinder als bemitleidenswert, die den Nachmittag allein mit ihrer Mutter verbringen müssen und nicht ausgelassen im Kreis mit anderen spielen dürfen.

In Deutschland herrscht das eherne Gesetz: Mütter gehören zu ihren Kindern. Mehr denn je, länger denn je und ausschließlicher denn je, beobachtete die Soziologin Herrad Schenk besorgt. Dabei spricht eine Forsa-Umfrage für die Studie »Verrückt nach Familie 2006« für Rama und die Initiative »Lokale Bündnisse für Familie« eine ganz andere Sprache: 88 Prozent der befragten Mütter, die derzeit nicht arbeiten, würden gern wieder in den Job zurückkehren, jede dritte Frau gibt an, dass sie wegen fehlender Kinderbetreuungsangebote nicht arbeiten kann. In dieser Hinsicht bildet Deutschland tatsächlich das Schlusslicht in der Europäischen Union: Gut 60 Prozent der achtzehn- bis neunundzwanzigjährigen Mütter klagen über mangelnde Betreuungsmöglichkeiten für ihre Kleinen bis zu drei Jahren – von denen im Westen der Republik nur 2,7 Prozent hoffen, tatsächlich einen Krippenplatz zu bekommen.

Während drei Viertel der kinderlosen Frauen zwischen fünfundzwanzig und neunundvierzig Jahren arbeiten, tut dies nur jede zweite Mutter mit Vorschulkindern, davon wiederum sind 90 Prozent weniger als zwanzig Stunden beschäftigt. Zum Vergleich: In Norwegen arbeiten drei Viertel aller Frauen mit Kindern, in Dänemark sogar – Europarekord – 90 Prozent. Es wird ihnen leicht gemacht: Die dänischen Kommunen kümmern sich um ein flächendeckendes Netz von Tagesmüttern, sorgen für professionelle Ausbildung und bezahlen sie mit umgerechnet durchschnittlich zweitausendachthundert Euro im Monat anständig. Eltern geben lediglich einen Anteil von rund dreihundert Euro für den Ganztagsplatz für ihr Kind zu, Geschwisterkinder erhalten sogar Rabatt.

Und vielleicht weil Dänemark die Erziehung von Kindern offenbar ernst nimmt, ist den Frauen in diesem Land die Lust aufs Kinderkriegen noch nicht vergangen, plagt sie nicht die

Angst ihrer deutschen Nachbarinnen, schon mit einem Kind heillos ausgelastet zu sein – zeitlich und im Hinblick auf Verantwortung. Die Dänin jedenfalls bringt es im Durchschnitt auf 1,86 Kinder, die deutsche Frau auf 1,34 Kinder. Und weil wir gerade beim Vergleichen sind: Die Dänen sind glücklicher und haben weniger Ängste: 97 Prozent geben an, zufrieden oder gar sehr zufrieden zu sein, 67 Prozent finden, man könne den Menschen vertrauen. In Deutschland glaubt das nur jeder Dritte. Natürlich: Im Strom schwimmt es sich immer leichter – in unseren Nachbarländern geben Mütter ihr Kind schon deshalb leichteren Herzens in fremde Hände, weil es alle tun. Weil ihnen kein Neid und nicht die gesellschaftliche Überzeugung, dass Kinder nur bei Mama und Papa richtig glücklich sind, den Weg zurück in die Berufstätigkeit vermiesen. Weil Kinder von Nur-Müttern verdammt langweilige Zeiten hätten – als Einzelkinder daheim, während ihre Spielkameraden sich fröhlich mit einem Haufen Gleichaltriger bei den Tagesmüttern oder in den Betreuungsstätten tummeln.

Die Grundvoraussetzungen sind also andere. Aber statt mit vereinten Kräften für die Verbesserung der Kinderbetreuungsangebote zu kämpfen, stürzen sich viele Mütter so verbissen in die Kinderwelten, dass man vermuten dürfte, der Gedanke, sich auch nur in ein Büro zu begeben, liege ihnen so fern wie ein anhangloses, intimes Dinner mit ihrem Mann. Den Kampf ficht sie lieber an anderer Front, im Glaubenskrieg, in den jede deutsche Mutter nach dem Erziehungsurlaub ziehen muss: Entweder kehrt sie, wie auch immer, zurück in ihren Job, oder aber sie schiebt Vollzeit beim Windelwechseln, Trösten, Baden, Burgenbauen. Macht sie auf Vollzeitmutter, wird sie von der Gegenfraktion als Glucke verlacht, die weniger Grips im Kopf als Tupperware im Küchenschrank hat. Entscheidet sie sich für den Job, verhetzen die Glucken sie als herzloses Monster, das ihre Kinder im Hort oder beim Kindermädchen parkt, um in

Seelenruhe Karriere zu machen, statt weiterhin Rotznasen und Kinderpopos zu putzen. Gestichelt wird am Elternstammtisch, auf Kindergarten-Nachmittagen, im Tennisklub. Gern übrigens auch mit prominenter Hilfe: So erboste sich etwa die Exschauspielerin Marie-Theres Relin-Kroetz, Tochter der großen Maria Schell und überzeugte Nur-Mutter von drei Kindern, über »typische Karrierefrauen«, die »sich das Leben eines Mannes angeeignet haben«.

Bekenntnisse zur allein selig machenden Mutterschaft legen sich wie Balsam auf die Mütterseelen. Der Mensch braucht Anerkennung, möchte gelobt werden, Leistungen bringen – auch in seiner Elternrolle. Wer sich schon in diesem Fach unsicher auf den Beinen fühlt und ständig auf der Flucht vor Fehlern ist, muss sich vor dem Gedanken, sowohl Job als auch das Geschäft mit dem Kind daheim wuppen zu müssen, regelrecht gruseln. Da kommen Sprüche wie der von Ex-Bundeskanzler Gerhard Schröder gerade recht: »Selbstverwirklichung beginnt in der Familie«, konstatierte er vor ein paar Jahren, und der Bundesgerichtshof beschied in einem neuen Urteil zum Sorgerechtsstreit, dass »die Mutter naturgegeben mit der Geburt die Hauptverantwortung für das Wohl des Kindes trägt«. Ein Ritterschlag fürs Burgfräulein. Mama ist wieder wer – auch ohne Zusatzaufgaben.

Hier und da allerdings beschleicht einen der Verdacht, die Klage über die fehlenden Betreuungsmöglichkeiten in Deutschland könnte die Fassade sein, hinter der sich die Unlust, sich dem Leben außerhalb des Kinderwahns zu stellen, gemütlich macht. »Unübersehbar ist auch, dass vor allem junge Mütter sich nicht ungern dem ›Stress‹ der Erziehung aussetzen und so vor dem Berufsleben geschützt sind«, so Wolfgang Schirmacher. »Es muss einmal klar gesagt werden, dass Eltern ständig unterfordert sind, wenn sie als Aufpasser, Spielgefährte, Nachhilfelehrer oder Putzhilfe ihrer Kinder fungieren.«

Vielleicht ist die deutsche Mutter einfach geplättet. Von ihren Sorgen um das Kind, durch die ihr Alltag in der Tat ermüdender ist, als es das Leben mit Kindern gemeinhin sein müsste. Vielleicht ist sie schlichtweg erdrückt vom Gewicht der Ratgeberliteratur – und es dämmert ihr, dass sie das komplizierte Geschäft, ein Kind zu erziehen, eigentlich gar nicht aus der Hand geben darf.

Sind Mütter bessere Menschen?

Echte Workaholics machen sprachlos. Weil man selbst kaum mehr zum Reden kommt – und wenn, gilt es, Sätze zu vermeiden, in denen das firmenfixierte Gegenüber ein Stichwort herausklauben könnte, das ihm dann sofort als Eintrittskarte in einen weiteren Exkurs über den Job, die Kunden, die Produktion und das Management dient. Er plaudert also locker über seine Arbeit und wird Sie zwischendurch natürlich auch nach Ihrem Job fragen. Haben Sie keinen, nickt er vielleicht verständnisvoll, wird aber schleunigst aus Ihrer Nähe flüchten, um nach einem Gesprächspartner zu suchen, den der Gedanke an Akten und Entscheidungen ebenfalls noch am Feierabend umtreibt.

»Haben Sie auch Kinder?«, wurde meine Freundin Lisa kürzlich auf einer Party gefragt, nachdem sie bereits mit allen Details über die Blessuren irgendeines Neunjährigen nach einem Mauersturz und das Unglück mit dem zerrissenen Ballettröckchen einer gerade eingeschulten Sophie versorgt worden war. Meine Freundin verneinte. »Die Frau hat mich fast wütend angeguckt«, erzählte mir Lisa später verwirrt. »Da hatte sie mir erst mit ihren Geschichten von ihren Kindern fast das Ohr abgekaut, und dann merkte sie, dass ich selbst zu dem Thema völlig blank war.« Die Partybesucherin war offenbar sauer, ihre Zeit an eine Ungläubige verschwendet zu haben, vermutete meine Freundin. Sie war sauer, dass Lisa es wagte, fröhlich kinderlos zu sein, vermutete ich. Zugleich wunderte ich mich, dass die Frau Lisa nicht noch stundenlang überreden wollte, selbst Kinder zu kriegen, weil es doch so toll sei.

Früher wurde man Mutter, weil es dazugehörte. Oder durch einen kleineren Unfall, kam ja vor. Heute wird man es aus Überzeugung und reiflicher Überlegung. Kinder, sagen Mütter so gern, bereichern das Leben. Was auch völlig in Ordnung ist. Aber manchmal ist unser Leben eben auch von Kindern überfüllt. Weil wir für unsere Kinder leben? Das haben unsere Eltern und Großeltern auch getan – sie haben uns großgezogen, uns geliebt und warm gehalten. Wir allerdings nehmen unsere Kinder in den Schwitzkasten. Und merken nicht, dass wir die Arme nicht mehr frei haben, um mal wieder eine Gurkenmaske aufzulegen, eine Runde Badminton zu spielen, mit frisch lackierten Fingern ein Weinglas zu halten – einfach mal zu tun, was nichts mit unseren Kindern zu tun hat. Nebenbei gesagt, hätten wir auch mal wieder die Arme frei, um sie zu umarmen – und dann wieder loszulassen.

»Kinder an die Macht«, sang Herbert Grönemeyer vor rund zwanzig Jahren. Heute ist es so weit. Nicht, weil Kinder so übermächtige Wesen wären, die sich das Leben ihrer Eltern überstülpen, sondern weil die Eltern den letzten Winkel ihres Erwachsenendaseins mit Kind & Co ausstopfen.

Mutterschaft – im ersten Jahrzehnt des neuen Jahrtausends feiern wir sie, als wäre sie eine Religion für sich. Ein Bekenntnis zur Ausschließlichkeit. Als Mutter wird man nicht geboren – man konvertiert dazu. Bewusst – und sendungsbewusst. Eltern stehen nicht mit dem *Wachturm* an der Straße, um für ihre Sache zu werben, aber mit einem Bündel Anekdoten aus dem Alltag mit ihren Kindern im Supermarkt, auf Partys, im

Tennisklub. Gnadenlos. Nichtmütter, die Kinder wollten, aber aus welchen Gründen auch immer nicht konnten, genießen Schonzeit – aus Taktgefühl, und weil die Unterhaltung sonst zu anstrengend wäre. Ähnlich wie bei dem Spiel, bei dem einer die Fragen stellt und der andere beim Antworten die Worte »ja«, »nein«, »schwarz« und »weiß« unbedingt vermeiden muss, tanzen Mütter um ihren Lieblingsbrei herum, ohne auch nur rasch ihren Löffel hineinstecken zu dürfen: kein Wort über Kinder, um der anderen nicht auf die Füße zu treten. Worüber, verdammt, sollte man aber dann reden?

Nichtmütter, die könnten, aber nicht wollen, werden dagegen mit Verachtung gestraft, während spät zum Mutterglauben Übergetretene rührselig von ihrer Wandlung vom Saulus zum Paulus berichten – in Szenen, die fatal an die Bekenntnisse ehemaliger Ungläubiger vor kompletten Kirchengemeinden erinnern. Auch wir haben jetzt ein Kind, hallelujah! Eine der prominenten Galionsfiguren der Endlich-sind-wir-normale-Menschen-Bewegung: die britische Modedesignerin Katherine Hamnett, die mit knapp vierzig Mutter wurde. In einer Talkshow bekannte sie, erst mit Kindern hätte sie dem Egoismus abgeschworen. Madonna wiederum verriet, sie sei mit Kindern einer spirituellen Erfahrung näher gekommen, »wie es nur Müttern vorbehalten ist«; Angelina Jolie bekennt in der Schweizer Wochenzeitung *Weltwoche* 26/2006, sie »vögelt«, seit sie ihre Adoptivkinder großzieht und auch ein eigenes mit Brad Pitt bekommen hat, »nicht mehr wie andere Frauen ihres Alters wild in der Gegend herum«. Und *Tagesschau*-Sprecherin Eva Herman frohlockt seit ihrer Mutterschaft in einem Buch *Vom Glück des Stillens* und macht Mütter, die sich nebenbei auch noch um ihre Karriere kümmern, »wegen fehlender Bemutterung« für motorische und sprachliche Probleme von Deutschlands Vorschulkindern verantwortlich. Überzeugten Nichtmüttern prophezeit sie einen düsteren Lebensabend: »Es wird in vielen Fällen eine Zeit des schmerzvollen Nachdenkens und der tiefen Reue werden.«

Klar, dass die Promiglucken ihren Genossinnen ganz nebenbei gern mit maßgeblichen Erziehungstipps zur Seite stehen. Wie etwa Jools Oliver, Frau des englischen Starkochs Jamie Oliver. Vermutlich, weil die Gattung »Kochbuch« durch ihren Gatten schon reichlich bestückt wird, bereicherte die knapp Mittdreißigerin mit ihrem Werk *Minus Nine to One* (*Familienalbum*) das Genre der Erziehungsratgeber. Ihre Rezepte werden Übermüttern trefflich munden: Laufställe seien Freiheitsberaubung, konstatiert Mrs. Oliver, und: Kinder sollten möglichst lange gestillt werden. Besorgten Eltern mit Stillproblemen oder aufkommendem Ruhebedürfnis könnte solcherlei Kost allerdings auch mal schwer im Magen liegen. Haben wir so was wirklich nötig? Haben wir nicht eigentlich alles, was wir brauchen – Grips im Kopf, Lebenslust und vor allem Liebe zu unseren Kindern? Können wir uns nicht wenigstens untereinander pastorale oder mahnende Töne ersparen?

Es gibt Frauen, die kriegen Kinder. Und es gibt welche, die kriegen eben keine. Manche ungewollt, das ist traurig. Aber manche wollen einfach keinen Nachwuchs. Das allerdings gilt neuerdings als verpönt. »Kinderlose Frauen gelten als defizitär«, schrieb die britische Tageszeitung *Guardian*. Eine repräsentative Emnid-Umfrage im deutschsprachigen Raum zeigte, dass Frauen, die bewusst kinderlos bleiben, bei 58 Prozent der über 2000 Befragten egoistischer als andere Frauen gelten. 61 Prozent sind überzeugt davon, dass »Frauen mit Kindern ein erfüllteres Leben führen und darum glücklicher sind als Frauen ohne Kinder«. Nahezu 40 Prozent meinen gar, »es sei verantwortungslos der Gesellschaft gegenüber, wenn man keine eigenen Kinder in die Welt setzt«.

So platzieren sich die Mütter von heute schon mal gern selbst auf einen Thron aus Windelbergen. Viele prahlen mit jeder Nacht, in der sie wieder mit nur vier Stunden Schlaf auskommen mussten, weil sie den Sprössling füttern, tragen, beruhigen mussten; Mütter gefallen sich in der Rolle der Familienmanagerin, Krankenschwester, Pädagogin, Therapeutin, Taxifahrerin. Wenn es Spaß macht, kein Problem. Nur als Märtyrerin braucht man sich nun wirklich nicht zu verklären: Oder haben Sie Ihr Kind in die Welt gesetzt, um eine aussterbende Gesellschaft mit einem Haufen Rentenproblemen zu retten? Ich nicht. Wenn ich mich dabei versklavt habe, weil ich mich von einem Bündel düsterer Unsicherheiten und Ängste habe niederdrücken lassen, ist das eine andere Sache. Aber nicht das Problem meiner Mitmenschen.

Ich gebe es zu: Manchmal beneide ich bestimmte Frauen. Frauen, die lieber Karriere machen, als Kinder kriegen zu wollen, die am Wochenende aufstehen, wann sie Lust haben, Kostüme tragen statt Jogginghosen, abends ins Kino gehen können, ohne einen Babysitter beschäftigen zu müssen.

Die geballte Unsicherheit, ob die Wege, die man selbst als Mutter beschreitet, die richtigen sind, ob man dem umfangreichen Arbeitsauftrag, um den man sich schließlich gerissen hat, gerecht wird, beschert einem eine Menge flauer Gefühle. Aber nicht das Recht, sich hinter Babyflaschen, Flötenkursen und Schulstress zu verschanzen und zu tun, als laste das Universum auf einem. Das Prädikat »besonders wertvoll« allein für die Elternschaft? Das ist dann doch ein bisschen wenig.

Nicht ohne meine Mutter: Wenn Kinder älter werden

»Genieße deine Kinder, solange sie noch so klein sind. Es geht ja so schnell, dann sind sie groß und gehen aus dem Haus.« Das sagte meine Mutter mir manchmal in Momenten, in denen mir das herzlich egal war, ich die Zimmertür vor dem schreienden Etwas am liebsten zugeschmissen hätte, die Windel wieder mehr Inhalt als Fassungsvermögen bewiesen hatte oder mein Kind darauf bestand, in Sandalen hinaus in den Schnee zu stapfen. Ich fand dann immer, ich würde meine beiden Kinder schon in vollen Zügen genießen, und ganz sicher würde ich jeden ihrer Schritte in die Selbstständigkeit höchst freudig begrüßen und nicht wehmütig am Gartentor stehen, wenn die Kindheit sich davonmachen wird. Zumal sich Kinder, wie ich in irgendeinem Ratgeber lesen konnte, von der Geburt an eigentlich von ihren Eltern fortschleichen. Jede ihrer neuen Bewegungen geht sozusagen in Richtung Nestflucht. Schon wieder ein Anlass zu größter Sorge, wenn man es genau nimmt: Die Welt, wie gesagt, ist böse und voller Gefahren – an die möchte man sein Kind natürlich nicht zu früh verlieren. Und was bleibt einem schon, wenn die Kinder plötzlich aus dem Haus sind? Wenn das Nest nach jahrelanger aufopfernder Brutpflege plötzlich leer ist? Mutters Frage am Abend, ob die Zähne geputzt sind, ob sie nicht doch mal mit dem Lehrer reden soll, der den Jungen wegen eines kleinen dummen Streichs einfach von der Klassenfahrt ausgeschlossen hat, ob mit der neuen Freundin schon wieder Schluss sei – es gibt keine Antworten mehr darauf, weil niemand da ist, dem man die Fragen stellen könnte. Wenn der Kopf vor lauter Kind schier zerspringen will und man das andere Leben, das ohne Kinder, nicht mehr wiederfinden kann.

Kein Wunder, dass ängstliche Eltern dieser Aussicht ganz und gar nicht entspannt entgegenblicken können – und verzweifelt versuchen, möglichst lange mit der Welt ihrer Kinder verbunden zu bleiben. Früher durfte ich mit zehn, elf Jahren durchaus allein ins Kino gehen. Schon deshalb, weil meine Eltern mit Sicherheit wenig Lust verspürten, sich einen Kinder-Comicstreifen anzuschauen. Heute muss sich die Filmindustrie dem Problem stellen, dass Kinder nicht mehr unbedingt solo oder nur mit Freunden ins Lichtspielhaus marschieren dürfen – sie wirft aus diesem Grund einen Familienspaß nach dem anderen auf den Markt. Selbst sogenannte Kinder-Zeichentrickfilme sind seit einigen Jahren immer öfter auch auf Erwachsene zugeschnitten – mit Gags, die ein paar Etagen höher zu liegen kommen als der Witz, der Kinder schon mit übertriebenen Grimassen und frechen Sprüchen zum Kichern bringt. *Shrek* 2 zum Beispiel mit seinen Anspielungen auf Pinocchios Geschlechtsverirrung, den Film *Mission: Impossible* oder die Luxusmarkenwelt im »Weitweitweg«-Königreich, auch der Animationsfilm *Findet Nemo* mit ein paar zum Brüllen komischen Bemerkungen von Haien über die Psychoanalyse und anderen, den Humor von Erwachsenen bedienenden Gags.

Urlaub im puren Kinderland? Kinderhotels machen es möglich. Immer öfter, immer ausgeklügelter. Wieder gehen Eltern hierbei auf der Suche nach dem gemeinsamen Nenner für einen gelungenen Urlaub einen Kompromiss ein, der in erster Linie einen Schritt in die bunte, wilde Welt der Kinder bedeutet. Kinderhotels bedeuten Urlaub von der Erziehung, von einem Alltag mit Ängsten und Unsicherheiten. »Eigentlich war ich entsetzt«, erzählte Birgit, eine Bekannte von mir, die in einem solchen Hotel Ferien machte. »Die meisten lärmten durchs Haus, beim Essen am Kindertisch herrschte ein heilloses Durcheinander, und die Erwachsenen im Nebenraum schienen oft einfach nur froh, dass fürs Entertainment einmal andere zuständig waren.«

Der Job, der ihnen zu Hause über den Kopf wächst, hat Pause. Aber nur, weil sie sich weitab des Terrains der Erwachsenen bewegen. In Kinderhotels folgen Eltern ihren Sprösslingen mal wieder in ihre Welt. Und freuen sich diebisch, wenn der Nachwuchs, da anderweitig beschäftigt, ihnen Ruhe gibt.

Am Ende stehen die Familien vor einem Paradoxon: Der gemeinsame Urlaub im Kinderland führt zu völlig getrennten Ferienerlebnissen. Die Eltern erholen sich unbelästigt von den Kleinen am Pool, während ihre Kinder vollzeitanimiert werden. Früher suchten sich Kinder ihre Welt – heute wird ihnen eine Welt ausgesucht, als sorgsam vorsortiertes Ferienerlebnis. Kunsturlaub sozusagen.

Kinderland, Kindergesetze, Kinderurlaub. Jenseits der Stille – aber auch jenseits der Normalität. Es ist ein Leben für die Kleinen, in mundgerechte Häppchen geschnitten und mit süßen Soßen serviert. In dieser Welt lernen Kinder tragischerweise aber auch nichts *fürs* Leben – dass man beispielsweise Kellnern im wirklichen Leben nicht an der Schürze zieht, dass man nicht mit Pommes werfen sollte und in Hotels normalerweise keine Treppengeländer herunterrutscht. Hier haben einzig Kinder Urlaub. Das ist der Preis, den man dafür zahlt, wenn man seinen Kindern immer und überallhin folgen möchte, wenn man glaubt, den Weg zu kennen, den sie mit uns, ihren Eltern, gern gehen wollen.

Aber vielleicht wollen sie uns gar nicht überall dabeihaben. So wie es immer Erwachsenenwelten gab ohne Zutritt für Kinder, gab es auch Kinderwelten, in denen Erwachsene nichts zu suchen hatten. In denen sich hinter Mauern, Mülltonnen und in Türeingängen Geheimnisse versteckten, die man erkundete, ohne einen Erziehungsberechtigten mit mahnenden Worten im Schlepptau zu haben, ohne jemanden, der vorsichtshalber vorangehen wollte. Heute dagegen macht die Daueraufsicht jeden Ort zum Pausenhof. Erlebnisse sind vorgekaut, organisiert, reguliert. Schutzräume – jede Menge. Aber keinen Raum, in dem das Kind vor Erwachsenen geschützt wäre.

Da war mal eine Göre, die zeigte es den Erwachsenen. Indem sie sich ihnen nicht zeigte. Sie lebte allein und kam zurecht. Versteckte Sachen in Bäumen, rutschte von Hausdächern, ging auf Weltreise. Sie war die Heldin meiner Kindheit – Pippi Langstrumpf. Altmodisch? Überkommen? Nix da. Es bleiben die Bücher, die ein Refugium für Kinderträume sind; Bücher, in denen Groß und Klein noch säuberlich getrennte Stunden verleben dürfen, etwa die *Fünf Freunde* auf der Suche nach Abenteuern. Auch *Die Wilden Fußballkerle* kriegen ihre Bandenscharmützel und Spielprobleme weitgehend ohne Einmischung der Großen in den Griff. Und Harry Potter ist nur dann richtig gut, wenn er auf sich allein gestellt oder im Team mit seinen Kumpels in den Kampf gegen Voldemort zieht.

Hartnäckig glauben wir Erwachsene, dass wir die besseren Wegbegleiter unserer Kinder sind. Für Pippi Langstrumpf als Freundin würde meine Tochter mich vielleicht verkaufen, wer weiß. Und ich werde mich ihr als Freundin nicht empfehlen, indem ich mich in die gleiche Jeansmarke presse, ihr Vater nicht als Kumpel, indem er coole Klamotten trägt. Vielleicht versteckt sich sogar hinter dem Jugendwahn unserer Tage nicht etwa nur der vordergründige Wunsch, möglichst lange eine Figur wie Claudia Schiffer oder ein Gesicht wie Sharon Stone durch die Welt zu tragen, sondern die Hoffnung, die klaren Grenzen zwischen Eltern und ihren Kindern, den Altersgruppen und ihren damit seit jeher verbundenen Rollen aufzuheben. Selbst Oma ist ja nicht mehr die Lehnstuhlalte, sondern hüpft schon mal ausgelassen mit Opa durch die Kneipenwelt Mallorcas. »In vielen Familien«, beobachtete die Kölner Erziehungswissenschaftlerin Sigrid Tschöpe-Scheffler, »gibt es keinen Erwachsenen mehr.«

Einst mussten Kinder um ihren Eintritt in die fremde Erwachsenenwelt kämpfen – heute vermag man zwischen den Welten kaum noch Unterschiede zu erkennen. Die Gesellschaft ist dabei, die Pubertät abzuschaffen – zumindest einen Teil ihres tieferen Sinns. Und wenn die Abgrenzung ohnehin nicht so recht gelingen mag, ist ihr Zeitpunkt auch ein beliebiger. Eltern, die ihr Kind mit dem Label »Lebenssinn« versehen, versuchen diesen Sinn natürlich möglichst lange in ihrem eigenen Leben zu halten. Sicher, Kinder streben nach Selbstständigkeit, aber der Wunsch, eigenhändig seine Wäsche zu waschen und sein Bett zu beziehen, drängt freilich nicht so auf Erfüllung. Der Weg allein durch die Welt ist gut, der Weg des geringsten Widerstands aber vielleicht besser, und so bleibt schließlich nicht nur Hänschen zu Haus, sondern auch der große Hans. Eine Weile wenigstens – eine gemütliche Weile. Wohnten 1972 lediglich 20 Prozent der Fünfundzwanzigjährigen noch bei ihren Eltern, waren es 2004 schon 29 Prozent. Der Soziologe Frank Furedi berichtet von Gesprächen mit deutschen Studenten, die noch nie gearbeitet oder gejobbt haben und die an der Schwelle ins dritte Lebensjahrzehnt weiterhin bei ihren Eltern wohnen und keinen triftigen Grund sehen, an diesem Zustand etwas zu ändern. Sie verkaufen ihre Eigenständigkeit für ein paar Ladungen Wäsche, einen Schlafplatz und warmes Essen. »Man kann es kaum glauben«, schreibt Furedi in dem »Higher Education Supplement« der *Times* vom 16. Januar 2004, »aber ich sehe immer öfter Eltern, die ihre Kinder, erwachsene Studenten, zu den Prüfungen an der Uni begleiten. Das wäre vor dreißig Jahren undenkbar gewesen.«

Was ist eigentlich los mit uns Eltern? Warum behüten wir unsere Kinder, als wäre das Leben Feindesland? Warum meinen wir, sie für das Dasein entschädigen statt ermutigen zu müssen? Warum zweifeln wir ständig daran, ohne Krückstock, der aus einem Expertenrat besteht, auf dem richtigen Weg zu sein? Warum lässt uns die Angst nicht aus ihren Klauen? Warum geben wir unseren Kindern nicht einfach die Freiheit zurück?

3

Wer sind die Angstmacher?

Die Säulen der Angst, Elternehrgeiz und das Lebensprojekt Nachwuchs

Eigentlich müsste ich ein Kreuz wie ein Schrank haben, eine schwarze Sonnenbrille und einen Knopf im Ohr. Wie alle Bodyguards halt. Mein Sohn ist zehn, ein richtiger Kindskopf. Keine Ahnung, wie oft ich ihm schon seinen Sportbeutel nachgetragen habe in die Schule. Dann tut er ganz cool, wenn ich ihm das Ding gebe, weil die Freunde zugucken. Er will auch nicht, dass ich ihn in die Schule bringe, obwohl mir das manchmal lieber wäre. Wie die Henker rasen sie da vorbei an der Kreuzung, wo die Jungen lang müssen. Zweimal war ich schon bei der Polizei. Eine Radarfalle haben sie mal aufgestellt, aber das war's auch schon. Als mein Sohn noch kleiner war, haben wir mit vier Müttern abwechselnd an der Kreuzung gestanden, zum Aufpassen. Wäre ihm jetzt wohl wahnsinnig peinlich, so eine Aktion, aber meiner Angst würde es ein bisschen abhelfen.

Neulich waren wieder Ferien, da wollte er natürlich etwas unternehmen. Zu seinen Freunden fahren, mit dem Fahrrad. Komm, habe ich gesagt, ich bring dich rasch, sind ja nur zwei Kilometer. Da hat er mit den Augen gerollt, statt froh zu sein, dass er einen Chauffeur daheim hat. Dann fing es zu regnen an, Gott sei Dank. Gut, sagte er, dann fahr mich halt. Am Nachmittag habe ich ihn wieder abgeholt. Am nächsten Tag wollte Felix nur an den Computer. »Klar«, sagte ich, »mach nur.« Da stand ich in der Küche, war heilfroh, dass ich beruhigt meinen Kram erledigen konnte, und plötzlich fragte ich mich: Was schaut er sich wohl für Seiten an? Ganz vorsichtig schlich ich in Richtung seines Zimmers, schob leise die Tür auf und blickte ihm über die Schulter. Da drehte er sich um und sagte nur: »Mama! Was soll das! Wieso liest du meine Mails?« Ich kam mir mies vor. Aber auch so hilflos. Ich sorge mich doch nur um ihn. Aber es ist schon so: Wenn er draußen ist, habe ich Angst – und wenn er drinnen ist auch. Ist er mit seinen Freunden im Zimmer zu laut, warte ich nur auf den Knall, dass irgendwas runterfällt, dass sie sich prügeln oder dass sich jemand an scharfen Kanten verletzt. Ist es zu leise, kommt mir das ebenfalls verdächtig vor. (Manja, vierunddreißig Jahre, ihr Sohn Felix ist zehn)

Unsere Kindheit, die spielte sich nur draußen ab. Wir waren aber auch vernünftiger, glaube ich. Und die Autofahrer sowieso. Ganz ehrlich, so gefährlich war das nicht auf der Straße. Und daheim haben wir ganz ruhig in unseren Zimmern Puppen frisiert oder Legosteine aufeinandergeschichtet. (Susanne, achtunddreißig Jahre)

Früher war alles anders. Unsere Eltern kannten keine Angst, unsere Großeltern schon mal gar nicht. Alles war sicherer, gefahrenreduzierter, einfacher. Ein Tuch aus Ruhe und Beruhigtheit breitete sich über der Welt und die Wohnstuben, in denen die Kindheit lebte.

So lügt die Erinnerung. Denn auch die Generationen vor uns liebten ihre Kinder – und wo Liebe ist, ist auch Angst. Angst vor hohen Bäumen, von denen man runterfallen, vor Seen, in denen man ertrinken, vor Feuer, in dem man verbrennen könnte. Eltern warnten, verboten, schimpften. Aber sie kontrollierten nicht. Machten sich nicht zum Schatten ihrer Kinder. Hatten keine Zeit, ihnen in ihre Kinderwelt zu folgen. Nach der Schule gab es Mittagessen und zum Nachtisch Ermahnungen. Man nahm sie mit in den Nachmittag, aber schon am ersten Zaun, den es zu übersteigen galt, waren sie einem aus der Tasche gefallen. Kind sein hieß, es trotzdem zu tun.

Wisst ihr noch, wie wir in die Buche kletterten? Ganz nach oben, wo die Äste immer dünner wurden, sodass vor jedem weiteren Aufstieg geprüft werden musste, ob auch der nächste Ast noch trug? Da saßen wir, einen Genickbruch hoch über der Erde, schnitzten unsere Initialen in den Stamm, leerten die Naschtüten vom Kiosk um die Ecke, lachten über die Alte, bei der wir immer Klingelstreiche machten, bis sie »Ich hol die Polizei!« keifend hinter uns her wackelte. Und als wir Entengrütze fischen wollten? Ich bin ausgerutscht, in den Teich, die Schuhe im matschigen Grund, das Wasser bis zum Hals, ihr habt mich herausgezogen: zwei Tage Stubenarrest. Wegen der neuen Jacke, die meine Mutter wegschmeißen musste. Wie viel Stubenarrest hätte es gegeben, wenn sie gesehen hätte, wie wir über die vierspurige Bundesstraße liefen? So kam man am schnellsten zum Wald, in dem wir nicht spielen durften, weil da mal einem Kind »etwas angetan« worden war. Wir trauten uns fünfzig Meter hinein und riefen: »Mitschnacker, wo bist du?« Und die Feuerwehr, die kommen musste, weil wir an einem Hochsommertag wissen wollten, wie gut der Reisighaufen hinter dem Gartenzaun brennen würde: viel besser, als wir dachten. Richtig Angst bekamen wir erst, als das Feuer gelöscht war: »Jetzt gibt's einen Riesenkrach!« Natürlich war uns Zündeln strengstens untersagt. So wie alles verboten war, was besonders viel Spaß machte.

Mit diesen Worten leitete die Journalistin Julia Karnick das *Brigitte*-Dossier »Erziehung« ein. Aus der Sichtweise der Eltern hört sich das denn so an: »Du wirst dir die Hand brechen, man wird dich überfahren, der Hund wird dich beißen. Iss keine Pflaumen, trink kein kaltes Wasser, geh nicht barfuß, lauf nicht in der brennenden Sonne herum, knöpf den Mantel zu, bind den Schal um. Siehst du, warum hast du nicht gefolgt. Nun musst du hinken, nun tun dir die Augen weh. Um Gottes willen, du blutest ja! Wer hat dir denn ein Messer gegeben?« Janusz Korczak, der polnische Kinderarzt, Schriftsteller und Pädagoge, hat diese Aussagen in seinem Buch *Wie man ein Kind lieben soll* aufgeschrieben. Es beinhaltet Erinnerungen an eine Kindheit voller Verbote, voller Elternängste, auch eine Theorie der Gefahr, vor allem aber zeigt es die eigenen Schritte zur Selbstständigkeit auf, wodurch die Kinder mit den Jahren immer trittsicherer wurden. Weil niemand einem das Gehen abnahm oder ständig einen Stock reichen wollte.

Die Angst der Eltern also war die gleiche. Aber offenbar wussten sie mit ihr zu leben, hatten sie im Griff. Eltern heute sind fest im Griff ihrer Befürchtungen. Ruhelos, dauernd lauernd und ahnend, dass die Welt Feindesland ist. Angst, der neue deutsche Spielverderber. Wie konnte es geschehen, dass die Angst, die offenbar immer da war, zum Herrscher über die Kindheit wurde? Wie konnte sie den Eltern von heute zur zweiten Natur werden?

Ängstlichkeit wird dem Menschen nicht unbedingt in die Wiege gelegt – ängstlich wird man durch das Leben, durch seine Erfahrungen. Aber auch durch Erfahrungen, die man nicht machen durfte. Eigenheiten zu entwickeln, Autonomie zu spüren, Wagnisse einzugehen, gehört zum Reifungsprozess eines Menschen. Wer sich stattdessen in ein Korsett aus Absicherungen, Schutz und nahen Grenzen pressen ließ, wer sich der warmen Fürsorglichkeit und Behaglichkeit stets überantwortete, statt ihrer Enge zu entfliehen und seine eigenen Horizonte zu entdecken, wer nicht zu kämpfen vermochte für seine Freiheit, bleibt leicht ein Gefangener seiner eigenen Trägheit. Manchmal war es ein Einzelschicksal. Jetzt ist es aber das Schicksal vieler Menschen einer ganzen Generation geworden.

Frauen heute sind bei der Geburt ihres ersten Kindes durchschnittlich knapp dreißig Jahre alt – fünf Jahre älter als noch 1960. Die Generation der jetzt Dreißig- bis Fünfundvierzigjährigen waren Kinder der sechziger und siebziger Jahre – die ersten Vertreter des 20. Jahrhunderts, denen die Ziele für einen Kampf ausgingen. Ihre Großeltern hatten den Krieg erlebt und die entbehrungsreiche Zeit des Wiederaufbaus, ihre Eltern einen Haufen gängelnder Konventionen der prüden fünfziger Jahre, die Spießigkeit und endlich das Aufbäumen der Achtundsechziger gegen den Daseinsstil ihrer Eltern. Und Generation Sorgenfalte saß zeitlebens im gemachten Nest. Die sexuelle Revolution hatten andere erstritten, der Vietnamkrieg war gelaufen, die Pershings bekämpft, erlaubt war weitgehend, was gefiel, und selbst das Geld war da, wo man es brauchte. Irgendwie, irgendwo, irgendwann war alles ziemlich ideal. Nur ohne Ideale. Kein »man müsste noch« oder »der Kampf geht weiter«. Diese Generation war defensiv glücklich. Sie rieb sich nicht mehr auf an autoritären Eltern, der häusliche Friede war unantastbar, voller freundlicher Kompromisse, und unberührbar war auch die Langeweile in einer Welt, deren Werte in einem schlammigen Brei zusammengeflossen waren. Satte Zeiten, immerzu. Zahme Menschen, überall.

Aber anders als die Vorgängergeneration waren wir nicht so dumm, durch stundenlanges Beharren auf einer bestimmten Musikkassette im Autoradio die Stimmung des gesamten Familienurlaubs nachhaltig zu beschädigen. Wir setzten unseren Willen durch, doch wenn die Eltern dann ab dem Frankfurter Kreuz bis in die Toskana die *Brandenburgischen Konzerte* hören wollten, gaben wir gnädig nach. Und ließen uns natürlich dieses Nachgeben später auszahlen: etwa in Form von neuen Badehosen, täglichen Eisbechern und, ihr habt es versprochen, Aufbleiben bis elf. Das war dann im Endeffekt besser, als fünf Stunden lang Kajagoogoo zu hören. Wir hatten frühzeitig die Lektion begriffen, die dann im Jahr 1994 in der bald darauf verstorbenen Zeitschrift *Tempo* zu lesen war: »Alle Leute, die panisch darauf bedacht sind, bloß nicht zu werden wie ihre Eltern, machen in der Regel komplette Idioten aus sich.«

Die Geschichte wiederholt sich, heißt es. Zumindest ist auf jede ihrer Phasen eine Art Gegenbewegung zu beobachten. Auf die vernunftstrotzende Aufklärung des 17. und 18. Jahrhunderts folgte die blumige, verklärende Romantik, auf den kühlen, oft schlichtweg als hässlich empfundenen Naturalismus kam das Feuerwerk des Expressionismus. Den Anschluss an die protestreichen Sechziger konnten da auch nur unbewegte Zeiten machen – die siebziger und achtziger Jahre. Sie waren wie eine lange Periode von Sommerhitze in der Stadt. Lähmend, träge machend. Ohne Aufbrüche, ohne Spannung. Keine Auseinandersetzung mehr in Sicht, nur das Gefühl, festhalten zu wollen an dem, was man hatte. Die Richtungslosigkeit wurde uns als goldener Mittelweg verkauft. Der letztlich in der Mittelmäßigkeit endete. Schwarz und Weiß zerflossen zur grauen Masse. Eine Gesellschaft zuckte nur müde mit den Achseln, konnte sich nicht entscheiden. Auch nicht darin, was sie eigentlich ihren Kindern mitgeben wollte.

Antiautoritäre (Aus-)Handelsbilanz

Noch in den frühen sechziger Jahren galt es keinesfalls als außergewöhnlich, drei oder mehr Kinder in die Welt zu setzen. Die Familie galt als Keimzelle alles Guten, als Zufluchts- und Rückzugsort, den man sich nach den Jahren des Aufbaus redlich verdient hatte. Es war eine Zeit, in der man die Knute noch in der Hand hatte und die Bürger zu Moral, Durchhaltevermögen, Ordnung und Sauberkeit anhielt. Der Nachwuchs hatte zu parieren, sonst gab's was hinten drauf. Kindheit, das hieß aber auch rote Wangen. Vom vielen Draußenspielen – und von den Ohrfeigen, die man sich schon mal einfing. Gute Kinder waren Kinder, die man eigentlich nie zu Gesicht bekam – und schon gar nicht zu Ohren. »Warte nur, bis Vater da ist!«, hieß es, wenn der Sprössling so gar nicht spuren wollte, und wenn die exekutive Gewalt abends nach Hause kam, war denn auch Zahltag für die begangenen Sünden.

Das Recht gehörte den Großen, die Kleinen galten da wenig. Nach dem gleichen Prinzip beherrschten die Altvorderen auch die Universitäten. Vorne wurde das Wissen diktiert und auf den hinteren Plätzen brav notiert, was die Professoren zu sagen hatten. Bis die ersten Studenten die Stifte fallen ließen und ungefragt die Mitbestimmung auf den Lehrplan setzten. Erst begann es in den Hörsälen zu rumoren und schließlich in der ganzen Gesellschaft. Die Jugend schrie Autoritäten nieder, stellte sie in die Ecke, rief nach Erneuerung einer Kultur, die sie als Brutstätte des Übels brandmarkten. Hatte der unbedingte Glaube an die Bestimmenden nicht die Nazizeit erst möglich gemacht? Der Kampf gegen die Macht von oben war auch ein Kampf gegen die Gutbürgerlichkeit, gegen Schweinebraten und Sauerkraut, gegen Sonntagsausflüge und weiße Kragen, gegen Nine-to-Five-Jobs. Auch gegen die Familie, jene kleinste Zelle der Gesellschaft, in der die Achtundsechziger den Nährboden aller Spießigkeit verorteten.

Die jungen Deutschen zertrümmerten den Wertekatalog ihrer Eltern wie einen alten Spiegel. Kommunen statt Kleinfamilien, hieß die Devise. Ein Haufen Erwachsener, ein Haufen Kinder, riesige Wohnküchen und Chaos statt Ordnung. Freiheit war, was Spaß machte. Die Jugend lebte im Kuddelmuddel, im Laisser-faire, dem jegliche Regeln fehlten. Nach den gegängelten nun die losgelassenen Jahre. Die neue Generation setzte das Lustprinzip an die oberste Stelle ihrer Werte. Und die

Selbstverwirklichung. Es war die Absage an jedes Oben, jedes Unten. Keiner sollte einem anderen sagen dürfen, was er zu tun hat. Das stellte natürlich auch jede Erziehung in Frage. Kinder sollten ihre Meinung nicht nur vertreten, sondern auch durchsetzen dürfen. Sie sollten dürfen, was sie wollten. Sich nehmen, wonach ihnen gerade war. Die antiautoritäre Erziehung brachte viele Kinder hervor, die kein Nein akzeptierten, die ihre Grenzen selbst setzten und Erwachsenen nach Herzenslust über den Mund fuhren. Jeder tat halt, was er wollte, lebte sein eigenes Leben.

Die althergebrachte Familie, die »durch autoritäre und lustfeindliche Erziehung den herrschaftskonformen, passiven bürgerlichen Charakter formt«, lästerte 1969 die Kommune 2 im *Kursbuch 17* mit dem Titel »Frau, Familie, Gesellschaft« und forderte stattdessen die Kinderaufzucht im Kollektiv. Damit Kinder dort »Autonomie und Widerstandsfestigkeit gegen die Erwachsenen« entwickeln könnten. Stolz beschrieben sie hernach, dass eines der Kommunekinder bereits »die aggressiven Regungen gegen ihre Eltern aktiv« auslebte: Der Junge »schlägt ihn (den Vater), will ihn erschießen oder äußert Todeswünsche, indem er ihm versichert: ›Du hast nur noch einen Tag zu leben.‹ Bei dieser Befreiung … hat mit Sicherheit die Kindergruppe und die Kommune einen günstigen Einfluss gehabt.«

Tun, was man eigentlich möchte – das hielten nun allerdings auch die Frauen für eine gute Idee. Und begannen darüber nachzudenken, ob Kinder ihre Vorstellungen vom freien Leben nicht eher durchkreuzten. Die Sprösslinge, die sich nun in den Kommunen und Kinderläden gerade ohne Rücksicht auf Verluste tummelten, waren vermutlich auch nicht die beste Werbung für ein Leben mit Kindern. Die Frauenbewegung jedenfalls brandmarkte das Kinderkriegen plötzlich als Fessel aller Weiblichkeit. Frauen stand schließlich die Welt offen, sie konnten die Domänen der Männer aufbrechen, in ihren Jobs brillieren, sollten sich an nichts außer ihrer eigenen Person gebunden fühlen. An die Männer übrigens auch nicht. Treueversprechen galten als Relikt dunkler Zeiten, in denen Durchhalten die einzige Devise war, die Mütter ihren Töchtern bisweilen in die Ehe mitgaben. Jetzt aber kam man zusammen, trennte sich, suchte sich immer wieder neue Partner, probierte sich und den anderen. »Wer einmal mit derselben pennt, gehört schon zum Establishment« – der Spruch war so locker, wie man sich gern gab. Nach dem Dauerbrenner *Der Widerspenstigen Zähmung* stand nun *Was ihr wollt* auf dem Spielplan.

Aber was wollte man eigentlich? Weg von allem, was war. Zur Sonne, natürlich, zur Freiheit, auch das. Aber wer seinen Weg sucht, rennt oft erst mal von einer Richtung in die andere. Während Männer allenfalls den Job als Familienoberhaupt einbüßten, stürzten Frauen kopfüber von einer Identität in die andere: Die aufopfernde Mutter, das Ideal so vieler Jahrzehnte, wurde verdammt als hoffnungslos rückständig, die Karriere der Frau wurde als allein selig machendes Mittel der Selbstentfaltung gepriesen. Das Wort kaschierte, dass die Gesellschaft die Frau damit schon wieder in eine Richtung zwang – wenn auch in eine neue. Mit Selbstbestimmung hatte die Ansage der hartgesottenen Feministinnen wenig zu tun. Ihre Parolen waren eher dazu angetan, Frauen, die sich dennoch zur Mutterschaft entschlossen, als hoffnungslos bürgerlich zu brandmarken. Wer in diesem Klima mit dem Gedanken an Kinder spielte, überlegte sich jeden seiner Schritte sehr genau.

Kriegten Frauen damals Kinder, dann, weil sie überzeugt davon waren, dass ein Baby ihre Selbstentfaltung erst möglich machen würde. Was sich tatsächlich entfaltete, waren aber am Anfang meist volle Windeln und ein überraschend starker eigener Wille: »Nicht wenige erzählen von Wutanfällen, in denen sie ihr Kind am liebsten gegen die Wand oder aus dem Fenster geworfen hätten«, berichtet Johann August Schülein vom Wiener Institut für Soziologie und Empirische Sozialforschung in seinem Buch *Die Geburt der Eltern*. Vollzeitmütter fühlten sich oft isoliert und mit der Kinderaufzucht allein gelassen, berufstätige Mütter stresste die Doppelbelastung. Was die beiden Lager einte: Aggression und Enttäuschung darüber, weil sie sich die Sache mit der Selbstverwirklichung irgendwie anders vorgestellt hatten. Ihre Kinder merkten mit der Zeit, dass ihre Mütter sich durch sie eingeengt fühlten. Und viele lernten dabei fürs Leben: dass Kinder Hemmschuhe sind, belasten, belästigen, nerven – auf jeden Fall aber wenig zur Freude von Müttern beitragen. Vielleicht der Anfang vom Ende der deutschen Lust am Kind?

Die Sache mit der Selbstentfaltung hatte offenbar ihre Tücken, für die Mütter – und für die Kinder. Die neue Zeit wartete mit eben jener schon angesprochenen neuen Erziehung auf; die autoritären Ideale, nach denen Kinder vor allem brav, funktionierend, diszipliniert und möglichst lautlos daherkommen sollten, verschwanden in der Mottenkiste. Jetzt wollte man den Nachwuchs wild, ungebändigt und von jeglichen Verboten unverbogen – die antiautoritäre Erziehung nistete sich für ein paar Jahre in den Kinderläden und Wohnküchen ein. Die Alten schüttelten nur die Köpfe über Kinder, die ihnen in der Straßenbahn ohne Rücksicht die Plätze wegschnappten, rotzfreche Antworten gaben und von ihren Eltern dabei nur milde Säuseleien zu hören bekamen. Niemand dachte auch nur daran, den Bengeln und Gören lieber mal ordentlich den Hintern zu versohlen. Die Hilflosigkeit flüchtete sich damals in Strafszenarien, die man genüsslich in Witze verpackte wie dem vom Kind, das im Supermarkt mit dem Einkaufswagen beharrlich einer Dame in die Hacken fuhr. Die Frau beschwerte sich bei der Mutter und erhielt zur Antwort, das Kind sei eben antiautoritär erzogen. »Ich auch«, sagte die Dame daraufhin und verpasste dem Jungen eine schallende Ohrfeige.

Tatsächlich hatte die antiautoritäre Erziehung durchaus hehre Ziele bei der Ausbildung von Kindern gehabt. Wer klein war, sollte nicht durch Schläge und Unterdrückung entwürdigt werden und als Familienmitglied die gleichen Rechte erhalten wie die Großen. Wer immer nur hören muss, was andere ihm vorschreiben, hat später selbst nichts zu sagen, befürchtete man. Und wer beständig geknetet und in eine Form gepresst wird, kann sein wahres Wesen nie entfalten. Familie und Schule brauchen Regeln? Ja, bitte – wenn Kinder sie bestimmen dürfen.

Erziehung wurde Verhandlungssache – interessanterweise nicht nur in den Familien, deren einzige Konsequenz darin bestand, der Grenzsetzung völlig abzuschwören. Eltern, die sich auf dem Terrain der neuen Erziehungsmethoden nur ein bisschen umtun und ihrem Nachwuchs ein wenig mehr Mitbestimmung zugestehen wollten, schienen nämlich mit dem neuen Stil, der die gesamte Gesellschaft durchzog, überfordert zu sein. Vielen wuchs das ständige Aushandeln mit ihren Kindern über den Kopf. Die deutsche (Aus-)Handelsbilanz – ein Ungetüm. Entweder die Eltern überließen ihren Kindern schon sehr früh das Regiment in der Familie, wodurch ihre Liebe zu den Sprösslingen oftmals zu Gleichgültigkeit schrumpfte – oder aber sie schlugen zu, wenn sie den Kinderterror nicht mehr aushielten.

Die Folge: ein Haufen genervter Eltern, die letztlich nie wirklich ausgehandelt, nur nachgegeben hatten – und Kinder, die in ihrer Orientierungsnot allein gelassen wurden. Die aggressiv, quälend laut und dauerprovozierend durch die Gegend liefen; junge Menschen, die in der Wüste nach irgendwas suchten, was die unendliche unwirtliche Weite begrenzen könnte.

Ein paar Jahre lang hielten sich die antiautoritären Ideen, die Kinderläden, der Nachwuchsterror – dann fuhr man den radikalen Kurs, der Kindern alle Macht gab, langsam zurück. Man öffnete die Mottenkiste noch einmal, um eine Notration

Regeln, Grenzen und Konsequenzen herauszuzerren. So wuchsen die Eltern von heute heran. Inmitten von Erziehungsidealen, die irgendwo in der Mitte lagen zwischen den autoritären und antiautoritären Varianten. Ohne Korsett aus Disziplin, Ehrlichkeit, Sauberkeit und Gehorsam. Von der völligen Freiheit der antiautoritären Phase blieb immerhin die Idee, dass Kinder ihre Meinung vertreten und möglichst selbstständig entscheiden sollten. Die Achtundsechziger erzogen ihre Kinder letztlich liberal wie keine Generation zuvor. So liberal, dass eine Auflehnung gegen die Eltern, das Privileg der Jugend, in vielen Biografien nicht einmal mehr auftauchte.

Heute sehen die Achtundsechziger der Rente entgegen – und ihre Kinder sind Deutschlands Elterngeneration. Eine Generation, die eines in ihrer Jugend gelernt hat: Mit Kindern band man sich eine ungeheure Aufgabe ans Bein. Kinderkriegen, Kinderhaben taugten nicht als Nebenjobs. Ohnehin kam in einigen Kreisen die Einstellung in Mode, dass man in eine Welt des Kalten Kriegs, der Tschernobyl-Katastrophen und Dioxin-Skandale nun wirklich keine Kinder setzen sollte. Viele Männer ließen sich gar aus Protest sterilisieren, Bücher wie *Kinderlos aus Verantwortung* von Thomas Ayck lagen in den Siebzigern auf den Nachttischen der Nation. Die Enttäuschung über die Welt war nicht zuletzt Ausdruck der Enttäuschung über die eigene Familie.

Wer sich dennoch ein Kind wünschte, musste in diesem Klima verdammt gute Gründe haben, tatsächlich schwanger zu werden – vor seinen Freunden und vor sich selbst. Nie zuvor in der Geschichte haben Frauen die Entscheidung, das Unternehmen Mutterschaft wirklich in Angriff zu nehmen, so bewusst getroffen. Aber auch noch nie zuvor so spät und so selten.

Die eigene, kampflos dem Leben überlassene, letztlich erlebnisarme Kinderzeit, die diffuse Furcht vor dem Dasein mit all seinen Katastrophen und Gefahren – sie waren ein vortrefflicher Nährboden für die Angst einer ganzen Generation. Einer Angst, die sich wie eine ätzende Flüssigkeit in viele Bereiche des Lebens fraß.

Das Ende der Behaglichkeit

»Sturm schluckt 200 Fischer«, »Fünf Tote bei Schießerei in Kirche«, »Vogelgrippe – Konzentration auf Süddeutschland«: Schlagzeilen eines einzigen Tages in einer ganz normalen deutschen Tageszeitung. Überraschend viele Menschen bekennen immer wieder, sie würden nur noch ungern beim Frühstück die Zeitung lesen, »weil einem da ja gleich der Appetit vergeht«. In dicken Lettern wird von Viren und Bakterien berichtet, gegen die im Notfall garantiert kein Kraut gewachsen, kein chemisches Medikament im Einsatz ist. Jeder Flugzeugabsturz ist Anlass für die scheinheilige Frage: »Sind unsere Flieger noch sicher?«, in Hitzewellen schwitzen Redakteure Schreckensszenarien von der globalen Erwärmung aus, jedem Sturm weht die Aufforderung hinterher, um Himmels willen seine Versicherungen auf den neuesten Stand zu bringen. Die Lust aufs Essen kann sich allenfalls derjenige bewahren, der sich nicht einen weiteren Beitrag über hormonbehandeltes Schweinefleisch, Rinderwahnsinn-Steaks oder geflügelverpestete Hähnchenschenkel einverleibt hat.

Eine Freundin von mir, deren Daunenbett kürzlich einen Riss bekam, schmiss das federlassende Ding nicht etwa in die Mülltonne, sondern versuchte sein Leben mit ein paar breiten Streifen Klebeband zu retten. »Ich kauf doch kein neues Daunenzeug mit Entenfedern, die womöglich Vogelgrippe-verseucht sind«, sagte sie bestimmt. Sie bezieht Rindfleisch und Gemüse nur beim Bio-Bauern, öffnet beim Klingeln nie die Tür, wenn sie niemanden erwartet, und ihr Internet hat sie mit sämtlichen verfügbaren Sperren versehen, »weil Dialer und irgendwelche Dienste sich heute ja überall reinschleichen«. Sie läuft durchs Leben wie viele Menschen – mit dem Man-weiß-ja-nie-Grundgefühl.

Früher waren es die Alten, die vor den Gefahren warnten, weil das gestiegene Tempo des Lebens mit seinen Neuerungen, seinem Stakkato an neuen Informationen, seinen vielen Unbekannten ihnen nicht mehr geheuer war; früher sagte man »Schon gut, Oma!« und lebte einfach weiter. Heute singen die Jungen, wie es die Alten taten. Jeder verteilt auf Partys, bei Elternabenden, beim Kaffeeklatsch, in der Kneipe, im Büro ungefragt Beipackzettel über Risiken und Nebenwirkungen des bloßen Daseins. Der Münchner Psychologe Heiner Keupp machte den Versuch, am 1. März 2004 die Häufigkeit eingegebener Begriffe wie »Lust«, »Spaß«, »Glück« und »Angst« mit der Internetsuchmaschine Google aufzuspüren: Lust stand mit 5 060 000 Einträgen eindeutig an erster Stelle, das Schlusslicht bildete das Wort »Angst« mit 1 030 000 Einträgen. Am 1. September 2005 »googelte« Keupp ein zweites Mal – und musste dem Suchbegriff »Angst« mit 20 960 000 Einträgen nun den Spitzenplatz einräumen, ihm folgten, deutlich abgeschlagen, die Worte »Lust«, »Spaß« und »Glück«.

Die Spinne in der Yukka-Palme, dieses Buch voller »sagenhafter Geschichten«, war typisch für die neunziger Jahre. Damals hörte man immer wieder von unglaublichen Vorkommnissen, die wohl in der unmittelbaren Umgebung passiert waren: Bekannte von Bekannten von Bekannten hatten beim zufälligen Auseinanderklappen ihres McDonald's-Hamburger im Hackfleisch eine abgehackte Fingerkuppe geortet. Anhalter, die man »gerade hier um die Ecke« aufgelesen hatte, entpuppten sich im Nachhinein als psychopathische Mörder, was man erst gewahr wurde, als der Typ aus Versehen seine Plastiktüte im

Kofferraum vergaß und man beim Sichten des Inhalts eine blutige Axt und ein Seil zum Fesseln zutage förderte. In der Importpalme nistete seit Monaten eine tödliche Spinnenart, und nur der Zufall, dass man das Ding wegen brauner Blätter zu einem Blumengeschäft brachte, wo die schreckliche Wahrheit ans Licht kam, hatte das Schlimmste verhindern können.

Die Botschaften dieser Storys, die Nachbarn, Freunde, Bekannte untereinander als durchaus wahre Begebenheiten verkauften, waren klar: Du glaubst, in deinem Umfeld sicher zu sein? Niemals. Die Gefahren lauern auch dort, wo du sie nicht vermutest. Natürlich verschwieg die Lokalzeitung das Grauen, das so nah gekommen war – die Beteiligten waren ja alle davongekommen, die Gefahr war ja durch einen Zufall vorübergezogen, bevor sie sich hatte offenbaren können. Das schmälerte jedoch die Angst nicht etwa – es verschob sie nur perfide: Nicht das eine Ereignis, ein einziger Punkt war es, der uns offenbar Sorgen bereiten musste – überall und zu jeder Zeit waren Verletzungen und sogar der Tod gegenwärtig. Was diese Geschichten trefflich unterstützten: der Trend, mit einem allgemein unguten Gefühl herumzulaufen. Der Volkskundler und Erzählforscher Rolf Wilhelm Brednich war es, der die Geschichten schließlich in einem Buch sammelte und als erstunken und erlogen brandmarkte. Die Storys wurden zu netten Anekdoten, das mulmige Gefühl jedoch gehörte zur Geschichte einer Generation.

Das Wort »Kindergarten« hatten die Amerikaner schon von uns übernommen – in den Neunzigern führten sie auch das Wort »Angst« in ihr Vokabular ein, als »German Angst«, die deutsche Angst. In jenen Jahren begannen Hersteller von Elektrogeräten, Autozubehör und Spielzeug abstrus wirkende Warnungen auf ihre Produkte zu kleben. In Mikrowellen sollte man keine Kleintiere trocknen, in Kühlschränken keine Kinder spielen lassen und die gerade erstandene Puppe nicht in kochendes Wasser legen. Auf dem ganz gewöhnlichen Alltag, so schien es, pappte damit ein dickes »Achtung!«-Schild: Eine falsche Bewegung, und man würde sich und die Kleinen samt Küchenutensilien oder Kinderzimmerschrank vermutlich ins Verderben stürzen.

Die Aufkleberschwemme allerdings war lediglich eine Reaktion der Hersteller auf das Gebaren amerikanischer Rechtsanwälte, die Firmen mit Klagen zu überschütten, sobald jemand ihre Produkte falsch benutzt hatte oder fahrlässig mit ihnen umgegangen war. Der Fahrer eines Campmobils etwa hatte irgendwo im Mittleren Westen während der Fahrt den Autopiloten seines neuen Gefährts eingestellt und war nach hinten marschiert, um sich einen Kaffee zu machen. Der Wagen hatte einen Crash, der Mann überlebte. Die Firma, die das Campmobil gebaut hatte, nicht. Ein Jurist verklagte sie, weil in der Gebrauchsanleitung des Campers der Hinweis fehlte, dass man trotz eingeschaltetem Autopiloten niemals das Steuer verlassen dürfe. Ein Kunde, der sich am heißen Kaffee von McDonald's die Zunge verbrannt hatte, bekam Schadenersatz zugesprochen, weil er ohne entsprechende schriftliche Aufklärung natürlich nicht davon ausgehen konnte, dass frisch aufgebrühte Getränke eine gewisse Gefahr mit sich bringen. Hierzulande sind die Hersteller vor solchen Irrsinnigkeiten relativ sicher. Aber wer den US-Markt beliefert, muss sich natürlich schützen – und sei es mit noch so dämlichen Warnhinweisen.

Versicherungsagenten haben in Zeiten der Angst natürlich ein leichtes Spiel. Noch nie schlossen die Deutschen so eilfertig Verträge ab, die sie bei Einbruch, Krankheit, Arbeitslosigkeit absichern sollen. Unser Lebensraum – offenbar eine einzige Gefahrenzone. Jedes Heilsversprechen, jede vermeintliche Patentlösung, jeder Expertenrat ist willkommen.

Dabei leben wir in einer verdammt sicheren Zeit – im Vergleich zu Generationen vor uns. Trendforscher Matthias Horx listete in seiner Rede in der Lübecker St.-Petri-Kirche am 30. September 2004 auf, dass es 1955 nur zweiundzwanzig Demokratien gab, während es heute hundertneunzehn sind; die Zahl der Kriegs- und Gewaltopfer weltweit sinkt beständig, zwanzig grausame Bürgerkriege sind seit Ende des Kalten Krieges beendet worden; seit zwanzig Jahren haben sich weder Luftbelastung, Wasserverschmutzung oder die Verseuchung mit Giften und Schwermetallen erhöht, selbst der Regenwald Brasiliens erholt sich; die Rate der aussterbenden Tierarten ist so niedrig wie seit fünfhundert Jahren nicht mehr; das Ziel der Welternährungsorganisation (FAO), bis zum Jahr 2015 den Hunger der Welt zu halbieren, beschrieb Horx als gar nicht so unrealistisch – schon jetzt seien es nur noch achthundert Millionen Hungernde im Vergleich zu 1,2 Milliarden im Jahr 1990. Die ständige Angst der Deutschen – für den Trendforscher eine Art »Futurophobie«, zu »Düsternis geronnene Zukunftsangst«. Nur 15 Prozent der Deutschen glauben, zitierte Horx eine Gallup-Umfrage vom Herbst 2004, dass die Zukunft besser werden könne als die Vergangenheit. Bei den Chinesen sind dagegen 90 Prozent davon überzeugt, dass es aufwärtsgeht. »Natürlich«, resümierte Horx sarkastisch, »kriegt man in einer risikomanischen Gesellschaft keine Kinder. Mit denen könnte etwas schiefgehen. Vielleicht bekommen sie nicht genügend gesunde Luft, Biogemüse, Mutterliebe oder wahre Werte.«

Die Säulen der Angst: Auf der Suche nach dem verlorenen Sinn

Die deutsche Elternangst, wohlgemerkt, ist keine Panik. Nichts, was das Herz ständig pochen lässt, den Blutdruck in die Höhe treibt, zur Flucht bewegt. Eher ein dunkler Grundton, der die

Farben ringsherum trister erscheinen lässt. Nichts, was eine Generation ernsthaft davon abhalten könnte, Kinder zu bekommen. Sie bekam sie ja auch. Nur brachte sie ihre mit einem besonderen Vorzeichen auf die Welt: Ein Kind war nicht nur ein Kind, das man einfach wollte. Es bedeutete die Entscheidung, sein Leben völlig umzukrempeln, ein Projekt, an dem man unter Umständen scheitern konnte. Ein Unterfangen, das man angehen musste, das man stemmen wollte, schon um das ungeheure Risiko, den ungeheuren Verzicht, die das Kind fordern würde, zu rechtfertigen – bei all den vielen Dingen, die dagegensprachen. Eine Entscheidung bar jeder Unschuld. Mit schwerer Ernsthaftigkeit behaftet statt mit spielerischer Leichtigkeit.

Der Nährboden für eine angstbeladene Erziehung war schon bereitet. Die Werte, die jene Zeit ohnehin mit sich brachte, gaben einen ausgezeichneten Dünger ab. Werte, die dieser Generation wichtig waren und sind – und die dazu beitrugen, dass die Saat bald aufging.

Der Anspruch der Eltern hatte sich insgesamt gehalten – mehr noch, er ist mit den Jahren zu einem Leitthema der Generation Sorgenfalte geworden. Wer die Zeitschriften durchblättert, könnte meinen, jeder habe einen Haufen Rechte, aber keine Pflichten. Recht auf Liebe, auf guten Sex, auf einen perfekten Mann, einen heißen Liebhaber, auf Erfolg und Anerkennung, gutes Essen. Auf das ganze Verwöhnaroma eines prallen Lebens also. Die Spaßgesellschaft bekam ihr Etikett nicht umsonst aufgepropft – die persönliche Entfaltung wurde zur Trophäe erhoben, die es zu erjagen galt. Bisweilen ohne Rücksicht auf Verluste. Zwischen 1974 und 2001 stieg die Zahl jener, die als ihren Lebenssinn »Hauptsache, ich bin glücklich und habe Freude« angaben, laut einer Allensbacher Umfrage von 2001 um 15 Prozent. »Das Leben genießen« betrachteten rund die Hälfte aller Deutschen als höhere Bestimmung ihres Daseins – 1974 waren es nur 26 Prozent.

Im ausgehenden 20. und beginnenden 21. Jahrhundert wurden und werden denn auch gern Kinder als Glücksbringer bemüht. In einer 2004 gestarteten Umfrage eines Kinderwunsch-Forums im Internet gingen die Antworten auf die Frage nach dem Motiv, unbedingt ein Kind haben zu wollen, alle in die gleiche Richtung: »Weil Kinder das Leben bunter machen«, »Weil sie das i-Tüpfelchen einer Ehe sind«, »Weil sie zufrieden machen«, »Weil sie mein Leben schöner machen«. Was aber letztlich eher ein weibliches Phänomen zu sein scheint: Eine Emnid-Umfrage von 2005 im Auftrag der *Brigitte* zeigte, dass immerhin 38 Prozent aller Männer bezweifeln, dass Kinder wirklich glücklich machen.

Früher heirateten die Leute und bekamen irgendwann Kinder, weil auf A eben B folgte und man an Selbstverständlichkeiten keine großen Gedanken verschwendete. Dann, in Zeiten der Pille, heiratete man oft nur deshalb, weil aus Versehen ein Kind unterwegs war. Und heute entschließt man sich oft genug erst in dem Moment zur Ehe, wenn man in Erwägung zieht, ein Kind in die Welt zu setzen. Heirat wie auch Kind sind Stationen eines individuellen Lebenskonzepts. Diese »kindorientierte Ehegründung«, behauptet die Familiensoziologin Rosemarie Nave-Herz in dem von ihr herausgegebenen Buch *Kontinuität und Wandel der Familie in Deutschland*, musste geradewegs in einer »kindorientierten Einstellung der Eltern« münden. Diese wiederum mache das »Kind gewissermaßen zu einem selbstständigen Träger für die Sinngebung der Erfahrungen der Eltern« und den Umgang mit ihm zum Ein und Alles. Kindern, stellte auch die Erziehungswissenschaftlerin Yvonne Schütze in ihrem Aufsatz »Veränderung im Eltern-Kind-Verhältnis seit der Nachkriegszeit« fest, werde heute ein »Wert zugeschrieben, der primär mit Lebenserfüllung, mit Sinnstiftung, mit persönlichen Glückserwartungen … verbunden wird«, tatsächlich seien Eltern heute in einer »kaum zu überbietenden Weise um kindgerechtes und kindzentriertes Verhalten bemüht«. Das macht sie jedoch nicht glücklicher oder gibt ihnen die Möglichkeit zu mehr Selbstverwirklichung. Eher ist es umgekehrt, sie fühlen sich in ihrer persönlichen Freiheit eingeschränkt, getriebener, ängstlicher.

Der ehemalige und 1996 verstorbene Präsident des Deutschen Kinderschutzbunds, Dr. Walter Bärsch, beobachtete eine zunehmende Eigenliebe unter den Eltern, die nicht wenige Väter und Mütter »zu perfekten Egoisten« gemacht habe, die nun beherrscht seien von einem neuen Ich-Wahn und dem verzweifelten Wunsch nach Selbstverwirklichung. Kinder, glaubte Bärsch, seien für solche Erwachsenen nur die Verlängerung ihrer Existenz.

Für den Oldenburger Familienforscher Dieter Brühl sind Deutschlands Eltern vor allem eins: hilflos. Einerseits soll das Kind sie selbst glücklich machen – und andererseits eine ganze Gesellschaft. »Das ist für mich einer der Hintergründe, warum Eltern sich nicht selten so polarisiert verhalten«, sagt Brühl. »Sie hüten und betüddeln die Kleinen wie ihren größten Schatz – und muten ihnen gleichzeitig Unglaubliches zu: schleppen sie überehrgeizig zu Kinder-Castings, füllen ihre Terminkalender, präsentieren sie wie kleine Erwachsene.«

Elternglück bis zum Umfallen

In den neunziger Jahren wurde beunruhigt über das Burn-out-Syndrom und eine arbeitswütige Spezies diskutiert, die man fortan als Workaholics bezeichnete – doch die vorgebliche Besorgnis war immer auch mit einem Touch von Bewunderung verbunden. Heutzutage geht man davon aus, dass viele Menschen ihre Befriedigung komplett aus dem Job ziehen – das verträgt sich vortrefflich mit der Idee von Genuss und dem allgegenwärtigen Recht aufs gute Leben. Auf diese Weise gelingt auf wundersame Weise der Brückenschlag zwischen der puren Maloche und der Jagd nach dem Glück. Arbeiten und bewusst leben schließen sich nicht mehr aus – im Gegenteil: Wer sich hundertprozentig auf das konzentriert, was er gerade macht, hat angeblich mehr vom Leben. Nie gab es mehr Menschen, die damit kokettierten, Perfektionisten zu sein, und Erfolg gilt mithin als sexy.

Klar, dass man in diesem Klima seinen kompletten Ehrgeiz darauf verwendet, ein Kind aufzuziehen – wenn man sich schon einmal dafür entschieden hat. Jeder Lebensphase wird ein Projekt zugeordnet, dem man sich getreu der Hundert-Prozent-Bewusstheit komplett widmet. Frauen, besser ausgebildet denn je, stürzen sich erst mal eine Weile in die Arbeit und verlegen sich dann, man will ja nichts verpassen, mit durchschnittlich dreißig Jahren aufs Kind. Den Ehrgeiz, den sie bei Präsentationen, Übersetzungen, Meetings bis dahin an den Tag gelegt hatten, nehmen die späten Mütter mit in die neue Aufgabe, die da heißt Kind.

Die Politik hat sich nie sonderlich darum bemüht, beide Möglichkeiten eines Frauenlebens miteinander kompatibel zu machen – vielleicht nicht zuletzt deshalb, weil die Frauen in Deutschland kaum hartnäckig genug dafür gekämpft haben. Vielleicht auch, weil die sprichwörtliche deutsche Gründlichkeit einfach nicht zulässt, auf zwei Hochzeiten gleichzeitig zu tanzen – als berufstätige Frau bis zum Nachmittag den Schreibtisch zu besetzen, als Mutter bis in den Abend hinein an der Legokiste zu hocken.

Außerdem stellt die Gesellschaft selbst ihre Ansprüche: Sie erwartet von Müttern, dass sie fähig sind, ihr komplettes Glück aus ihren Kindern zu ziehen. Wenige Knopfdrucke untermauern dies – und zwar beim Durchzappen der Fernsehprogramme, von einem Werbeblock zum nächsten: Mütter verzweifeln darüber, dass die Familie ihre Spaghetti nicht essen mag oder dass die Strampler vom Baby nicht sauber werden – und suchen nach glücklich machenden Lösungen. Mütter wischen sich seufzend, aber lächelnd den Schweiß von der Stirn, während sie Einkaufstüten auf Designertische wuchten. Mütter opfern sich – und je mehr sie sich opfern und der Familie ein Nest bereiten, desto mehr werden sie geliebt, angestrahlt, bewundert. Mütter, allzeit bereit. Fürs Kind, für den Mann, für andere. Nur nicht für sich selbst.

Als Verschnaufpause verkaufen die medialen Bilder Momente, in denen Mutti verliebt mit ihrem Kind Bauklötze stapelt oder auf dem Sofa kuschelt. Mütter allein zu Hause? No way. »Frauen«, sagt die Soziologin Christina Schenk, »können heute leben, wie sie wollen, aber nur, solange sie keine Kinder haben. Entschließen sie sich aber, Mütter zu werden, sind sie mehr denn je der Mutter-Ideologie unterworfen.«

Das Bild, dem Mütter hierzulande offenbar immer noch sehnsüchtig entsprechen möchten, charakterisiert die Münchner Romanistikprofessorin Barbara Vinken in ihrem Buch *Die deutsche Mutter* als einen »deutschen Sonderweg«. Vinken recherchierte in der Geschichte und entdeckte, dass schon Luther an die Mutter Ansprüche stellte, die jeden Menschen erdrücken mussten. Und unter Hitler erlangte die deutsche Mutter, sofern sie sich als gebärfreudig bewies, fast Heldenstatus. Mütter galten dereinst als das Herz jeder Familie, und als solches hatten sie, bitte schön, auch zu funktionieren. Pumpen, arbeiten, stark bleiben.

Es ist noch heute so: Wenn's irgendwo knirscht – dann ist nur die Mutter schuld. Tausenden von Menschen machen Psychoanalytiker in aller Welt alljährlich klar, dass ihre Probleme in frühkindlichen Störungen des Mutter-Kind-Verhältnisses ihren Ursprung haben, Gerichtsreporter und -psychologen rollen

Kindheiten von Bösewichten auf, deren Schlüsselfiguren fast immer durchgeknallte, lieblose oder zu stark liebende Mütter waren. Der *Spiegel* vom 16. November 1998 stellte fest: »Für so gut wie alle Untaten, die je verübt wurden, bürdet die Gesellschaft den Eltern eine Mitschuld auf.« Wer erzieht, hat Unrecht – und das sind meistens die Frauen; zu viel Mutter, zu wenig Mutter, falsche Mutter.

Kein Manager könnte auf Dauer dem Druck standhalten, den sich Mütter in Deutschland machen – Bestleistungen permanent. Dank immer wieder neuer Elternkurse sind sie stets auf dem aktuellsten Stand der Kinderpsychologie oder sie sind dem leistungsversprechendsten, angesagtesten Freizeitvergnügen für Kinder, der besten Schule auf der Spur. Und immer nur lächeln. Wenn sie schlapp machen, fehlen oder versagen, fühlen sich diese Mütter erst richtig schlecht. Mütter wollen Leistung bringen, stellte der Pädagoge Martin Textor vom Münchner Staatsinstitut für Frühpädagogik in seinem Online-Handbuch zur Kindergartenpädagogik fest. »Erzielen die Frauen Erziehungserfolge, so erleben sie dies als Aufwertung ihrer selbst; Misserfolge führen hingegen zu negativen Selbstwertgefühlen.« Die Gesellschaft erträgt keine Versager, keine Jammerer, kein Einräumen, dass einem der Job manchmal zum Hals raushängt. Keine Kellnerinnen, die den Gästen manchmal am liebsten in den Kaffee spucken möchten, weil sie ihnen frech gekommen sind. »Ja, hätten Sie halt was anderes gelernt, wenn Sie mit den Leuten nicht umgehen können!«, heißt es dann gleich. Keine Manager, die von ihren Kunden die Schnauze voll haben – »Wer zahlt denn schließlich Ihre enormen Gehälter?« Jeder entscheidet seinen Weg für sich allein – und soll ihn gefälligst klaglos weitergehen. Auch Mütter.

In früheren Zeiten, als man Kinder noch nebenbei aufzog und nicht als Alternative zur Berufstätigkeit in Erwägung zog, waren Kinder bisweilen nicht weniger nervig. Die Wonneproppen können eben üble Quälgeister sein: mit Terror in den Nächten, Schreiattacken, Zerstörungswut und stundenlangem Nörgeln. Aber man durfte sich früher auch öffentlich mal darüber beschweren. Und Sätze sagen wie: »Ich könnte mein Kind in die Luft schießen!« Andere Mütter kicherten dann, winkten ab oder lächelten wenigstens verständnisvoll. Heute starren sie entgeistert bei solchen Aussagen, als hätte man sein Kind gerade mit Peitsche und Elektroschocks traktiert. Dabei gibt es kaum eine Mutter, die ihrem Kleinen nicht schon mal ein paar kräftige Ohrfeigen verpasst, ihn in die Zimmerecke stößt, an den Haaren zerrt. In Gedanken, natürlich. So wie meine Freundin Kerstin: »Immer, wenn ich für ein paar Minuten telefonieren will, fängt Julian an zu schreien. Es ist so nervtötend, und ich fühle mich so hilflos, dass ich mir alles Mögliche vorstelle, was ich mit ihm machen möchte. Aber abends, wenn ich ihn in seinem Bettchen liegen sehe, wirkt er so schutzlos. Dann kommt mir meine Wut geradezu monströs vor. Ich weine oft und denke: Armer Kleiner, du hast so eine beschissene Mutter.«

Julian, um es klar zu sagen, hat eine völlig normale Mutter. Eine, deren Akku halt manchmal leer ist. Was in der heutigen Zeit »besonders schnell passiert«, so der Diplompädagoge Ralf Klein vom Kinderschutz-Zentrum Saarbrücken. Seiner Meinung nach liegt der Grund darin: Kinder stehen heute mehr denn je im Mittelpunkt, kommen aufgrund hormoneller Veränderungen durch bessere Ernährung früher in die Pubertät, wachsen öfter in Stieffamilien oder bei alleinerziehenden Müttern auf, weil immer häufiger Ehen zerbrechen. Und dann der Anspruch der Frau, das Familienmanagement tadellos im Griff zu haben.

In einer Studie der Erziehungswissenschaftlerin Claudia Quaiser-Pohl von 2001 gaben Eltern durchaus auch ehrlich zu, dass sie ihre Kinder als Belastung empfinden. »Ich komme mir zwar mies vor, aber bevor ich aus dem Büro gehe, rufe ich öfter mal meine Frau an, ob die Kinder schon im Bett sind«, sagt Rüdiger, dreißigjähriger Vater von zwei Kindern. »Und wenn die noch auf sind, warte ich lieber ein bisschen. Ich habe manchmal einfach keinen Nerv darauf.«

»Das Idealisierungskonzept«, konstatiert die Sozialwissenschaftlerin Sigrid Tschöpe-Scheffler, »geht nicht auf. Aber man gesteht sich das nur ungern ein, weil es ja nicht mit dem Selbstbild einer guten Mutter übereinstimmt.« Die Folge: Die gute Mutter hat wieder mal Schuldgefühle. Was sie dagegen tun kann? Noch mehr leisten. Noch mehr fürs Kind da sein. Noch mehr sorgen, behüten, sich aufreiben.

Auch der Baby-Blues, jene Depressionen nach der Geburt, werden der jungen Mutter von der Gesellschaft nur in sehr begrenztem Maße zugestanden: Über Kinder hat man sich zu freuen, Punkt. Zu jeder Zeit, in jedem Moment. Die 10 bis 15 Prozent der Frauen, die von diesen Depressionen betroffen sind, werden schnell als Mimosen abgestempelt. »Freunde und Familien haben dafür oft nur vorübergehend Verständnis«, beobachtete Dr. Pascale Britsch von der Ambulanz der Psychiatrischen Klinik der Freien Universität Berlin. »In den ersten Tagen sagen die Leute noch: ›Das war bei mir auch so, das geht vorüber.‹ Später heißt es häufig nur: ›Stell dich nicht so an.‹«

Durchhalten, alles geben. Die Leistungsgesellschaft hat auch ihre Mütter erreicht. »Früher sprach man von einer guten Erziehung, wenn Eltern ihren Nachwuchs gesund ernährten, wenn sie sich darum bemühten, Kinder in ihrer motorischen und geistigen Entwicklung anzuregen und sie zu fördern, und wenn sie dafür sorgten, dass sie mit ihrer Umwelt gut zurande kamen – dass sie also sozialisiert wurden«, sagte Frank Furedi 2002 in einem Gespräch mit *NOVO*-Magazin.de. »Heute bedeutet gute Erziehung vor allem, die verschiedenen Aktivitäten von Kindern zu überwachen.«

Gute Eltern sind jene, die ihren Nachwuchs nicht aus den Augen lassen. Die Nachbarn, Freunde, Mitmütter wiederum haben die Situation der Erziehung anderer durchaus im Blick – und die Kinder dabei allerdings auch. Auf deutschen Spielplätzen trösten Mütter bei aller Fixierung auf den eigenen Nachwuchs durchaus schon mal fremde Kinder mit aufgeschlagenen Knien – anders als offenbar im amerikanischen oder britischen Raum, wo Furedi bereits den kompletten Verlust jeglicher Erwachsenensolidarität beklagt. Zum Erwachsensein, so der amerikanische Soziologieprofessor, gehöre auch Verantwortungsbewusstsein gegenüber Kindern, indem man sich fürsorglich und vorbildhaft verhalte. Aber: »Vielen Erwachsenen scheint dieses Bewusstsein verloren gegangen zu sein. Sie bleiben nicht stehen, wenn sie Kinder in einer Konfliktsituation sehen. Sie rügen Kinder auch dann nicht, wenn sie sich arg danebenbenehmen – selbst ein harmloses ›Das gehört sich aber nicht!‹ kommt nicht über ihre Lippen.«

Tatsächlich reagieren jedoch auch hierzulande speziell Mütter sehr empfindlich auf Einmischung anderer in ihre Erziehungshoheit oder bei Erziehungstipps aller Art. Vermutlich, weil jeder Tipp von außen nahelegt, dass sie, die Mutter, vielleicht doch nicht so gut Bescheid weiß, wie sie sollte. Und während ältere Personen früher Kindern anderer Leute durchaus schon mal einen Rüffel erteilten, wenn sie sich in einem Geschäft zu aufsässig oder zu keck gaben, hüten sie sich inzwischen immer mehr, jungen Müttern etwas anderes als Ach-ist-der-niedlich-Lobhudeleien über den kleinen Schreihals an ihrer Seite zu offerieren. Der Rest – allenfalls ein paar Verwünschungen in Gedanken.

Wer Kinder zurechtweist, greift freilich ein Stück weit in ihre Erziehung ein – und damit heutzutage in ein komplexes, von den Eltern ausgeklügeltes Grundsatzprogramm. Klapse zu verteilen – ich habe das Ende der sechziger Jahre in der Grundschule tatsächlich noch erlebt –, ist vom Gesetz inzwischen verboten, und wer ein fremdes Kind aus welchen Gründen auch immer anfasst, muss zumindest damit rechnen, dass die bloße Berührung entweder als Gewaltakt oder aber als Kindesmissbrauch verstanden wird.

Eine Freundin, Anna, die in einem netten Reihenhaus mit vielen Kindern wohnte, bekam das auf sehr unangenehme Weise zu spüren: Als ihr Sohn Andreas eingeschult worden war, bat sie die anderen Kinder, die morgens den gleichen Schulweg hatten, ihn mitzunehmen. Meine Freundin musste als berufstätige Lehrerin selbst früh das Haus verlassen und konnte ihn nicht zur Schule begleiten, wie das in der Häuserreihe fast jede Mutter das gesamte erste Schuljahr über getan hatte. Maja, die älteste der angesprochenen Kinder, gab allerdings die Parole aus, Andreas sei doof und auszuschließen. An Andreas' erstem Schultag marschierten die Kinder unter Majas Führung gen Schule – ohne den Sohn meiner Freundin abzuholen, der daheim brav wartete. Anna war stocksauer, fing Maja am nächsten Morgen auf dem Schulweg ab, um ihr die Meinung zu sagen. Aber das Mädchen, gerade mal acht Jahre alt, ignorierte sie schlichtweg. Daraufhin nahm meine Freundin Maja am Arm und sagte, dass sie ihr gefälligst zuzuhören habe, wenn sie mit ihr spräche.

»Lasst uns doch alle bei einem Stück Kuchen darüber reden«, schlug ich Majas Mutter vor, nachdem Anna mir diese Geschichte erzählt hatte – vergeblich. Majas Mutter weigerte sich, mit der Frau, die ihre Tochter »gewalttätig an der Schulter gepackt« hätte, noch ein Wort zu sprechen. »Aber sie wollte doch nur, dass Maja ihr zuhört, weil sie sich Sorgen um Andreas machte«, gab ich zu bedenken. »Meine Maja muss ihr nicht zuhören«, antwortete die Mutter. »Und wenn Anna sich um ihren Sohn sorgt, soll sie ihn doch morgens selbst zur Schule begleiten, das haben wir schließlich auch alle gemacht.« Jedem, der sich aus Angst nicht einmischt, muss klar sein: Auch das Nichts-Sagen, Nicht-Rügen ist Erziehung. Zum Schweigen, Stillhalten und Durchhalten.

Ein Kind, das von fremden Erwachsenen kein »Moment mal, so geht es aber nicht« hört, wenn es nötig ist, wird später auf jeden Fall Kritik oder Zurechtweisung durch andere erfahren – und damit vermutlich völlig überfordert sein. Außerdem, so konstatiert Furedi: »Diese Distanzierung hat schließlich zur Folge, dass Eltern andere Erwachsene weniger als vertrauenswürdig, sondern als potenziell suspekt und gefährlich empfinden. Das färbt natürlich auch auf die Kinder ab.«

Die lieben, in Wattebällchen gepackten Kleinen sind derweil zu Hoffnungsträgern einer ganzen Generation geworden – die Leistungsgesellschaft erwartet viel von ihren Kindern. Die McKinsey-Studie »Perspektive Deutschland« im Auftrag des *stern* vom Januar 2006 attestierte den Deutschen den Wunsch nach deutlich »stärkerer Leistungsorientierung«: Fleiß und Ehrgeiz standen für 72 Prozent der Befragten in der Werteskala ganz oben. Nach einer Umfrage mit dem Thema »Worauf sollte Erziehung Wert legen?« resümierten die Sozialwissenschaftler Helmut Klages und Thomas Gensicke, die Ziele der Deutschen hätten sich in dieser Hinsicht in den letzten vierzig Jahren eindeutig verschoben: weg vom »Was sich gehört« zum »Was bringt es mir?«.

Und das Klima wird noch aufgeheizt: Immer müssen Eltern wieder in Zeitungen lesen, dass es mit der Frühförderung in Deutschland nicht zum Besten steht, dass Kinder möglichst jung möglichst viel können sollten. Die von der Universität Jena beauftragte und von der Entwicklungspsychologin Eva Schmitt-Rodermund 2002 abgeschlossene Untersuchung über Manager und ihr Elternhaus kam zu dem Schluss, dass unternehmerisches Denken bereits früh im Jugendalter anzulegen sei, um Erfolg auf diesem Gebiet zu haben.

Die Gesellschaft will, will, will. Aber sie tut wenig dafür, die Eltern bei der Erfüllung dieser Aufgabe unter die Arme zu greifen. Gemessen an den Erwartungen, hatten Mütter und Väter tatsächlich nie größere Herausforderungen zu bestehen; gemessen an der Unterstützung, die man ihnen zugesteht, vermutlich nie weniger Hilfestellung beim großen Projekt Erziehung fürs Leben bekommen. »Erziehung ist in der öffentlichen Erwartung nicht fortgesetzte, manchmal auch spannungsreiche Problemlösung, sondern ein möglichst reibungsloser Prozess, der perfekt aussehen muss«, sagt der Schweizer Erziehungswissenschaftler Jürgen Oelkers. »Wir sind alle und immer ›gute Eltern‹, das heißt, wir haben die Situationen des Alltags im Griff und sind ausreichend organisiert, für die Kinder ständig das Beste zu tun. Dabei werden wir nie müde und haben immer ausreichend Zeit. Zudem sind wir imstande, den Umgang der Kinder mit den Medien zu regeln, ihr Konsumverhalten einzuschränken und ihnen verständlich zu machen, dass sie nicht alles haben können. Wir regen uns nie auf und präsentieren die Familie immer im besten Licht.« Klar, dass wir uns unter dem Druck von so vielen argwöhnischen Augen keine Blöße geben wollen. Oelkers: »Angesichts der öffentlichen Erwartungen an ›gute Mütter‹ und ›gute Väter‹ ist das eine verständliche Haltung.«

Kinder, ein einziges Event

In vielen Diskussionen hört man noch immer den Satz: »Wenn du heute mehr als zwei Kinder hast, giltst du doch schon fast als asozial!« Nur ist der seit einigen Jahren nicht mehr wahr. Kinder sind in der Mittel- und Oberschicht zum Statussymbol geworden. Bundesweit fallen die Geburtenraten zwar noch immer, aber in einzelnen Städten ist durchaus ein Aufwärtstrend zu beobachten. Im Berliner Szeneviertel Prenzlauer Berg ist seit einigen Jahren der Anteil der unter dreijährigen Kinder deutlich in die Höhe gegangen; in Hamburg steigt die Zahl der Haushalte mit Nachwuchs seit 2002 ständig an. Dazu Trendforscher Matthias Horx in der *Welt am Sonntag* vom 12. März 2006: »Kinderkriegen wird zu einem designten Lebensevent mit hohem Erlebniswert.«

Kinder sind in – auch, weil sie für eine klare Aussage stehen. So, wie man sich in Japan Hunde hält, weil diese Tiere allen signalisieren: »Schaut mal, wir haben ein derart großes Haus, dass Bello darin Platz hat!«, beweisen drei oder vier adrett gekleidete Sprösslinge im Schlepptau, dass die Kohle daheim wohl stimmt. Kinder sollen bisweilen etwas darstellen. Auch im übertragenden Sinn.

Daheim in den Kinderzimmern werden sämtliche Unterscheidungsmerkmale zu kinderreichen Familien ohne das nötige Kleingeld, von denen man sich dringend abheben möchte, gesammelt: Der Nachwuchs spielt mit Holzspielzeug, liest Geschichten, in denen nebenbei die Orchesterinstrumente erklärt werden oder der wunderbare Lebensraum Regenwald, marschiert in Oilily-Kleidchen oder Ralph-Lauren-Hemden in den Kindergarten und in die Schule. In Zeiten, in denen man schicke Autos, dünne Plasmaschirmfernseher und teure Stereoanlagen in bequemen Raten abstottert und fast selbstverständlich in All-Inclusive-Anlagen in die Dominikanische Republik oder wenigstens nach Mallorca jettet, müssen zur Kontrastierung andere Kriterien herhalten. »Mütter der Unterschicht kennen den Drang nicht, mit dem Kind zu konkurrieren, ihr Kind zu benutzen, um Applaus zu ernten. Dieser Konkurrenzkampf ist typisch für die bessere Schicht«, konstatieren die Autoren von *Ich will ja nur Dein Bestes!*, Hans Sebald und Christine Krauth.

Die Eltern seien einfach verunsichert, registriert Dieter Brühl. Schließlich habe sich das Bild des Kindes in der Öffentlichkeit auch merkwürdig verändert: Immer wenn in der Gesellschaft über Kinder und Elternschaft debattiert werde, gehe es vor allem um Kosten und Leistungsverbesserung, um das »Fehlen von gutem Kindermaterial« oder um die »mangelnde Zeugungsbereitschaft von intellektuellen Eliten«. Kinder als Stoff, aus dem die Gesellschaft von morgen gestaltet wird, Eltern als ihre Produzenten. Klar, dass die sich ständig in der Pflicht fühlen, zu zeigen, was sie geschaffen haben. Damit das Bild nach außen, zu Nachbarn und Bekannten oder auch in die Schule, flimmer- und störungsfrei übertragen wird, ist eine ständige Kontrolle nicht zu umgehen.

Das Kind dient als Botschafter, seine Message hat zu lauten: »Uns geht's doch knorke.« Der Pferdefuß dabei: Je mehr Eltern aufs Image schielen, desto höher werden ihre Ansprüche an ihre Kinder – und desto verzweifelter wird der Versuch, den schönen Schein ordentlich blank zu putzen. Ständig sind die Scheinwerfer auf Eltern und ihre Kinder gerichtet. Und ständig beten Väter und Mütter daher, was die anderen von einem erwarten, sie checken jede Geste, jedes Wort auf Öffentlichkeitstauglichkeit. »Da ist dann weder die Kleiderordnung der Kinder beliebig noch die Sprache, die man mit den Kindern redet«, sagt Jürgen Oelkers. »Oder wie man im Supermarkt auftritt, wenn man sich weigern möchte, den Lolli zu kaufen, den das Kind unbedingt möchte.«

Und man tut natürlich nicht, was andere (aus lauter Angst) auch nicht tun – etwa die Kinder zum Spielen allein vor die Tür schicken. Mag sein, dass einige wenige Eltern den Mut dazu aufbringen – aber mit wem sollen ihre Sprösslinge draußen Spaß haben? Ist ja keiner da. Ein Teufelskreis, den keiner zu durchbrechen wagt. Wer bezichtigt eine liebende Mutter oder einen liebenden Vater schon, sich zu viel um das eigene Kind zu kümmern? Manchmal fragt die eine oder andere Mutter in entsprechenden Internetforen, ob sie es wohl übertreibe mit der Fürsorge, aber selten bekommt sie dort die Wahrheit zu hören. »Du machst das völlig richtig«, beschied eine sechsunddreißigjährige Mutter im Mai 2005 einer anderen, die zugab, ihren Zehnjährigen nicht ohne Aufsicht auf den Hinterhof der Hochhausanlage, in der sie wohnten, zu lassen. »Du machst dir halt Sorgen um ihn. Ist doch völlig normal und sogar sehr liebevoll. Es wäre schön, wenn sich alle Mütter so viel Zeit für ihre Kinder nehmen könnten.« Schön? Es wäre furchtbar. Furchtbar für unseren Nachwuchs.

Die Angst der Eltern vor sich selbst

Guten Managern ist klar, dass sie über den neuesten Stand in ihrem Job Bescheid wissen müssen: Wer seine Arbeit ernst nimmt, informiert sich über seine Branche, abonniert Fachzeitschriften, ist über neue Forschungsergebnisse auf dem Laufenden, recherchiert im Internet. Eltern gehen heute nicht weniger dienstbeflissen vor: Wohl keine Generation vor ihnen war dermaßen gut unterrichtet über pädagogische Trends. Eltern können jeden Pups ihrer Kinder einem definierten Entwicklungsstadium zuordnen, jonglieren mit Begriffen wie »Hyperaktivität«, »Aufmerksamkeitsdefizitstörung« oder »entwicklungsphasentypische Lebenskrisen« herum, als gehörten sie zum kleinen Einmaleins des Kinderhabens.

Es ist nur natürlich, dass Eltern auf der Suche nach Informationen, die sie zu besseren Vätern und Müttern machen sollen, auch nach solchen über die Risiken des Elternseins, der Erziehung, des Lebens suchen – nur wer seine Feinde kennt, kann sie schließlich bekämpfen. So lesen sie vom plötzlichen Kindstod im Mutterleib, weil eine Zecke die Mutter gebissen hatte; sie lesen, dass manche Babys verstümmelt zur Welt kommen, weil ihre Mutter mit einer kranken Katze gespielt hatte; sie lesen von Traumata durch Saugglocken bei der Geburt, von erkrankten Babys durch Fläschchen, in denen Bakterien es sich gemütlich gemacht haben. Die Brezel, die meinem Kind aus Versehen aus dem Händchen auf den Boden gefallen ist, schmeiße ich schon als vorbeugende Maßnahme mit hohem Bogen in den Müll.

Journalisten beschränken sich aber nicht damit, einen konkreten Fall zu schildern, sondern fragen gleich in der Headline: »Wie können wir unsere Kinder nur schützen?« Die gefühlte Antwort ist im Satz bereits enthalten: nie und nimmer. Zeitungen arbeiten gern mit Emotionen. Die Angst, das Liebste im Leben zu gefährden, pumpt jede noch so kleine, aber eben mögliche Gefahr in den Köpfen zu einem Monster auf. 72 Prozent aller Eltern haben nach einer Umfrage von *TV Hören und Sehen* aus dem Jahr 2003 Angst vor Gewalt in der Schule, 84 Prozent fürchten, ihr Kind könne mit Drogen in Kontakt kommen. Die Welt muss ihnen wie ein unbeherrschbares Chaos vorkommen, in dem sich ihre Kinder nur dann nicht verlieren, wenn sie, die Eltern, es stets im Griff behalten. Dazu kommt eine weitere Sorge in unserem Informationszeitalter: Auch Kinder sind den Fakten, Fakten, Fakten ständig ausgesetzt – besonders übers Internet. Die Welten, die sich dort virtuell erschließen, sind für viele Eltern nicht mehr nachzuvollziehen. Das macht unsicher. Und ängstlich.

»Die Beraterindustrie, die bei jedem Wehwehchen sofort zur Stelle ist und auch jede neue Bewegung des Kindes zu interpretieren weiß, macht das Großziehen von Kindern viel komplizierter«, räumt Frank Furedi ein. Und: »Die zahllosen Ratgeber offerieren keine Lösungen, sie sind Teil des Problems. Eltern kann man letztlich nicht dafür verantwortlich machen, wenn sie es als immer riskanteres Unterfangen ansehen, Kinder großzuziehen.«

Mütter und Väter wollen alle Probleme für den Nachwuchs lösen. Mir geht es da nicht anders: Nachdem meine Tochter bei den Hausaufgaben wieder auf ihrem Stuhl rumzappelte, schon nach wenigen Minuten verträumt aus dem Fenster guckte, um dann wieder aufzuspringen, weil sie ein Geräusch an der Tür gehört hatte, fiel mir ein Artikel in die Hände, in dem der Autor eine Reihe von Übungen empfahl, mit denen Kinder ihre Konzentration verbessern können. Der Artikel gab mir Tipps – und das Gefühl, wenn ich diese Techniken nicht irgendwie auch noch in den proppevollen Stundenplan meiner Tochter presse, trage ich allein die Schuld an ihrem Versagen. Soll keiner sagen, ich hätte von nichts gewusst. Mit Erziehungsratschlägen allein könnte ich vermutlich vierundzwanzig Stunden meines Lebens und das meiner Kinder füllen: wie man ihnen richtiges Essen beibringt, spielerisch im Auto Englisch übt, Matheaufgaben zwischendurch erledigt und sie dazu bringt, im Haushalt zu helfen.

Es sind nicht nur die Verbote und Vorsichtsmaßnahmen, die zu Fesseln einer Kindheit werden – es ist auch die Kontrolle, die Eltern notgedrungen ausüben müssen, um all die guten Vorsätze zu realisieren, das gesammelte Wissen gewinnbringend einzusetzen. Und da schlägt schließlich die heimtückischte aller Ängste zu: die Angst der Eltern vor sich selbst. 67 Prozent der Eltern sorgen sich nämlich vor allem darum, dass sie Fehler bei der Erziehung machen, die nicht wiedergutzumachen sind. Dass sie ihr Wissen, das sie haben, nicht richtig anwenden. Oder noch nicht genug wissen, um den optimalen Weg für ihr Kind zu bereiten. Tatsächlich ging es unseren Kindern jedoch insgesamt nie besser. Sie lebten nie gesünder, sorgloser, sicherer, wie wir später noch sehen werden.

Lebensprojekt Einzelkind

Viele Eltern räumen ein, wenn das Kind da ist, dass sie mit diesem einen komplett ausgelastet sind. Sind sie ja auch – zumindest in der Art und Weise, wie sie das Unternehmen angehen. Die Einzelkinder in unserer Gesellschaft machen bereits 30 Prozent aus, rund die Hälfte aller Sprösslinge hat nur einen Bruder oder eine Schwester. Die meisten der Einzelkinder werden geliebt, vergöttert, verhätschelt. Und mit der Hoffnung überschüttet, dass sie das ganze Glück, das ihnen zuteil wird, irgendwie an Mama und Papa zurückzahlen. Viele Einzelkinder tragen schwer an den Ansprüchen ihrer Eltern. Auf ihnen lastet nicht nur die eigene Zukunft – auch das Wohlempfinden ihrer Erzeuger. Deren Lebensgeschichten sollen nun, mit dem Kind, ein wenig in Richtung Glück korrigiert oder sogar als Erfolgsstory weitergeschrieben werden.

Aber Einzelkinder überfordern auch. Und machen ihre Eltern unsicher, ob sie dem Ausmaß der riesigen Aufgabe, die sie in dem Kind sehen, gewachsen sind. Das passende Stichwort aus der Soziologie heißt dazu »Kindzentrierung«. Wie unter einer Lupe nehmen die Erwachsenen alles Gute und nicht so Gute an ihrem Single-Kind wahr. Schließlich handelt es sich bei dem eigenen Nachwuchs nicht einfach um einen geliebten Menschen, der jetzt mit in die Familie aufgenommen wird, sondern um ein »Lebensprojekt«. Statt einfach mit dem Kind zu existieren und es dem Dasein auszusetzen, wird eine »intentionale Pädagogisierung« betrieben. Für Eltern heißt das: Was müssen wir tun, damit bestimmte Erziehungsziele erreicht werden, und was, damit nicht gewollte Dinge auf keinen Fall geschehen? Dem Kind wird dadurch abgesprochen, dass es selbst für sich einstehen und Verantwortung übernehmen kann.

Ich dachte immer, ich müsste mich um Max kümmern, wenn er zu weinen anfing. Die ganze Zeit hatte er beispielsweise ruhig auf der Decke gelegen und genuckelt, aber wenn ich aufstand, um für mich Frühstück zu machen, schrie er los. Wenn Kinder brüllen, sehen sie für mich so aus, als würden sie nie wieder glücklich werden. Vier Jahre lang habe ich eigentlich nur meinen Sohn im Auge gehabt. Dann wurde Marie geboren. Sie musste wegen Max öfter auf mich warten. Und ich habe erstmals gemerkt: Hey, das überlebt sie ja. Im Gegenteil – sie war letztlich viel zufriedener als ihr Bruder. (Monika, fünfundzwanzig Jahre, Mutter von Max, sechs, und Marie, vier)

Mütter von Einzelkindern haben oft das Gefühl, ständig um ihr Kind herumscharwenzeln und den Entertainer der Familie machen zu müssen. Der Sprössling ist dadurch stark auf sie fixiert. »Die Mutter-Kind-Beziehung ist in diesen Fällen häufig sehr intensiv«, beobachtete Sigrid Tschöpe-Scheffler. Die Kehrseite von so viel Liebe: Sowohl Mütter als auch Väter finden es schwieriger, schon mal Nein zu sagen, ihrem Kleinen zu zeigen, dass er zu weit gegangen ist, ihn später dazu anzuhalten, mal die Geschirrspülmaschine auszuräumen oder andere Dinge zu erledigen, die er in seinem Alter durchaus auf die Reihe bekommen könnte. Denn dann könnte der Kleine ja weinen, schmollen oder schlicht sauer werden. »Die Eltern sind auf die emotionale Nähe des Kindes angewiesen«, sagt Sigrid Tschöpe-Scheffler. »Und die wollen sie durch Ermahnungen oder Erinnerungen an die Pflichten des Kindes nicht aufs Spiel setzen.«

Schon mit zwei Kindern entspannt sich die Situation deutlich. Die beiden Racker wollen spielen? Sollen sie doch – miteinander freilich. Die Angst der Mütter, Sohnemann oder Tochter könnte die Einsamkeit zu schaffen machen, fällt weg. Sie fühlen sich entspannter, auch mal eigenen Bedürfnissen nachgehen zu können. »Geschwister dividieren sich sozusagen gegenseitig weg«, erzählt Sigrid Tschöpe-Scheffler. »Dies sagte mir einmal eine Mutter, die es mit ihren drei Kindern wesentlich leichter fand als mit nur einem.« Gleichzeitig hält es die Sozialwissenschaftlerin aber für ebenso möglich, dass eine Frau mit dem dritten Kind weder die Kraft noch die Lust oder die Zeit hat, dem Kind ein Krönchen aufzusetzen und es zum Mittelpunkt ihres Lebens zu verklären: »Viele stellen erst dann völlig fasziniert fest, was Kinder alles allein schaffen!«

Bei mehreren Kinder fällt zudem das Neinsagen nicht mehr so schwer – schon aus Selbstschutz. Weil ohne ein paar Grenzen in einem Vielpersonenhaushalt das wahre Chaos ausbrechen würde. Aber auch, weil Eltern mit der Schmollschnute, dem Wutanfall oder auch einem zornigen: »Ich hab euch gar nicht mehr lieb!« weitaus besser umgehen können, wenn noch ein paar andere, nicht schmollende oder wütende Sprösslinge in der Gegend sind, die zuckersüß (oder schadenfroh) grinsen und der Mama so gar nicht böse sind.

Einzelkinder sind angeblich egoistischer, verzogener, einzelkämpferischer als Kinder mit Geschwistern. Ein Vorurteil, meint Professor Hartmut Kasten, Familienforscher und Frühpädagoge am Staatsinstitut für Frühpädagogik in München. Aber: »Einzelkinder haben keine ›Pufferzone‹, sie sind ihren Eltern mehr ausgeliefert als Geschwisterkinder. Überfrachten Väter und Mutter ihr Kind mit Wünschen, Ansprüchen und Förderung, haben sie keinen Schutz, keine Unterstützung, zum Beispiel durch ein Geschwister.« Mehr als auf anderen Kindern lastet auf Einzelkindern die geballte Liebe ihrer Eltern. Und deren Hoffnungen, Ängste und Unsicherheiten.

Da stehen wir also – Eltern, denen das Dasein meist selbst wenig gezeigt hat, die den Weg in ihren Alltag nicht erkämpfen mussten, sondern durch unverschlossene Tore hindurchschreiten konnten. Die Lektionen des Lebens waren leicht verdauliche Kost. Auch aus diesem Grund entscheiden wir uns vielleicht für Kinder, weil sie eine echte Aufgabe bedeuten. Wir hängen uns schicke Sprüche an den Kühlschrank wie: »Kinder sind Reisende, die nach dem Weg fragen.« Oder: »Wenn deine Kinder klein sind, gib ihnen Wurzeln, wenn sie größer werden, gib ihnen Flügel.« Aber wir versuchen, ihre Wege anhand der Karten, die uns Erziehungsexperten in die Hand drücken, zu beeinflussen. Wir verleihen ihnen keine Flügel, weil wir selbst Angst vorm Fliegen haben.

Kinder heute – ein Fulltime-Job. Ein Projekt mit widersprüchlichen Bedienungsanleitungen. Erziehungsarbeit ist vor allem Verhandlungsarbeit geworden. Dadurch, so Jürgen Oelkers, gewinnen Kinder an Macht, »weil sie zu Erfolg oder Misserfolg ihrer Erziehung aktiv beitragen. Oft entscheidet die Nervenstärke. In diesem Sinn ist Erziehung heute eine ständige Auseinandersetzung.« Jede Grenze hält nur bis zum nächsten Wunsch vor – so was kommt vor. Und zermürbt Eltern, deren eigene Werte ja auch mit der Suche nach dem Glück zu tun haben.

Tatsächlich hatten Kinder nie zuvor mehr mit ihren Eltern zu tun als heute – mit ihren Wünschen, ihren Werten, ihrer Glückssuche. Auf der anderen Seite hatte die Gesellschaft selbst nie weniger mit Kindern am Hut. Kein Wunder, dass Kinder polarisieren: Entweder man hat welche und stürzt sich voller Elan auf sie oder man sieht dem derzeitigen Kult ums Kind mit Widerwillen zu – wenn man sich nicht bewusst gegen Nachwuchs entscheidet, weil man sich dem Projekt nicht gewachsen fühlt.

»In der Gruppe der dauerhaft Kinderlosen«, heißt es in einer Broschüre des Familienministeriums, handle es sich oft um Personen, »die einen überdurchschnittlichen Wert auf Unabhängigkeit legen«. Viele Deutsche seien inzwischen ohnehin so weit, dass sie sich »die Kindererziehung nicht zutrauen«. Deutschland, resümierte die damalige Familienministerin Renate Schmidt in ihrer Rede »Familienpolitik als Wachstumsfaktor«, die sie am 8. November 2004 in Berlin hielt, sei nicht kinderfeindlich – aber kinderentwöhnt. Die lieben Kleinen werden von der Gesellschaft als Störfaktor wahrgenommen.

Die Zahl der Verbündeten, auf die Eltern bauen können, ist arg geschrumpft. Mehr denn je seien Erzieher von heute auf sich allein gestellt, konstatierte auch der Erziehungswissenschaftler John Adams vom University College in London. Da viele Kinder nicht mehr auf eigene Faust nach draußen gelassen werden, kennen sie auch die Menschen kaum noch, die in ihrer Umgebung wohnen. Verwandte? Oft weit, weit weg. Immer in Reichweite dagegen: lauter Gründe, sich verdammt einsam zu fühlen. Und unsicher.

Selbst wenn die Oma ganz in der Nähe wohnt: Denn selbst die Großelterngeneration spürt, dass sich etwas verändert hat, dass vielleicht nicht die Kinder, wohl aber ihre Eltern anders geworden sind. Dass sie Angst haben. Und so haben auch sie Angst.

In den Städten kommt die zusätzliche Vereinzelung vieler Familien hinzu. Die Mütter und Väter stehen mit ihren Sorgen, Ängsten oft allein da. Wen wundert es: 59 Prozent der Eltern sind nach einer jüngeren Forsa-Umfrage für die Zeitschrift *Familie & Co* überzeugt davon, dass Kindererziehung früher leichter war. Was sicherlich auch daran liegt, dass die heutige Elterngeneration sich nur ungern ins Geschäft reden lässt. Partner- und Jobwahl wie auch Familiengründung – alles Marke Eigenbau.

Eltern heute sind unsicher, weil sie zerrissen sind zwischen Welten, wie sie diffuser nicht sein könnten: Einerseits gilt Erziehung als Privatsache, andererseits erwartet die Gesellschaft perfekt gehegte und erzogene Kinder. Zudem wird Müttern eingeredet, sie hätten das Erziehen doch regelrecht im Blut – obwohl ihnen gleichzeitig von allen Seiten Anleitungen und Verbesserungsvorschläge gereicht werden. Und was sie auch tun, zu welcher Seite sie auch tendieren, irgendjemandem treten sie bestimmt auf die Füße. Wer, bitte schön, kann sich da noch sicher auf zwei Beinen halten?

Angesichts der Einsamkeit und Verunsicherung der Erzieher hat sich auch die Kindheit selbst verändert. Sie ist wie ein Haus, das seine Besitzer mangels eigener Ideen vom Innenarchitekten komplett einrichten lassen. Pädagogisch durchgestylt halt. Der Spielraum heutiger Kinder ist die Kleinfamilie, deren Blick starr auf die Zukunft gerichtet ist. Immer ist die Angst da, den Anschluss zu verpassen. Die heutige Kindheit ist somit reicher und ärmer zugleich. Es existiert mehr Geld, um den Nachwuchs anständig zu pampern, aber es gibt immer weniger Abenteuer und Erfahrungen, die gemacht werden können. Dennoch ist Kindheit keine Sackgasse, aus der es sich nicht herausfinden ließe.

Der französische Philosoph Jean-Jacques Rousseau spricht vom Glück des Kindes, das nicht von der Vergangenheit belastet und von der Voraussicht getrübt werden sollte. Wir jedoch schauen ständig auf die Zukunft. Und hoffen auf diese Weise, das Glück unserer Kinder im Auge zu haben. Geht das zusammen?

4

Glückliche Kinder – glückliche Eltern

Vom Unsinn einer modernen Gleichung

Eltern, die ihre Kinder lieben, wollen gute Eltern sein. Das wollten sie vermutlich zu allen Zeiten, in allen Generationen. Nur haben die Zeiten die verwirrende Eigenschaft, sich zu ändern, und mit ihnen drehen und wenden sich auch wichtige gesellschaftliche Begriffe. Folglich muss man sich alle paar Jahrzehnte mal wieder fragen: Was, bitte schön, sind denn gute Eltern?

Unsere Großmütter schütteln über so eine Frage schon mal den Kopf. Weil das Leben ihnen die Möglichkeiten diktierte, ihren Kindern gute Eltern zu sein. Denn es waren schmale Wege, auf denen sie sich bisweilen bewegten, damals, in der Nachkriegszeit.

Unseren Wulf kriegte ich am 30. November 1948. Es war wunderbar, dass er noch am letzten Tag des Monats zur Welt kam; da erhielten wir für ihn Essensmarken für den ganzen November, und Kindergeld, 25 Mark. Daran denkt man, wenn es kaum was zu essen gibt. Richtige Windeln waren nicht vorhanden. Ein Stück Stoff hatten wir gekauft, gerade groß genug, daraus sechs Windeln auf unserer alten Nähmaschine zusammenschustern zu können, die man noch mit der Hand über ein Rad bewegte. Für ein Babyhemdchen hatte mein Vater aus seinem Amt alte Seekarten mitgebracht – die waren auf ganz zartem Stoff gedruckt; wir haben die Farbe ausgewaschen und Hemdchen für

Wulf daraus genäht. Der Junge ist ohne alles Gedöns aufgewachsen, es gab ja auch nichts. Mit der alten Pfeife seines Opas hat er oft gespielt. Nein, viel gehabt hat er nicht, der Wulf. Es waren trotzdem schöne Kinderjahre, glaube ich. Gute Eltern? Wir haben getan, was wir konnten. (Waltraut Nerbe, einundachtzig Jahre)

Eine Generation später war das nackte Überleben kein Thema mehr – die Kindheit, die gute Eltern im Kopf hatten, sollte schon mehr bieten als ordentlich etwas zu essen, liebevolle Worte und den Nachwuchs heil durch die Kinderkrankheiten zu bringen. Gute Eltern in den siebziger Jahren wollten ihren Kindern Selbstbehauptung und den Mut zur eigenen Meinung mit auf den Weg geben.

Jede Generation schien zugleich die eigenen Werte an die nächste weiterzugeben, die wiederum ihre eigenen Vorstellungen dazuaddierte. So müssen gute Eltern heute in der Summe schon eine ganze Menge mehr vorlegen, um sich auch gut zu fühlen: vernünftiges Essen, Ausschluss jeglicher Gesundheitsrisiken durch regelmäßige Arztbesuche, Bildung als sattes Unterfutter eines gefräßigen Lebens, das – erstmals in der Geschichte vielleicht – kaum noch materielle Knappheit kennt. Hinzu kommen Selbstbewusstsein und Ich-Stärke, um sich ja nicht die Butter vom Brot nehmen zu lassen. Und dann darf's natürlich noch ein bisschen mehr sein, denn gute Eltern zu Anfang des 21. Jahrhunderts haben noch ein weiteres, anspruchsvolles Erziehungsziel vor Augen: Ihr Kind soll glücklich sein. Die Bilanz aus all den zusammengezählten Gute-Eltern-Kriterien ist damit ins Unermessliche gestiegen. Glück ist nämlich leider nicht nur ein leuchtend gelber Smiley, den man sich rasch aufs Loch im Pulli oder in der Seele kleben kann. Glück ist schwammig, flüchtig und auch sonst schwer zu fassen.

Es ist wie im Märchen, wo der Ritter drei Rätsel lösen musste, bevor er mit der Königstochter von dannen ziehen konnte – eines war schwerer als das andere. Die letzte Aufgabe jedenfalls war mit Sicherheit schier unlösbar – nicht anders als die Forderung, die die Gesellschaft heutzutage an die Eltern stellt: Macht eure Kinder glücklich! Ein vortreffliches Kuckucksei, vor allem aber ein sicheres Mittel, Eltern langfristig unglücklich zu machen. »Je weniger Kinder es gibt, desto mehr scheint ihr Glück zur Maxime ihrer Erziehung zu werden«, stellte Jürgen Oelkers fest.

Vielleicht war die Forderung nach totalem Kinderglück die logische Konsequenz daraus, dass die Gesellschaft einfach glaubte, ansonsten seien ihre Kinder doch bereits mit allem bestens versorgt – immerhin haben die meisten Sprösslinge genug zu essen, Schule ist irgendwo und irgendwie für alle da, gegen Mumps und Masern sind die Kleinen geimpft, und an Spielzeug fehlt es auch kaum. Der Mensch braucht schließlich Herausforderungen – es könnte einem ja sonst langweilig werden, das Erziehen. Dass von den Kindern heutzutage zunächst einmal verlangt wird, dass sie möglichst schnell Bildung anhäufen und sich an elterlicher Hand einer Zukunft entgegenführen lassen, die ihnen vor allem gute Ergebnisse und Erfolge abverlangen wird, ist eine Sache, die dem ungetrübten Glückszustand unter Umständen ein bisschen entgegenwirken könnte. Aber das steht wahrscheinlich im Kleingedruckten der Arbeitsplatzbeschreibung für Mütter und Väter.

Kinder lachen, jauchzen, reißen die Arme jubelnd hoch, rennen aufgeregt durchs Leben. Das sind die Bilder, die wir in den Werbespots, den Anzeigen, den Broschüren beim Frauenarzt serviert kriegen. Auf den Fotos, die wir von unseren Kindern schießen, um sie den Großeltern zu schicken, oder im Jahreskettenbrief an alle Freunde und Bekannte einscannen, müssen sie mindestens entzückend grinsen. Kein Schmollen, keine Träne, nicht einmal ein gleichgültiger Gesichtsausdruck passiert die Kontrolle. »Was macht der Nils denn da für ein Gesicht?«, mault der Vater bei der Durchsicht der Digitalfotos auf dem Computer. Und: »Das können wir ja löschen.«

Unser Job: Haltet sie fröhlich, die Kinder. Und wenn sie weinen, jammern, quengeln? Haben wir versagt, was sonst. Jürgen Oelkers sagt dazu: »Glückliche Kinder sollen auf definitive Weise der Regelfall der Erziehung werden, die Ausnahme von der Regel ist entsprechend ein Objekt des Bedauerns, das Eltern- oder Erzieherversagen mit einschließt.«

Ich kann sie nicht weinen sehen, das ist ganz furchtbar. Ich weiß natürlich, dass meine Tochter nur ein bisschen Hunger hat, ich meine, dass es ganz normal ist, wenn Babys dann gleich heulen. Aber sie heulen, als klagten sie dich an: »Du lässt mich einfach verhungern, wieso? Es geht mir so schlecht!« Sie schreien, dass es einem durch Mark und Bein geht. Meine Mutter sagt immer, jetzt renn doch nicht gleich wegen der paar Töne, du verziehst die Kleine ja, aber ich kann nicht anders. Ich habe das Gefühl, das bin ich ihr schuldig. Am liebsten soll sie gar nicht traurig sein. (Marianne S., siebenunddreißig Jahre)

Immer nur lächelnd, immer vergnügt. Große Kinderaugen, putzige Mündchen, riesige Köpfe, Stupsnäschen: Die Natur selbst sorgt mit dem Kindchenschema schon dafür, dass wir die kleinen Rotznasen niedlich finden und mit ihnen nachsichtiger umgehen als mit Erwachsenen, die wüten, brüllen oder auf rührselig machen. Aber unsereins treibt längst nicht nur das Gefühl, den süßen Wesen, denen das Wasser in den Augen steht, unbedingt und jetzt und gleich etwas Gutes tun zu müssen – das haben Mütter und Väter zu allen Zeiten erlebt. Unsereins treibt zusätzlich noch das schlechte Gewissen. Das Gefühl, unseren Auftrag nicht erfüllt zu haben. Weil Glück und Tränen nicht zusammenpassen. Die Frage ist nur: Was heißt denn Glück? Und vor allem: Wie macht man ein Kind glücklich?

Ganz viel Schokoladeneis. (Sandra, fünf)
Weihnachten mit ganz vielen Geschenken. (Jan, sechs)
Überall sollen sich die Menschen lieben. (Vera, neun)
Einen iPod. (Martin, acht)
Omas Hühnersuppe, wenn es kalt ist. (Hannah, vier)

Na, das hätten wir also geklärt. Leider gibt es Tage, an denen Schokoladeneis sich nicht nur im Bauch kalt anfühlt, man sich mit Hühnersuppe die Zunge verbrennt, in den Geschenkpaketen nichts drin war, was man sich gewünscht hatte, der iPod kaputt ist und einem die Liebe unter den Menschen herzlich egal ist, weil man sich selbst klein, ungeliebt und hässlich fühlt. Die meisten Kinderwünsche taugen für ein paar glückliche Momente. Für eine glückliche Kindheit taugen sie nicht.

Wissen wir für uns, was glücklich macht?

Ratgeber wie *Die zehn Geheimnisse des Glücks*, *Die Glücksformel* oder *Dein Recht auf Glück* zeigen dabei gleich zweierlei: Dass alle auf der Suche nach dem Geheimrezept dieses gewaltigen Gefühls sind – und dass es, da es offenbar vieler unterschiedlicher Ansätze bedarf, vermutlich noch keiner gefunden hat. Dass Menschen glücklich sein wollen, verwundert natürlich keinen. Dass sie sich gegenseitig mit Tipps versorgen, wie man diesen wunderbaren Zustand erreichen könnte, ist auch völlig in Ordnung. Aber wer durch Lifestyle-Magazine blättert, erhält schnell den Eindruck, Glück ist ein Grundrecht, und wer das nicht einfordert, ist selbst schuld. Mehr noch: Wer es nicht fertigbringt, sich sein Glück zu verschaffen, ist ein armer und ganz schön dummer Tropf. Man lässt uns auf der Suche nach dem Glück, auf die man uns hetzt, jedoch nicht allein, sondern legt in den Artikeln auch gleich noch die Ingredienzien fest, aus denen das schmackhafte Süppchen gekocht sein muss: Geld, Freunde, Gesundheit, schicke Klamotten, geiler Sex, ein Beruf, der einem jede Menge Anerkennung bringt, und natürlich nette Kinder – das scheint für Erwachsene zur Basisausrüstung des Glücks zu gehören.

Es sind lauter Formen des Habenwollens, der Selbstverwirklichung, die sich nun auch des großen Wortes Glück bemächtigen. Es ist, als wollte man einen enormen Schatz in ein paar Schubladen verstauen. Bei diesen Ansprüchen kann das Glücksprojekt nur schwerlich gelingen; dass es damit eine ganze Menge Enttäuschung mit sich bringt, ist vorprogrammiert. Irgendwo hapert's halt immer im Leben. Wenn man sich etwa mit der Erkenntnis, dass man mit seinem Job gerade ziemlich danebenliegt, auf die Versagerbank schieben lässt, lädt man sich zusätzlich noch ein Selbstwertproblem auf die Schultern. Ist man doch seiner Pflicht, gefälligst sein Glück zu machen, offenbar nicht nachgekommen. Das Aushalten relativ glücksarmer Zeiten ist zur Untugend verkommen. Was wiederum ein verzweifeltes Streben nach dem hundertprozentigen Glückszustand zur Folge hat. Für Eltern bedeutet das, nicht nur Kinder glücklich zu machen, sondern dafür auch verantwortlich zu sein.

Aristoteles unterschied in seiner *Nikomachischen Ethik* sehr fein zwischen »Eutychia« und »Eudaimonia«. Unter Eutychia verstand der griechische Philosoph die Gunst des Schicksals, Eudaimonia als Empfinden dieser Gunst, als Glücksgefühl also. Während Ersteres von außen kommt und man selbst nicht allzu viel daran drehen kann, liegt Letzteres allerdings in einem selbst – man muss was tun für seine Seligkeit.

Ob man die Gunst des Schicksals auch als Glück empfindet, ist eine höchst private, individualistische Angelegenheit. Banal gesagt: Wer satt ist, klar, den wird ein dickes Stück Schwarzwälder Kirschtorte nicht vor Wonne aus den Puschen heben; eine Naschkatze, die nach drei Monaten strenger Diät das erste Mal wieder zulangt, schon eher. Manche Menschen stürzt vielleicht auch gar nicht in Verzweiflung, was unsereins für das Grauen schlechthin hält. Wem guter Sex etwa nicht wichtig ist, den wird schlechter nicht wirklich unglücklich machen. Was garantiert unglücklich macht: der Vergleich.

Rousseau befand in seinem Werk *Emile oder Über die Erziehung*: »Jeder Mensch, der nur leben möchte, würde glücklich leben«, wenn da nicht die Einflüsterungen wären, die ihm seine eigenen bescheidenen Ansprüche madig machten. Das Gefühl, das einen beim scheelen Blick auf die Reichen und Schönen dieser Welt manchmal beschleichen könnte, dass die anderen es irgendwie besser getroffen haben als man selbst. Und schon, plops, steckt man in der Falle. »Deutsche Eltern sind zunehmend weniger glücklich«, davon ist auch der Oldenburger Familienforscher Dieter Brühl überzeugt. »Wir haben verlernt, glücklich zu sein. Selbst das ›kleine‹ Glück von Liebe, Sexualität und Partnerschaft ist so inflationär, dass es nicht mehr hinreicht für ein Leitbild ›Glück‹. Ich denke, man sollte Glück von allgemeineren, zeitunabhängigeren Gesichtspunkten betrachten: das Besondere, nicht unbedingt Erklärbare, Schicksalhafte, etwas, was uns über den Tag hinaus bewegt, was wir genießen, wovon wir zehren können, wenn wir unglücklich sind – all das fehlt ein wenig in unserer Gesellschaft. Ich bin deshalb geneigt zu sagen, das Glück hat sich nicht gewandelt – es geht uns verloren. Oder: Wir haben Unglück in unserem Glück.«

1776 schrieb Thomas Jefferson »Leben, Freiheit und das Streben nach Glück« (»Life, Liberty and the Pursuit of Happiness«) sogar als Rechte in die Unabhängigkeitserklärung der Vereinigten Staaten hinein. Eigentlich verlor das Glück genau in diesem Moment, da es ein Recht wurde, jedes spielerische, zufällige

Element. Es wurde »Verpflichtung oder Berufung, ein Menschenrecht«, konstatiert der amerikanische Historiker Darrin McMahon. Glück wurde zum Lebenswert, mehr noch, zum Lebensziel erklärt, es wurde zum »Unglück, nicht glücklich zu sein«. Eine grundsätzlich unmenschliche Idee, bemerkte dazu der Schriftsteller Alex Aßmann in seinem Buch *Kleine naive Blödsinnigkeiten 1. Vom Unglück als Prinzip*. Eine Idee, die dem Menschen in erster Linie Druck bereitet: »Viel weitsichtiger und humaner wäre es deshalb gewesen, anstatt des Rechts auf Glück das Recht auf Angstfreiheit zu erfinden.«

Hatte man aber nicht, und so geriet die Jagd nach dem Glück für viele zur Bürgerpflicht. Und die gebar weitere Verbindlichkeiten – gegenüber den eigenen Kindern zum Beispiel. Aus der Zeit der Aufklärung stammt eine Reihe von Überlegungen, auf denen sich gleich mehrere Erziehungstheorien von heute stapeln: der Gedanke etwa, dass Erziehung immer eine Art Einwirkung sei, mit der man sogar die Empfindsamkeit und die Gefühle eines Kindes beeinflussen könnte. Nach der Überzeugung des englischen Philosophen und Erziehungsdenkers John Locke hatten Kinder eine Seele, in die man wie in einen blanken Stein alle Werte und Überzeugungen hineinritzen konnte. Mit Erziehung, so seine Botschaft, konnte alles gelingen – auch das Glück. 1780 schließlich behauptete Ernst Christian Trapp, der erste Inhaber eines Lehrstuhls für Pädagogik hierzulande, in seinem Buch *Versuch einer Pädagogik*: »Erziehung ist Bildung des Menschen zur Glückseligkeit.« Er ging davon aus, dass es auf das Vorgehen der Eltern ankäme, ob ein Kind für die Erziehungsinhalte überhaupt empfänglich wäre und damit im Endeffekt auf den heilbringenden Weg ins Leben gebracht würde. Also konnte gute Erziehung glücklich machen – oder auch unglücklich. Die Mütter und Väter entschieden somit über strahlende oder verheulte Kindergesichter. Rousseau wiederum wetterte gegen jede Art von Erziehung aus Verboten und Strafen. Man solle das Kind einfach machen lassen, empfahl der französische Moralist, das sei eben seine Natur. Alles andere, vornehmlich das Glück des kleinen Rackers, würde sich dadurch schon von allein ergeben.

Musste ein Kind gehorchen, um glücklich zu werden – wie es später die traditionelle Erziehung für sich in Anspruch nahm? Oder sollte es auf das Gerede der Alten am besten gar nichts geben, wie es die antiautoritäre Erziehung forderte. Sollte es einfach nur Kind sein und das tun, wonach ihm gerade war, ohne Hintergedanken – wie es Rousseau und in den antiautoritären Zeiten auch der englische Reformpädagoge Alexander Sutherland Neill, der Gründer der berühmten Summerhill-Schule, für glücksbringend hielten? Neill glaubte fest daran, dass Menschen, also auch jedes Kind, ihr Glück selbst finden. Und genauso versuchte er sie glücklich zu machen – indem er sie ihren Weg selbst suchen ließ, wie immer der aussehen mochte. Lieber sah er seine Schule Summerhill »einen glücklichen Straßenfeger hervorbringen als einen neurotischen Gelehrten«, so Neill in *Theorie und Praxis der antiautoritären Erziehung*.

Ging es nur mit oder ging es nur ohne Erziehung? Waren Kinder nun sorgsam aus dem Dunkel ins Licht zu führen oder waren sie die kleinen Unschuldsengelchen im Paradies, denen böse Einflüsterungen aller Art allenfalls die Vertreibung aus dem herrlichen Zustand einbringen konnten?

Den Antworten ist man auch heute noch nicht wirklich näher gerückt. In einem Überblick, abgedruckt in seinem Buch *Was Kinder glücklich macht*, zeigt der Salzburger Religionspädagoge Anton A. Bucher anhand von Umfragen unter Kindern, dass die vor allem dann glücklich sind, wenn die Beziehungen zu Familie und Freunden harmonisch sind. Das bedeutete aber auch, wie die an der Umfrage beteiligten Pädagogen folgerten: Die Erziehung dürfe Eltern nicht mehr so sehr stressen, das würde sowohl Kinder als auch Väter und Mütter entspannen.

Eltern einen Ratgeber nach dem anderen über glückliche Kinder zu präsentieren, ist jedoch ebenfalls nicht als sinnvoller Weg anzupreisen. In den Büchern gibt es jede Menge Tipps, »was Kinder wirklich wollen«, aber letztlich, stellte die Sozialpädagogin Kristina Netzer fest, hätten diese allesamt nur eines im Auge: »Wie man Kinder dazu bringt, so zu funktionieren, dass ihre Umgebung glücklich ist, dass das Kind friedlich, sauber, ordentlich ist.« Nur komischerweise sind die meisten Kinder so beschaffen, dass sie nicht automatisch glücklich macht, was angeblich das Beste für sie ist, was sie optimal rüstet für das Unternehmen Zukunft.

Gleichzeitig erkennen die Eltern sehr wohl, welche Anforderungen das Leben und die Gesellschaft derzeit an ihre Kinder stellen – sie bekommen sie ja tagtäglich am eigenen Leib zu spüren. Aus diesem Grund nehmen sie vermutlich umso drängender das Bedürfnis wahr, ihren Kindern wenigstens eine glückliche Kindheit zu verschaffen. Das Wissen, für Wohl und Wehe der Sprösslinge allein verantwortlich zu sein, die Skepsis gegenüber einer von ihnen selbst als schwierig und unsicher empfundenen Zeit, die hohen Erwartungen an das Kind und an die eigene Elternrolle, nehmen der Erziehung freilich alle Leichtigkeit und Unbeschwertheit. Ein Gefühl stellt sich dadurch mit Sicherheit ein: die böse Ahnung, dass man wieder mal an einer wichtigen Erziehungsaufgabe scheitern wird. Weil man die Sache mit dem Glück einfach nicht auf die Reihe kriegt. Weil das Kind nicht ständig strahlt wie in der Kekswerbung. Weil es im Kindergarten schon tagelang unlustig in der Ecke hockt, in der Schule wegen der Brille gehänselt wird, weil es die Hausaufgaben alles andere als mit links macht, weil der schüchterne sechzehnjährige Sohn immer noch keine Freundin mit nach Hause gebracht hat. Weil die bösen Blicke der anderen zermürben, wenn das Kind auf dem Spielplatz oder im Supermarkt quengelt, greint und unleidlich ist. Die anderen Mütter und Väter könnten ja denken, man komme mit dem Kind überhaupt nicht zurecht. Ein Zustand der Eltern? Eher meilenweit vom Glück entfernt.

Glückliche Kinder haben glückliche Eltern – und alle miteinander haben glückliche Beziehungen, oder etwa nicht? »Das Problem für heutige Eltern besteht im Zwang zur glücklichen Fassade«, sagt Jürgen Oelkers.

Manche Kinder sitzen ganz ruhig im Buggy, ich sehe das immer wieder; aber Max will das einfach nicht. Er möchte raus, rumkrabbeln, er ist da kaum zu bändigen. Neulich hat er in der U-Bahn wieder einen kleinen Aufstand geprobt, als es richtig voll war. Er hat erst die Schnute verzogen und dann angefangen, sich im Buggy aufzurichten. Es ärgerte ihn aber, dass er angeschnallt war, weshalb er sofort zu schreien anfing. Ich dachte, ich kriege ihn mit Saft ruhig, aber nichts wollte er – nur raus aus seinem Buggy. Die Leute haben mich richtig böse angeschaut, haben zu flüstern begonnen. Ich bin rot geworden, es war mir so peinlich. Alle haben gedacht, ich könnte mit dem Kind nicht umgehen. Ich habe diese Blicke fast auf der Haut gespürt. (Annika, siebenunddreißig Jahre, Sohn Max ist zehn Monate alt)

Aus Unsicherheit greift man da gern zum probaten Mittel: alles tun, was das Kind gerade will. Instantglück, portionsweise. Trostmomente aus Gummibärchen, nachts noch vorlesen, weil der Kleine nicht schlafen kann, den Schokoriegel im Supermarkt doch noch kaufen, die Spülmaschine rasch selbst ausräumen, statt den unwilligen Sohnemann zum zweiten Mal darum zu bitten, die Tochter zur Freundin kutschieren, obwohl sie die Hausaufgaben noch nicht erledigt hat. Die schnelle Nummer, gerade gut genug für ein Strahlen, ein Lachen.

Kinder fragen – Erwachsene antworten. Sie fragen nach dem, was sie haben wollen, und kriegen als Antwort die Erfüllung ihrer Wünsche. Sie bestimmen für sich selbst, was sie glücklich macht. Eine Entscheidung, die oft ein paar Nummern zu groß ist für die Kleinen. Weil sie nicht wissen können, was sie langfristig befriedigt. Wir könnten es wissen. Nicht aus Büchern. Aus Erfahrung. Einfach, indem wir uns erinnern.

Glückliche Kindheiten

Glück? Wenn man nachmittags wieder draußen spielen konnte, weil es endlich hell geworden war nach dem langen Winter. Die ersten Sonnentage, sie waren immer ein Fest gewesen. Das war mein Kinderglück, jawohl! (Marta S., neunundsechzig Jahre, aufgewachsen in der Nähe von Stockholm)

Herrje, die Seifenkiste, die mein Cousin und ich uns aus dem gebaut hatten, was mein Vater so in der Garage hatte. Erst waren wir nur stolz wie Oskar, und dann haben wir mit dem Ding natürlich fahren wollen. Aber der Berg war steil, das hatten wir nicht bedacht, und unsere Füße konnten die Kiste nicht zum Halten bringen. So ratterten wir da den Hügel runter, und was hatten wir Angst! Am Ende unserer Piste gab es nämlich einen Laden mit einem riesigen Glasschaufenster, in das wir keineswegs reinfahren wollten. Aber irgendwie schaffte es mein Cousin, die Kiste rumzureißen, sodass sie schwankte, aber nach links kurvte, direkt auf eine Wiese zu. Das war ein Glücksmoment, so was gibt es nicht oft im Leben. (Otto B., achtundsiebzig Jahre, Lüdenscheid)

Nix hatten wir, nur leere Mägen. Und dann das Paket aus Amerika. Lag auf dem Tisch, mit lauter guten Sachen. Schokolade war drin, für uns Kinder. Für jeden gab es einen Riegel. Das war der glücklichste Tag für uns alle! (Hedwig S., einundsiebzig Jahre, Hamburg)

Drei Monate lang war ich nicht mehr groß draußen gewesen, keinen meiner Freunde hatte ich gesehen. »Der lernt, der Rainer«, hatten sie nur gesagt und mich in Ruhe gelassen. Gingen eben allein bolzen, ohne mich. Und lernen tat ich wirklich. Ich wollte die Prüfungen fürs Gymnasium schaffen. Klar, ich hätte noch gern so manch anderes gewollt in der Zeit, aber das ging nun mal nicht. Sogar am Abend habe ich gepaukt – und immer wieder neue Wissenslücken entdeckt, das war so frustrierend. Dann kam die Prüfung, und ich schaffte sie. Ein so warmes, sonniges, helles Gefühl durchströmte mich. Doch, das war das reine Glück! (Rainer M., fünfundvierzig Jahre, Köln)

Bruchlandungen, Pauken bis zum Umfallen, Zeiten, in denen es nichts zu beißen gab. Und das soll Glück sein? Ist es. Glück, das sogar bleibt. Im Kopf, in der Seele, im Leben. Weil Glück eine Mischung ist aus Gut und Böse, Schwarz und Weiß. Eine Sinfonie in Dur und Moll. Und damit ganz anders als das Glück, das wir uns für unsere Kinder wünschen. Natürlich wollen wir, dass ihre Erinnerungen an ihre Kindheit bunte, heitere Tupfen sind: Familienferien an der Nordsee, als die Sonne einen ganzen Sommer lang schien; das erste Mal Achterbahn fahren in Disneyland, das schöne rote Fahrrad und zehn Geburtstagskerzen auf dem Kuchen. Könnten wir uns vorstellen, dass die Kinder sich in Wirklichkeit viel eher an den verregneten Nachmittag im Zelt erinnern, an dem der Papa sich plötzlich so wunderbare Spiele ausgedacht hat; an das aufgeschlagene Knie, als man mit dem neuen Rad zu schnell in die Kurve fuhr, und wie glücklich man war, dass man nicht in die Scheibe des Ladens gekracht ist; an die Erleichterung, dass die Fünf in Mathe am Ende doch noch eine Vier wurde. Glück ist mehr als ein Moment, Glück ist eine Entwicklung. Häufig mit einem Zwischenspiel aus getragenen, schweren Noten – und einem Schlussakkord, der ein Paukenschlag sein kann oder ein sanfter Dreiklang in hellsten, sanftesten Tönen. Ein Ja ist nicht zu genießen, wenn man vorher nicht mal ein Nein gehört hat; Freiheit empfindet nur, wer Gängelung erlebt hat.

Kinderglück ist ein Kontrastprogramm. Es ist kein Dauerlutscher, und manchmal bedeutet wirkliche, anhaltende Freude zu erleben, sich vorher den kurzen, schnellen Kick zu versagen. Weihnachten macht schließlich auch mehr Spaß und ist spannender, wenn man nicht das ganze Jahr hindurch immer mal wieder mit dem Spielzeug versorgt wird, das man sich gerade wünscht. Wer durchhält, wenn es um eine wichtige Prüfung geht, und eben nicht auf halber Strecke aufgibt, wird mit einem klasse Gefühl belohnt, wenn man das Examen, das »Bestanden«, schließlich in der Hand hält. Diese Erfahrung ist ein wertvoller Schatz. Den Kinder letztlich – mit unserer Hilfe – selbst finden müssen. Das Rezept für ein glückliches Leben.

Und das Rezept für den puren Entspannungstrunk für uns Eltern: Kinder dürfen weinen – sie müssen es im Grunde sogar, um rundum zufriedene Menschen zu werden. Ein paar Tränen wässern sozusagen den Nährboden fürs Glück. Auch Schweiß ist bisweilen ein vortrefflicher Dünger. Das Gefühl, etwas mit eigenen Händen, auf eigenen Beinen, mit dem eigenen Kopf erreicht zu haben, macht glücklich. Leistung, die von innen kommt. Nicht aufgezwungen, nur angeregt. Nicht getrieben, nur motiviert. Das Erlebnis, dass auf Anspannung Entspannung folgt. Dass nach einem »Nein, geht nicht« ein »Ja, natürlich« zu hören ist.

Die schon erwähnte Salzburger Studie zum Kinderglück brachte übrigens noch etwas Interessantes an den Tag: Glück hatte für Kinder auch etwas mit »Selbstmachen« zu tun – mit sich bewegen, etwas unternehmen, etwas tun.

»Kinder müssen nicht immer glücklich sein«, sagt Heiko Ernst, Buchautor und Chefredakteur von *Psychologie heute*. »Glück im engeren Sinne ist ohnehin recht flüchtig.« Trotzdem könne man einiges zu ihrem Glück beitragen: »Indem man die Bedingungen und Möglichkeiten für eine gute Entwicklung zur Verfügung stellt, das Kind weder überbehütet oder fürsorglich belagert noch es vernachlässigt, wozu auch die Wohlstandsverwahrlosung gehört – mit Überhäufen und Ruhigstellen mit materiellen Gütern. Da zu sein, wenn es nötig ist, ist wichtig. Kinder machen zwangsläufig Erfahrungen mit dem Unglück, mit Schmerz, Enttäuschungen, Konflikten. Diese Erfahrungen sind konstitutiv für die gesunde Entwicklung.« Entscheidend ist dabei: Die Probleme müssen vom Kind gelöst werden – daran wächst schließlich die kleine Seele.

Klingt nach einem gesunden Mittelweg – und sollte uns Eltern mal wieder auf den Boden der Tatsachen zurückholen. Und uns glücklich genug machen, freundlich lächelnd abzulehnen, wenn man uns wieder mit Glückstipps für unsere lieben Kleinen zuschütten will: Glück kann man lernen, behauptet nämlich neuerdings Ian Morris, zuständig für die religiösen Erziehung in Großbritannien. Er möchte an englischen Schulen ein neues Fach einrichten: »Happiness« soll es heißen – und nur eins vermitteln: wie man glücklich wird.

5

Die Unbekömmlichkeit einer überbehüteten Kindheit

Warum im Leben nicht alles glatt laufen muss

Drei Monate, bevor er geboren wurde, verunglückte sein Vater bei einem Verkehrsunfall. Der Junge versuchte jahrelang verzweifelt, mehr über den Mann zu erfahren, den er nie kennenlernen durfte. Daheim hatte er wenig zu lachen – seine Mutter liebte ihn, aber sie konnte nicht verhindern, dass sein Stiefvater ihn verprügelte und beleidigte, wenn er mal wieder betrunken war. Dicklich war er, und so behäbig, dass er beim Eiersuchen zu Ostern einmal leer ausging, weil er die Eier nicht vor den anderen erreichte. Er wurde gehänselt, weil er als uncool galt, immer die falsche Jeansmarke trug und in der unbeliebtesten Baseballmannschaft spielte. Keine schöne Kindheit – und niemand da, dem er sich anvertrauen wollte.

Aus diesem Kind kann nichts werden? Aus diesem wurde Bill Clinton, der zweiundvierzigste Präsident der Vereinigten Staaten von Amerika. Seine Biografie soll ja keine Bauanleitung sein, aber eine Beruhigung ist sie allemal. Und diese hat sogar ein wissenschaftliches Unterfutter. Im Jahr 1954 startete die US-Entwicklungspsychologin Emmy Werner ein gigantisches Projekt, eine vierzigjährige Längsschnittstudie, durchgeführt auf der Hawaii-Insel Kauai, die erstaunliche Ergebnisse bringen sollte. Und die ganze Insel machte bei diesem Unterfangen mit.

Werner und ihr Team begannen damals, eine ganze Kindergeneration von ihrer Geburt an bis zum Alter von eben rund vierzig Jahren zu begleiten, ihren Werdegang, ihre Krisen, ihren Status, ihr Leben in Statistiken und Tabellen festzuhalten, um dabei letztlich einer entscheidenden Frage nachzugehen: Entwickelten sich Kinder aus guten Verhältnissen, stabilen Familien ohne Geldnöte besser als solche, die daheim Alkohol, Schläge, Depressionen oder ständige Klammheit im Portemonnaie erlebten?

Datenschützer bekommen wahrscheinlich Albträume bei der Vorstellung, aber die Einwohner von Kauai hatten keine Probleme damit, der Forscherin alles, was sie wissen wollte, zur Verfügung zu stellen. Kinderärzte, Psychologen, Gynäkologen, Lehrer, Mitarbeiter von Gesundheitsbehörden und Familiengerichten, Polizisten, Sozialarbeiter und Kinderkrankenschwestern – alle machten mit. So konnte Werner die Entwicklung aller 698 im Jahr 1955 auf der Insel geborenen Kinder und ihrer Familien studieren: die Probleme während der Schwangerschaft, Komplikationen bei der Geburt, die Kleinen nach einem Jahr, als zehnjährige Schulkinder, mit achtzehn und als Dreißigjährige. Emmy Werner sammelte alle Informationen, die sie bekam, ließ Befragungen, Persönlichkeitstests und neue Untersuchungen durchführen. Bei insgesamt vierhundertzweiundzwanzig Kindern erwartete die Psychologin keine Schwierigkeiten – die Familie, ihr Umfeld und im weitesten Sinne auch das Geld wiesen auf keinerlei Probleme hin. Die anderen Kinder allerdings hatten weniger günstige Ausgangsbedingungen: Viele hatten schon vor der Geburt im Mutterleib unter Stress gelitten, mussten später ständigen Streit ihrer Eltern ertragen, die teilweise alkoholkrank, kaum zur Schule gegangen oder gar geistig verwirrt waren, und sie erlebten Existenzängste, weil das Geld nicht reichte. Kinder mit hohem Risikofaktor also. Ein Gutteil von ihnen entwickelte sich tatsächlich so, wie Werner und ihre Mitarbeiter es vorausgesagt hatten: Sie versagten in der Schule, verhielten sich asozial, kamen mit ihren eigenen Partnerschaften später nicht zurecht, wurden arbeitslos, hingen oft selbst an der Flasche. Aber auf rund ein Drittel der Risikokinder trafen Werners Prognosen nicht zu – im Gegenteil. Sie legten eine erstaunliche Stärke an den Tag, trotzten den Krisen und standen am Ende als Gewinner da. Mit einer Kindheit voller Freunde, guten Jobs, einer stabilen Ehe.

Eines dieser Kinder war Michael. Seine Eltern waren minderjährig gewesen, als er mit 1950 Gramm zur Welt kam. Die ersten drei Wochen verbrachte er allein im Krankenhaus; als Michael acht Jahre alt war, hatte seine Mutter ihn und seine drei Geschwister verlassen und den Kontakt zu ihnen komplett abgebrochen. Michael wuchs bei seinem Vater und den greisen Großeltern auf.

Ein anderes Kind war Mary. Sie wurde nach schwerer Geburt von einer übergewichtigen Mutter zur Welt gebracht. Ihr Vater hatte gerade mal vier Jahre Schulbildung genossen, war ein Hilfsarbeiter auf dem Land. Marys Mutter misshandelte ihr Kind immer wieder körperlich und seelisch und musste wegen psychischer Störungen oft für längere Zeit in eine Klinik.

Als Michael und Mary achtzehn waren, ging es beiden trotzdem bestens. Sie waren beliebt, hatten Werte und Wünsche für ihr Leben und glaubten an sich und ihre Zukunft.

Was, überlegte Werner natürlich, hatte diese Kinder und die anderen rund siebzig, die sich trotz negativer Prophezeiungen großartig entwickelt hatten, so stark gemacht?

Werner verglich, forschte, fragte – und fand eine Menge Faktoren, die ihnen offenbar geholfen hatten, ihren Startnachteil wieder wettzumachen. Faktoren, die womöglich einen schützenden Mantel für die kleinen Seelen abgaben und die nichts mit ihren Familien oder ihrer Erziehung zu tun hatten.

So waren diese Kinder allesamt ausgesprochen lebensfrohe Zeitgenossen, waren selten betrübt, nicht besonders reizbar, mischten gern überall mit und spielten häufig mit anderen.

»Schon als Säuglinge wurden diese stressresistenten Kinder von ihren Eltern als quicklebendig, zärtlich, niedlich, unbeschwert und ausgeglichen beschrieben«, fasste Werner in ihrer Studie *The children of Kauai* zusammen. »Sie aßen gern, schliefen gut und machten niemandem Mühe.« Pflegeleicht wie sie waren, kriegten sie natürlich kaum böse Worte zu hören. Die Freundlichkeit, die sie ausstrahlten, bekamen sie geradewegs zurück. Auch die Lehrer der Kinder konnten nicht klagen – sie schienen sich gut konzentrieren zu können, gingen Probleme richtig an, selbst wenn sie nicht begabter als ihre Mitschüler waren.

Und: Jedes von diesen Risikokindern hatte irgendjemanden, der ihm wichtig war. Jemanden, dem es vertrauen konnte, der es liebte, der ihm Zuwendung gab. Das mussten nicht unbedingt die Eltern sein, häufig war es ein älterer Bruder, eine große Schwester, die Tante, der Onkel oder auch ein Babysitter, der regelmäßig ins Haus kam. Bei sehr zerrütteten Familien erkoren die Kinder auch schon mal einen Lehrer als Vertrauensperson.

Die Mädchen mussten meist im Haushalt mithelfen und kleinere Geschwister versorgen, während ihre Eltern arbeiteten – das schien sie aber besonders selbstständig und verantwortungsbewusst zu machen; die Jungen lernten oft von irgendeinem männlichen Verwandten, was es hieß, als Mann Verantwortung für eine Familie zu übernehmen.

Kurz: Es gab selten Geschenke, keine Reisen, wenig Süßigkeiten, stattdessen Regeln, Aufgaben und Pflichten. Und mindestens einen Menschen, bei dem man sich geborgen fühlen konnte. War das der stabile Rahmen eines Kinderlebens? Erwuchs daraus das Gefühl, etwas wert zu sein? War das die Basis für einen Glauben an sich selbst? Denn die Kinder wussten selbst, dass sie vom Leben nicht mit Samthandschuhen angefasst wurden, dass es kein Selbstbedienungsladen ist. Aber genau das schien die Gewissheit zu nähren, dass sie alles irgendwie in den Griff kriegen würden. Jede Aufgabe, die sich ihnen stellte, jede Hürde. Hindernisse begriffen sie nicht als Stoppschild, sondern als Aufforderung, hinüberzuklettern.

Und wenn sie drüben waren, hatte ihr Selbstbewusstsein wieder ein bisschen gewonnen. Vermutlich war dies der einzige Weg zu dem, was wir heute positives Denken nennen: die Erfahrung, dass man es geschafft hatte. Die einem die Kraft gab, es beim nächsten Mal wieder zu wagen. Und wieder zu siegen. So gesehen, hatten gerade diese Kinder ideale Ausgangschancen, weil sie Gelegenheiten hatten – Gelegenheiten, auch innerlich groß zu werden.

Im Jahr 1985 versuchte Emmy Werner, die Kinder von einst erneut ausfindig zu machen. Sie wälzte Telefon- und Adressbücher, ließ sich Einblick in Melderegister geben und fragte bei ehemaligen Klassenkameraden nach. Die meisten von ihnen, so stellte sich heraus, lebten noch immer auf Kauai. Drei Viertel der Kinder aus der Risikogruppe hatten das College erfolgreich hinter sich gebracht und einen ordentlichen Job gefunden, mit dem wiederum drei Viertel von ihnen sehr zufrieden waren. 44 Prozent von den einstigen Risikokindern waren auch insgesamt glücklich mit ihrem Leben – was dagegen nur zehn Prozent derjenigen, die unter besseren Umständen aufgewachsen waren, von sich sagen konnten. »Persönliche Tüchtigkeit, Entschlusskraft, die Unterstützung durch den Ehepartner und eine starke religiöse Bindung zeichneten nach unseren Ergebnissen alle jene im Erwachsenenleben aus, die schon als Kinder widrigen Umständen getrotzt hatten«, resümierte Werner in ihrem Bericht. Was die Forscherin besonders überrascht hatte: Fast alle der einst gefährdeten Kinder, die als Teenager ein Kind bekamen, psychische Probleme hatten oder gar straffällig geworden waren, hatten sich zwischen zwanzig und dreißig wieder gefangen. »Aus Risikofaktoren und einer belastenden Umwelt resultiert nicht zwangsläufig ein Mangel an Sozialisation«, schloss Werner.

Eigentlich müsste man Tausende von Steinen plumpsen hören: was für eine Erkenntnis! Wir Eltern, denen man so gern einflüstert, dass man seine Kinder schon mit ein paar rüden Worten, mit pädagogisch nicht optimalem Spielzeug oder dem falschen Milchbrei verderben kann, werden das Leben unserer Kleinen vermutlich nicht ruinieren. Wir können ihnen sogar einiges zumuten, müssen nicht ständig auf der Hut sein, ihre zarten Seelchen zu verletzen, können das Projekt Erziehung einfach entspannter angehen. Auch in Krisenzeiten – vielleicht sogar gerade dann. Unsere Kinder können es wuppen – und wachsen sogar daran. Wenn wir Glück haben, zu absolut zufriedenen Menschen.

Es geht nicht um Verhältnisse, in denen Kindern missbraucht, geschlagen, beleidigt werden. Es geht um Familien, in denen sie geliebt werden. In denen Mütter und Väter nur unsicher sind, ob ihre Liebe und ihre Erziehungsbemühungen ausreichen. Und die mit den Ergebnissen der Kauai-Studie einiges lockerer sehen könnten. Andererseits könnte klar geworden sein, was wir unseren Kindern nehmen, wenn wir ihnen alle Schwierigkeiten aus dem Weg räumen. Wir nehmen ihnen die Möglichkeit, später im Leben allein zurechtzukommen, Belastungen, die der Alltag nun mal mit sich bringt, zu ertragen, ein gesundes Selbstwertgefühl zu entwickeln. Glücksöl auf Reserve zu sammeln, sozusagen. Die Schlussfolgerung für Emmy Werner: »Alle Kinder können Belastungen besser ertragen, wenn die Erwachsenen ihrer Umgebung ihre Selbstständigkeit fördern, ihnen vermitteln, wie man mit anderen richtig redet und umgeht. Sie sollten ihnen zeigen, wie man Probleme selbst bewältigt, Hilfsbereitschaft und soziale Verantwortung vorleben und belohnen.«

In ihrem Buch *Weltwissen der Siebenjährigen* fordert die

Kindheitsforscherin Donata Elschenbroich unter anderem, dass Kinder dieses Alters irgendein chinesisches Zeichen schreiben können sollten; vielleicht wäre das Zeichen für »Krise« dafür nicht ungeeignet: Es besteht aus zwei Teilen, von denen der eine »Gefahr«, der andere »Chance« bedeutet.

Resilienz haben die Wissenschaftler die Eigenschaft genannt, mit Stress und schwierigen Belastungen umzugehen. Eine Eigenschaft, die schon im Kindesalter erlernbar ist. Und die lebenslang wie ein Panzer, eine zweite Haut, schützen kann. Resiliente Menschen sind nicht nur glücklicher – sie sind auch gesünder. Weil sie sich beispielsweise wohlfühlen und seltener von psychosomatischen Beschwerden geplagt werden.

Wer resilient ist, den wirft so leicht nichts aus der Bahn – eine treffliche Voraussetzung, wirklich sein Glück zu machen, indem man, wenn es darauf ankommt, auch mal sich selbst genug ist. Man ist mit sich im Reinen, weil man sich auf das eigene Ich verlassen kann, weil man ein unerschütterliches Vertrauen in die eigenen Fähigkeiten hat, davon ausgeht, das Leben in den Griff zu bekommen. Es ist ein Gefühl, das die eigene Seele zur Burg macht. Wünschen wir das nicht allen unseren Kindern?

Jörg Schumacher und seine Kollegen vom Institut für Psychosoziale Medizin der Universität Jena entdeckten dieses Phänomen auch bei als eher schwach und dünnhäutig geltenden Kindern. Ein Gefühl, das stark macht, weil es über Durststrecken hinweghilft, weil es Kraft zur Selbstdisziplin gibt. »Ich kann mich auch überwinden, Dinge zu tun, die ich eigentlich nicht machen will«, beschreibt Schumacher das Denken resilienter Menschen – und er fand noch eine weitere beneidenswerte Eigenschaft bei ihnen: Sie können unterscheiden, wann es sich lohnt, sich ins Zeug zu legen und sich anzustrengen – und wann es ihnen nichts bringt. Noch ein paar Pluspunkte, mit denen resiliente Menschen dem Leben ins Gesicht schauen: Sie haben jede Menge Energie, kennen kaum Selbstmitleid, mögen sich, nehmen selbstbewusst hin, dass nicht jeder ihr Freund sein kann, und können über viele Dinge lachen – auch über sich selbst übrigens.

Es liegt nahe, zu vermuten, dass man Kindern nicht zu diesen wunderbaren Eigenschaften verhilft, wenn man ihnen ihre Krisen nicht lässt. Weil sie so nicht einmal erfahren, ob eine Krise Herausforderung, Möglichkeit oder Bedrohung bedeutet. Sie haben keine Chance, die Bewältigung zu planen, zu resignieren oder zu akzeptieren. »Mitten im Winter habe ich erfahren, dass es in mir einen unbesiegbaren Sommer gibt«, schrieb einst Albert Camus.

Jahrzehntelang haben Forscher nur darauf geschaut, was Menschen krank macht. Jetzt haben sie das im Blick, was sie stark macht. Und dieses Wissen können Eltern nutzen:

Der Vater verließ die Familie, als Lance Armstrong zwei Jahre alt war, sein Stiefvater schlug ihn. Lance flüchtete in den Sport, um möglichst wenig daheim zu sein, konnte als Profi-Radrennfahrer wichtige Siege erringen. 1996 teilte man ihm die Diagnose mit: Hodenkrebs. Im Bauchraum hatten sich schon Metastasen gebildet, auch in der Lunge. Die Ärzte fanden sogar zwei Tumore im Gehirn. Man gab ihn auf. Armstrong kämpfte ums Überleben – und wurde gesund. 1998 kehrte er in den Radsportzirkus zurück, 1999 gewann er erstmals die Tour de France.

Die Psychologin Jirina Prekop sagt über ihre Kindheit: »Ich war ein unterdrücktes, scheues, ängstliches, sprachgehemmtes, verlogenes, dickes, verschwitztes Kind mit viel Kummerspeck, das bis zum siebten Lebensjahr am Schnuller hing. Aber ich habe mich gut davon erholt.«

Der Sänger Herbert Grönemeyer verlor innerhalb eines Jahres erst einen seiner Brüder, dann seine Frau. Beide waren an

Krebs gestorben. Er zog sich nach London zurück, um dort seine Trauer zu verarbeiten. Vier Jahre später feierte er ein fulminantes Comeback.

»Superman« Christopher Reeve verunglückte 1995 auf dem Höhepunkt seiner Karriere beim Reiten und war anschließend querschnittsgelähmt. Er kämpfte bis zu seinem Tod und schaffte, was Ärzte als ein Wunder bezeichneten: Irgendwann konnte er wieder seine Finger und Zehen bewegen.

Dies sind oder waren lauter resiliente Menschen, die Schicksalsschläge meisterten, die nie die Hoffnung aufgaben, auf sich selbst vertrauten, Menschen, die Klippen zu umschiffen verstehen und verstanden. Man darf ruhig hinfallen. Man muss nur wieder aufstehen.

Bei uns lernen Kinder das aber nicht. Sie bekommen gar keine Chance dazu. Weil sie beim ersten Sturz sofort wieder in die Höhe gehievt werden. Sie dürfen ihre Beine nicht erproben. Nicht das wunderbare Gefühl erleben, sich auf eigene Füße zu stellen – und stehen zu bleiben. Dennoch glaubt die Pädagogik, sich um das Glück des Kindes kümmern zu müssen, kritisiert Jürgen Oelkers, »um so dessen späteres Lebensglück zu garantieren«.

Als ob eine glückliche Kindheit die einzige Voraussetzung für ein glückliches Leben wäre. Und die Eltern? Sie turnen das Programm mit.

Monika fährt ihre zehnjährige Tochter Julie nicht selten zur Schule, weil sie morgens so herumtrödelt, dass sie öfter den Bus verpasst.

Hannah vergisst häufig ihren Turnbeutel, und ihre Mutter trägt ihn ihr brav hinterher.

Wenn Anna von ihren Klassenkameradinnen geärgert wird, ruft ihre Mutter Silvia schon mal die Eltern der Schulfreundinnen an, damit sie auf ihre Töchter einwirken und Anna wieder in der Pause mitspielen lassen.

Helen lässt ihren fünfjährigen Martin beim Mensch-ärgere-dich-nicht-Spiel immer gewinnen, weil er sonst ausflippt.

Hartmut hat die Mathearbeit verhauen, seine Mutter schreibt ihm eine Entschuldigung.

Wir, die Eltern, machen die Feuerwehr, holen Kastanien aus dem Feuer, springen in jede Bresche. Und klauen unseren Kindern dabei einen ganzen Sack von Erfahrungen und Gefühlen. »Ein Kind, das nicht allein mit dem Bus in die Stadt fahren darf, kann diesen Bus auch nicht verpassen. Es kann nicht erleben, wie es einen anderen als den vorgesehenen Weg finden wird, doch noch nach Hause zu kommen. Nur wer Risiken ausgesetzt ist, kann auch scheitern und lernen, wie man damit umgeht«, sagt Sigrid Tschöpe-Scheffler.

Sicher, es tut weh, die zu spät gekommenen Kinder hilflos an der Bushaltestelle stehen zu sehen. Es tut weh, sie einsam auf dem Pausenhof zu erleben, weil sie gerade ausgeschlossen wurden. Es tut weh, wenn sie weinen, weil die Note schlecht war, weil sie einfach vergessen hatten zu üben.

Es würde lindern, sie zur Schule zu fahren, zu vermitteln, den Lehrer anzuklagen. Aber wir würden unsere Kinder damit betrügen und ihnen wichtige Erfahrungen vorenthalten. Und letztlich das Gefühl, was sie selbst können. Wo sollen sie es auch herkriegen, wenn sie den Ernstfall niemals proben dürfen? Es sind Kinder, sagen Eltern entschuldigend. Richtig, aber sie werden es auch immer bleiben, wenn wir ihnen nicht helfen, erwachsen zu werden.

Sich das bewusst zu machen, hilft enorm. Vor allem wird man selbst entspannter. Weil man die Tränen der Kleinen und der etwas Größeren unter einem anderen Vorzeichen sieht, als dazugehörigen Teil zum Erwachsenwerden. Am besten, man lässt Kinder einfach Kinder sein und überlässt sie manchmal einfach ein bisschen mehr sich selbst.

Davon ist auch Frank Furedi überzeugt. »Sie tragen das Potenzial in sich, ein gesundes Maß an Selbstzufriedenheit und Unabhängigkeit zu entwickeln.«

Damit kommen sie durchs Leben, bestimmt. Eingeschränkt werden diese Entwicklungsmöglichkeiten nur dann, wenn Eltern ständig mit Argusaugen über ihre Kinder wachen.

6

Guck mal, was da wächst!

Warum Angst aggressiv und krank macht

Angst lähmt den Erfindergeist, den Mut zur Selbstständigkeit, die Hoffnung, mit Problemen fertig zu werden.

Ex-Bundespräsident Roman Herzog
in seiner Berliner Rede zum »Aufbruch ins 21. Jahrhundert«

Manchmal wacht Ben nachts auf und hat Angst. Angst vor dem Dunkeln, davor, dass die Schule ihn hinauswirft. Davor, dass er krank wird. In der Schule versucht er Aufmerksamkeit auf sich zu lenken, es kommt vor, dass er sich mit einem seiner Mitschüler prügelt. Er macht den Kasper, stört im Unterricht, hat schlechte Noten.

Vernachlässigte Kinder sind so. Aggressiv, laut, ängstlich. Aber Ben ist nicht vernachlässigt. Im Gegenteil. Ben hat Eltern, die sich sehr um ihn kümmern. Die sich zu sehr kümmern.

So ist es auch bei Monika. Sie klammert sich auf der Straße panisch an ihre Mutter, sobald ein Hund in ihre Nähe gelangt. Sie wurde noch nie gebissen. Sie kennt nicht den Schmerz durch scharfe Hundezähne. Sie kennt aber die Angst im Gesicht ihrer Mutter. Das ist der Spiegel, in dem sie die Welt betrachtet. Und Hunde sind böse und sie beißen, also ist es am besten, man kommt ihnen gar nicht erst zu nahe.

Martin ist auf die Spielplatzmauer geklettert, als seine Mutter nicht hinschaute. Der Junge balanciert darauf, versucht, das Gleichgewicht zu halten. Er wird es nicht schaffen, warum sonst würde seine Mutter jetzt so entsetzt auf ihn zulaufen, warum sonst sollte sie ihn runterholen wollen, seine Füße wieder auf sicheren Boden setzen? Unsicher guckt er zu ihr hin. Die Mauer ist so schmal, und sie hat Recht, solche Angst zu haben. Er ist doch einer, den man auffangen muss – und er schwankt wirklich, und sie fängt ihn auf, tatsächlich.

»Wir fürchten ihren Tod, und dabei entreißen wir sie dem Leben«, schrieb der polnische Pädagoge Janusz Korczak in seinem Buch *Wie man ein Kind lieben soll*. Mit diesem Satz mokierte er sich damals über eine Handvoll Eltern aus der Oberschicht, die ihre Kinder vor allen Gefahren bewahren wollten, die Kinderzimmer, Krankenstuben gleich, hygienisch keimfrei hielten, ihren Nachwuchs am liebsten ständig in ihrer Nähe wussten. Heute ist die Angst davor, den Kindern nicht das Beste, Gesündeste, Vernünftigste angedeihen zu lassen, ein gesamtgesellschaftliches Phänomen geworden.

Es gibt immer mehr Eltern, die dem Leben selbst nicht trauen, zugleich wollen sie ihre Kinder aber für eben dieses vorbereiten, es vor allen seinen Gefahren schützen. Und die Väter und Mütter bedienen sich aus lauter Ängstlichkeit aus diesem Grund eines bunten Sammelsuriums an Erziehungstipps und Ratschlägen rund ums Kind. Die Folgen aus diesem Erziehungsmix kann man definitiv nicht als ideal ansehen, für keinen der Beteiligten. Keinem Elternteil macht es Spaß, gedrückt von Unsicherheiten und Schuldgefühlen durchs Leben zu schleichen. Die Kinder zu genießen, zu beobachten, aber nebenbei auch mal wieder seine eigene Seele pflegen zu können, wäre sicherlich gesünder und angenehmer. Nicht bei allem, was man mit den Kleinen unternimmt, gleichzeitig im Auge zu haben, was man in genau dieser Zeit wiederum nicht mit ihnen unternehmen kann. Ständig mit der Befürchtung leben zu müssen, dies sei »zu wenig« und jenes »zu schlecht«, zermürbt. Lässt uns jene Übereltern sein, die wir eigentlich nie sein wollten.

Keine schöne Bilanz für Mütter und Väter. Auch keine guten Aussichten. Und für die Kinder? Die lernen, heißt es in jedem der Erziehungsratgeber, am meisten aus Konsequenzen. Schauen wir mal, ob wir Eltern auch daraus lernen. Und mit welchen Konsequenzen wir überhaupt rechnen müssen.

Ringlein, Ringlein, du musst wandern: Angst gebiert Angst

Wie lebt es sich in einem Bunker? Wir sperren unsere Kinder schließlich jahrelang in einen Schutzraum, aus lauter Sorge, außerhalb dieses würde ihnen Schreckliches zustoßen. Sobald sie jedoch irgendwann den Bunker verlassen, blendet das Licht, die Schritte sind unsicher, die Welt eine große Unbekannte. Da würde sich jeder am liebsten verkriechen. Nur noch einen Schritt – und man könnte womöglich zu weit gegangen sein. Bloß nicht.

Verwahrlosung hat furchtbare Folgen – wenn Eltern ihren Kindern keinen Halt geben, keine Liebe, keine Frage nach dem »Wo warst du, was hast du gemacht?«. Solche Kinder stecken oft voller Ängste vor dem Leben.

Aber die Angst kann auch aus anderer Quelle gespeist werden – aus zu viel Elternsorge, aus Überbehütung und ständiger Kontrollsucht heraus. Angst gebiert Angst. Die ständige Unsicherheit der Eltern flößt auch den Kindern das Gefühl ein, immer und ständig auf der Hut sein und verzagt durchs Leben laufen zu müssen. Studien von Familientherapeuten beweisen: Überängstliche Mütter züchten die Angst auch in ihren Kindern heran, die dann noch als Erwachsene überdurchschnittlich oft an Panikattacken leiden. In Zahlen: Die Wahrscheinlichkeit, dass Kinder dieser Mütter ebenfalls Angststörungen entwickeln, ist neunmal so hoch wie bei Kindern »normaler« Mütter, ergab eine Studie, abgedruckt in der *Ärzte Zeitung* vom 10. November 1997.

»Sonntagskinder« nennen Experten Kinder, die die Angst fest im Griff hat. Was seltsam freundlich und hoffnungsfroh klingt, hat aber die genau entgegengesetzte Bedeutung: Denn Sonntagskindern fehlt das Vertrauen ins Leben und in die meisten Menschen, weil sie sich ihrer Umgebung nie selbstständig nähern konnten. Immer haben sich ihre Eltern bei jedem aufkommenden Problem, bei jeder Herausforderung dazwischengestellt. Bar jeden Mutes, allein zu gehen, bleiben sie verzagt. Und diese Verzagtheit, jenes Brot der frühen Jahre einer überbehüteten Kindheit, ist ein bleibendes Erbe.

Was nur logisch ist, wenn man das Denkmodell des Tiefenpsychologen Fritz Riemann in seinem Buch *Grundformen der Angst* betrachtet: Der Mensch will sein Ich leben, sich gleichzeitig in die Gemeinschaft einfügen, er will einen Platz zum Wurzeln, und gleichzeitig drängt es ihn zur Veränderung. Der Mensch braucht also von allem ein bisschen – und so müsse er auch leben. Bekommt eine der Ausrichtungen in ihm deutliches Übergewicht, hängt die Seelenlage irgendwann schief. Etwas, das schon oft im Kindesalter angelegt wird. Damit entscheidet sich für den Nachwuchs allerdings womöglich, in welche Richtung sein Fühlen und Denken gelenkt wird. Fehlt das Vertrauen in die Wurzeln, wagen solche Menschen sich auch als Erwachsene nicht aus den alten, ausgetretenen Bahnen heraus. Schlimmer noch – sie setzen sich nicht einmal mit ihren Ängsten auseinander: »Das Annehmen und das Meistern der Angst bedeutet einen Entwicklungsschritt, lässt uns ein Stück reifen«, schreibt Riemann. »Das Ausweichen vor ihr und vor der Auseinandersetzung mit ihr lässt uns dagegen stagnieren; es hemmt unsere Weiterentwicklung und lässt uns dort kindlich bleiben, wo wir die Angstschranke nicht überwinden.«

»Der Mut, Wagnisse einzugehen und Lebenserfahrungen zu sammeln, wird nur dann größer als die Angst sein, wenn ... erste wichtige Erfahrungsschritte von Kindern erfolgreich waren oder ihr Misslingen wohlwollend begleitet wurde«, sagt auch Sigrid Tschöpe-Scheffler in ihrem Buch *Kinder brauchen Wurzeln und Flügel*. Kinder, die gar nicht erst die Gelegenheit hatten, eigene Schritte zu machen, denen sämtliche Lebenserfahrungen sozusagen vorgekaut auf den Teller gelegt werden und die beim Versuch, aus dem Bunker der Behütung zu kriechen, womöglich ins Stolpern gerieten, ziehen daraus schnell den Schluss: Allein kriege ich ja doch nichts gebacken, bleibe ich eben brav unter den elterlichen Fittichen. Sich geborgen zu fühlen und gleichzeitig auf fremdes Terrain zu wagen, erscheint ihnen als Unding.

Ringlein, Ringlein, du musst wandern: So wird die Angst weitergegeben. Man hat Angst vor der Selbstständigkeit, vor dem Leben, allem Neuen. Fritz Riemann beobachtete dazu: Menschen, die auf diese Weise aufwachsen, ziehen sich später oft zurück, neigen dazu, nicht allzu tief in sich hineinzuschauen und ihre Gefühle deshalb herunterzuspielen, das Leben nicht zu wagen und folglich auch nur mit gebremster Lebenslust zu erfahren. Wichtigstes Lernziel für Kinder, folgerte Riemann: Verhaltenssicherheit. Das Gegenteil von Verzagtheit. Der Unterbau für eigenes, wirklich gelebtes Leben.

Unsicherheiten und Gefahren des Daseins auf sich zu nehmen, das ist ein Lernziel, das Kinder mit verzagten, unsicheren Eltern nicht so leicht erreichen. Weil Kinder vor allem am Modell lernen; sie machen nach, was sie sehen. Und sehen sie Mutter und Vater verzagt und ängstlich, sobald sich irgendein Hund aus der Nachbarschaft schwanzwedelnd auf sie zubewegt, glauben Kinder dem ausgestrahlten Signal ihrer Eltern: »Hoppla, jetzt wird's gefährlich.« Die Psychologin Siebke Melfsen und andere Wissenschaftler fragten sich innerhalb einer Studie aus dem Jahr 2000, warum die Zahl der verhaltensverunsicherten Kinder zunimmt. Sie fanden heraus, dass sich deren Mütter selbst als »überdurchschnittlich ängstlich« einschätzten. »Neurotisch ängstlich«, konstatierten gar Hans Sebald und Christine Krauth, denn Neurosen blühten nach Meinung der beiden Autoren immer dort, wo der Mut sich davongemacht hat und »die Angst den Menschen zu scheinbaren Schutzmaßnahmen treibt«.

Ängstliche Kinder sitzen in den Ecken von Kindergärten, trauen sich nicht, mitzuspielen, bleiben auf den Spielplätzen dicht bei ihren Müttern, stehen auf den Schulhöfen abseits allen Trubels, haben keine Freunde. Das ist eine Seite der Angst – der soziale Rückzug, die Verweigerung. Eine andere Seite sind Kopf- und Bauchschmerzen. Viele Eltern kennen das: Vor Klassenarbeiten in der Schule, Prüfungen oder auch Auftritten bei der Weihnachtsfeier, wo das Kind auf der Bühne einen Vers aufsagen, ein Lied singen oder in einem kleinen Theaterstück mitspielen muss, wird ihm schlecht, es kriegt Magengrummeln, Durchfall oder der Kopf tut ihm weh. Völlig normal. Nicht normal ist dagegen, dass ein Kind fast jeden Tag mit solchen Klagen kommt. Genau das tun aber immerhin rund vier Prozent aller Kinder. Der Mehrheit der angstgeplagten Sprösslinge schlagen ihre Sorgen allerdings direkt aufs Gemüt: Insgesamt leiden heutzutage rund fünf bis zehn Prozent aller Kinder und Jugendlichen unter Angststörungen, berichtet der *Innovationsreport* vom 10. Januar 2003. Und auch wenn die Sorgenflut nicht an die Oberfläche schwappt, und die Kinder weiterhin einen normalen und gesunden Eindruck machen: 16,6 Prozent der Kinder und Jugendlichen fürchten sich davor, in der Schule und im Leben zu versagen, fast zwölf Prozent vor Tieren. Kinder wachsen immer mehr in einem Umfeld von Erwachsenen auf, die ihnen ihre erwachsenen Ängste servieren mit einem entsprechenden Problembewusstsein. Der Kinder- und Jugendpsychologe Franz Joseph Freisleder meint dazu: »In meiner Jugend, selbst vor zehn oder fünfzehn Jahren, wäre ich noch keinem Siebenjährigen begegnet, der einem von dem Gymnasium erzählt, auf das er unbedingt gehen will. Sogar der dreizehnjährige Gymnasiast überlegt heute, ob er nach dem Abitur oder nach dem Studium überhaupt einen Job bekommt.«

Eine »klinisch bedeutsame Zunahme« krankhaft unsicherer kleiner Patienten beobachtet auch Michael Schulte-Markwort in seiner Poliklinik für Kinder- und Jugendpsychosomatik in Hamburg: »Wir haben hier immer mehr Kinder, insbesondere im Grundschulalter, mit Trennungsängsten, daraus folgender Schulphobie, allgemeiner Scheu oder Ängstlichkeit und unspezifischen Symptomen wie Bauchschmerzen, Übelkeit und Einschlafstörungen.« Kinder wie den fünfzehnjährigen Stefan, den ein nervöses Zucken um die Augen plagt. Der Jugendliche hat Angst davor, er könnte einen Herzinfarkt erleiden, an einem verborgenen Hirntumor dahinsiechen oder von gefährlichen Bakterien befallen werden. Seine größte Sorge: Er würde zusammenbrechen, und seine Mutter wäre nicht bei ihm.

Elternangst – sie bleibt in der Familie.

Bevor Schwarze Peter wie Oscars verliehen werden: Viele Eltern selbst leiden kaum weniger unter ihren Ängsten. Die Stimmung in Deutschland macht es ihnen nicht leicht, mit Zutrauen ans Unternehmen Zukunft zu gehen, dessen Teilbereich die Erziehung ist. Das angstbestimmte Grundrauschen übertönt hierzulande jedes Liedchen in fröhlichem Dur; kein Wunder, dass auch viele Kinder inzwischen auf Mollgesänge umgeschwenkt sind. Eine 2006 gestartete Umfrage der Zeitschrift *Eltern for family* ergab, dass unter acht- bis neunzehnjährigen Kindern und Jugendlichen jeder Vierte besorgt ist, dass die Jugend in Deutschland irgendwann nicht mehr ordentlich gefördert wird, 23 Prozent machen sich bereits ernsthafte Gedanken um einen Ausbildungsplatz, zwei Drittel bereitet die Arbeitslosigkeit Kopfzerbrechen. Die dreizehnte Shell-Jugendstudie aus dem Jahr 2000 zeigte zudem, dass 35 Prozent der westdeutschen und 42 Prozent der ostdeutschen Jugendlichen eher düster in die Zukunft blicken. Nur 21 Prozent aller Jugendlichen fühlen sich gut auf diese vorbereitet.

Kinderzeit, sorglose Zeit? Nicht, wenn die Angst sich über die Kindheit legt wie ein graues Tuch.

Überbehütung: Angst hält klein

Das eigene Kind hängt an der Nadel, fängt an zu trinken – eine grauenvolle Vorstellung für alle Eltern. Das Fatale aber ist: Viele Kinder sind tatsächlich süchtig – nach ihren Eltern. Süchtig ist, wer nicht glaubt, ohne etwas Gewohntes leben zu können, den der Gedanke, sich fern von seinem Glimmstängel, seiner Flasche oder einer Kalorienbombe zu wähnen, schier wahnsinnig macht. Hilflos geradezu. So wie viele Kinder und Jugendlichen, wenn sie sich ausmalen, ohne ihre Eltern sein zu müssen. Klar, dass Mutter und Vater gern die Nummer eins im Leben ihrer Kinder sind. Dass sie geliebt, geehrt, vergöttert werden wollen. Aber Abhängigkeit hat mit Liebe nun mal rein gar nichts zu tun. Und die Rede ist nicht etwa von Kleinkindern, sondern auch von Jugendlichen bis hin zu jungen Erwachsenen. 30 Prozent der Kinder und Jugendlichen nannten in neueren Umfragen als Hauptangst ihres Lebens, ihre Eltern zu verlieren. Wenn Sprösslinge dies so empfinden, ist das einerseits ein großartiges Zeichen; andererseits mutet diese Angst in Zeiten, in denen zumindest hierzulande weder Seuchen die Bevölkerung dezimieren noch Kriege Menschen fressen, ein wenig seltsam an. Kinder bewegen sich heute beileibe nicht haltlos durch ihren Alltag – aber vielleicht nur deshalb, weil Mutter oder Vater in ständiger Greifbarkeit verharren, ihnen Hindernisse aus dem Weg räumen, ihr Leben organisieren. Und sie damit mit der Zeit abhängig machen. Ohne es zu wollen, natürlich.

Eine Bekannte von mir führte ihrer zehnjährigen Tochter Ulla den Terminkalender, drängte sie dazu, ihre Freundinnen lieber zu sich nach Hause einzuladen statt bei einer von ihnen den Nachmittag zu verbringen. »Ich fühle mich einfach wohler, wenn ich weiß, dass meine Tochter im Haus ist«, erklärte mir die Bekannte. Ulla war davon sichtlich genervt. Aber sie parierte fast immer. »Mama wird immer so traurig, wenn ich mal weggehe«, verriet sie mir mal.

»Mamasyndrom« nennen Experten das Phänomen der Überbehütung und betrachten seine Ausbreitung mit Argusaugen. Man darf seine Kinder nicht schlagen, nicht misshandeln, nicht vernachlässigen – aber darf man sie denn auch nicht zu sehr lieben? Die Mütter – sie sind es meistens, die sich den Tag über um den Nachwuchs kümmern – meinen es schließlich gut. Manche verhätscheln ihre Kinder aus Unsicherheit, weil sie sich auf keinen Fall einer Vernachlässigung schuldig machen wollen; andere treibt ganz einfach der Übereifer angesichts ihrer neuen Aufgabe als Mutter. Und dann gibt es auch eine nicht ganz geringe Zahl von Frauen, die ihr Kind am liebsten ständig auf dem Schoß behalten wollen. Die seine Schritte permanent bewachen und begleiten, die den Gedanken kaum ertragen können, dass schon Babys beim Krabbeln und schließlich bei den ersten Gehversuchen nichts anderes im Sinn haben, als sich im Endeffekt auf- und davonzumachen und ihr Umfeld allein in Augenschein zu nehmen.

Kinderleben heute erinnert schon mal an das Dasein von Laborratten. Die freie Wildbahn ist ihnen verwehrt. Und damit wichtige Erfahrungen wie Alleinsein, Langeweile, langes Hadern mit sich selbst, einen Wettkampf selbst ausrichten. Donata Elschenbroich stellte zusammen mit Experten vor ein paar Jahren eine Art Kanon über die Dinge auf, die Siebenjährige in ihrem Leben schon einmal gemacht haben sollten: Jedes Kind sollte »eine Frucht nach allen Regeln der Kunst freigelegt haben, einmal einen Kern gespalten haben«, »jedes Kind sollte einmal in einem Bach gefallen sein«, »jedes Kind sollte einige Tage seines Lebens im Wald verbracht haben«. Die armen Kinder müssten sich vermutlich losreißen, um so etwas erleben zu dürfen. Man hört schon aus dem Off die warnenden Rufe ihrer Mütter: »Himmel, nimm doch mal einer dem Kind das Messer aus der Hand, damit spielt man nicht, herrje, dass du mir da schön wegbleibst, baah, der Wald ist dunkel und gefährlich.« Und: »Bleib hier, spiel drinnen.« Tu, mach, lass. Aber bitte nicht ohne Aufsicht. 59 Prozent der Eltern halten Sicherheit für wichtiger als Freiräume, ergab 2006 eine Forsa-Umfrage im Auftrag von *Brigitte*.

Unsere Angst macht Kinder starr vor Entsetzen vor dem eigenen Leben. Und nimmt ihnen einiges: »Ihre Autonomie, ihre Fragen und eigenen Antworten, ihre Geheimnisse, ihre Kraft und Lebensfreude – letztendlich ihre eigene Persönlichkeit« – davor warnt jedenfalls Sigrid Tschöpe-Scheffler. »Wenn das Kind sich nicht ausprobieren, nicht schrittweise für sich selbst Verantwortung übernehmen, eigene Antworten suchen und finden kann, dann entwickelt es kein Gespür dafür, wer es eigentlich ist. Denn dann haben die anderen immer die Antworten gegeben: ›Du bist die, die nicht allein zum Sport fahren kann, du bist die, die keine Möhre schneiden kann, du bist die, die nicht zu den Pfadfindern gehen darf, weil man nicht weiß, was da passiert.‹ Wenn wir ständiges Misstrauen gegenüber den eigenen Fähigkeiten, anderen Menschen und fremden Situationen in unsere Kinder pflanzen, dann werden sie kein Vertrauen in das Leben haben.«

Die ersten zehn Jahre, das wird Eltern in jedem Erziehungsratgeber vorgebetet, sind entscheidend. Meistens wird dazu doziert, welchen Sprachen, mathematischen Aufgaben und motorischen Fähigkeiten man sein Kind für möglichst fruchtbare Ergebnisse in jener Zeit schon aussetzen sollte. Und tatsächlich sind die ersten zehn Jahre für die Entwicklung eines Kindes außerordentlich bedeutsam – aber auch für die Entwicklung von Fähigkeiten, die in der Schule später nicht in Tests abgefragt, im Sportverein nicht in Wettbewerben verglichen werden können, wie etwa Angst- und Frustrationstoleranz, Selbstgefühl, Kreativität, soziale Kompetenz, Impulskontrolle, Autonomie, Verantwortung und Realitätsprüfung. Ein Kind sollte in jener Zeit lernen, mit dem Alltag und seinen Unwegsamkeiten umzugehen, lernen, wer es ist und was es will, üben, seine Wut unter Kontrolle zu halten, mit Angst umzugehen, sich für andere einzusetzen und nicht nur als Träumerchen durch die Gegend zu laufen.

Die Eltern allerdings haben oft nur die Lernziele im Auge, die ihnen für die spätere Karriere ihres Kindes, fürs Behaupten in der Arbeitswelt und in Konkurrenz zu Mitbewerbern, wichtig erscheinen. Und die sind sehr konkreter Natur: Englisch im Kindergarten, Mathespielchen in der Vorschule, Golf und Tennis als frühe Sprungbretter ins gut situierte soziale Leben. Was in unserer Leistungsgesellschaft ja nicht vollkommen abwegig erscheint, aber »unter diesem Druck haben Kinder nicht genügend Zeit und ausreichende Gelegenheit, jene Stärken und Fähigkeiten, die für die Kindheit charakteristisch sind, zu entwickeln«, so William Crain, Psychologe am New Yorker City College. »Es fehlt ihnen an Möglichkeiten, ihre Kreativität und Problemlösungsfähigkeiten durch das Spielen, durch selbstinitiierte künstlerische Tätigkeiten und durch die Erforschung der Natur zu entwickeln. Wir erlauben ihnen nicht, sich in ihrer eigenen Entwicklungsphase wirklich zu entfalten.« Eltern seien heutzutage so unter Druck und gestresst, dass sie ihre Kleinkinder ständig in Buggys umherschöben und ihnen nie die Möglichkeiten geben, in der ihnen eigenen Geschwindigkeit die Welt zu erforschen. Schon beim Spielen fängt es an, glaubt der amerikanische Kinder- und Jugendexperte David Elkind: »Kinder ziehen aus den Spielen nicht mehr das, was sie früher herauszogen.« Nicht einmal mehr Lego ist das, was es mal war: Früher gab es einen Eimer mit verschiedenen Steinen, die man beliebig zusammensetzen konnte. Heute gibt es Autos, Schlösser, Figuren zum genauen Zusammensetzen nach Bauplan. Einbahnstraßen für die Fantasie.

Nimmt man den Kindern dabei noch jene Herausforderungen, an denen sie sich erproben und wachsen können, werden sie als Achtzehnjährige vielleicht perfekt Englisch parlieren und eine Eins im Matheleistungskurs mit nach Hause bringen – der sanfteste Windstoß von außen wird sie vermutlich jedoch umpusten, die kleinste Enttäuschung ihrer ungeschützten Seele schwere Blessuren zufügen. In gewisser Weise bleiben solche Kinder lebensuntüchtig. Sie hatten nie Gelegenheit, sich selbst wirklich zu spüren, sich selbst und ihre Grenzen kennenzulernen. Vermutlich haben sie nie eigenes, selbst gemachtes Glück erlebt. »Diese Jugendlichen besitzen auch kaum ein Durchhaltevermögen, was ja nicht einfach eine Tugend ist, sondern eine absolut notwendige Fertigkeit im Leben«, schreibt die Journalistin Hara Estroff Marano in der November/Dezember-Ausgabe 2004 der amerikanischen Fachzeitschrift *Psychology Today*. »Das scheint sich als weitverbreiteter psychischer Defekt des 21. Jahrhunderts zu erweisen. Ob wir es wollen oder nicht: Wir sind dabei, eine Nation von Schwächlingen zu schaffen.«

Mathe- und Englischlücken kann man auch in späteren Jahren noch stopfen, mit der Selbstständigkeit und ihren Folgen für die Persönlichkeit des Menschen ist es offenbar kniffliger – das legt wenigstens eine Allensbacher Umfrage aus jüngster Vergangenheit nahe: 68 Prozent der interviewten persönlichkeitsstarken Menschen sagten aus, schon als Kind zu großer Selbstständigkeit erzogen worden zu sein, bei den persönlichkeitsschwächeren waren es 31 Prozent.

Es gibt Kinder, die von Natur aus ängstlich sind und sich nichts zutrauen. Und sicher ist, nicht immer haben die Eltern Schuld. Wie stark deren Einfluss aber gerade dort ist, wo es darum geht, ihren Kindern Lebensmut einzuflößen, und wie fatal eine überbehütende Erziehung sich auswirken kann, beweist eine Längsschnittstudie des Harvard-Psychologen Jerome Kagan, die 2004 in *Psychology Today* zitiert wird. Er fand heraus, dass rund 20 Prozent aller Babys als kleine Nervenbündel geboren werden – sie reagieren auf jede Veränderung ihres Umfelds, sind übererregbar, zeigen ständig angstbedingte Stresssymptome, haben schon im Mutterbauch einen schnelleren Herzschlag als andere Säuglinge. Im Kindergartenalter fühlen sich diese Kinder schon durch harmlose Situationen gestresst, in denen ihre Altersgenossen nicht mal mit der Wimper zucken. Und sie reagieren auch in den nächsten Jahren, oft sogar bis ins Erwachsenenalter hinein, eher scheu und zurückhaltend gegenüber fremden Menschen und Ereignissen, die für sie unerwartet sind. Im Schulalter erweisen sie sich häufig als introvertiert, mischen längst nicht überall mit, sind extrem vorsichtig, trauen anderen nicht gleich über den Weg, lassen sich aber andererseits extrem leicht beeinflussen.

Solche Kinder sind sichere Kandidaten für Depressionen und Angststörungen, könnte man meinen. Tatsächlich zeigte die Untersuchung mit den Jahren überraschenderweise ein ganz anderes Bild: Zwischen dem Erbe, als Sensibelchen geboren zu werden, und der späteren Ausbildung einer Angststörung stand ein wichtiger Faktor: die Eltern. Nur wenige der ängstlichen Kinder blieben auch dann ängstlich, wenn ihre Eltern sie liebevoll aufzogen, sie dabei aber nicht vor jeder Enttäuschung, jedem Misserfolg zu bewahren versuchten. Im Gegenteil: Im Alter von zwei Jahren waren die Kinder von nicht überbehütenden Eltern erstaunlich mutig im Alltag. Die Mütter und Väter jedoch, die ihre Kinder allzu furchtsam umsorgten und ihnen jeden Stolperstein aus dem Weg kickten, sorgten dafür, dass sie blieben, was sie waren: ängstlich.

Die Eltern der beobachteten Kinder stammten alle aus der Mittelklasse und liebten ihre Sprösslinge. Kagans Feststellung: »Unter ihnen herrschten zwei Ansichten vor. Eine lautete: ›Ich habe ein sensibles Kind, das ich vor Stress beschützen muss.‹ Solche Eltern sagen nicht erst ›Tu das nicht!‹, wenn sie ihr Kind mit dem Küchenabfall spielen sehen – sie ziehen es sofort davon weg. Das Kind hat gar nicht die Möglichkeit, überhaupt auf die Angst der Eltern zu reagieren.« Die andere Hälfte der Eltern betrachtete Disziplin als wichtiges Erziehungsmittel und erwartete vom Kind, sich der Welt anzupassen. Diese Mütter und Väter hatten wenig Bedenken, einfach nur »Nein. Kein Müll!« zu sagen und erst mal die Hand ihres Kindes von dem Dreck zu nehmen, bevor sie das Kind ganz davon wegzogen. »Das ist nur ein ganz kleiner Unterschied«, sagt Kagans Harvard-Kollegin Doreen Arcus. »Aber ein entscheidender.« Die Eltern, die die Hand ihrer Kinder vom Müll nahmen, haben damit deutlich gemacht: »Wir wollen nicht, dass du damit spielst«; die Reaktion der rigideren Eltern signalisierte dagegen: »Bloß weg da, das ist gefährlich.« Ein bisschen überspitzt könnte man hinzusetzen: »Gerade noch gerettet!«

Nur sehr wenige Kinder waren laut dieser Studie gegenüber Ängstlichkeit und Mutlosigkeit schon von Anfang an gefeit. Die meisten von ihnen brachten in ihren Genen offenbar eine Art gesunde Mischung zwischen Draufgängertum und Verzagtheit mit. Durchschnittsängste, sozusagen. Überbehütende Eltern vermochten jedoch auch ihr relativ unaufgeregt reagierendes Nervensystem komplett umzupolen. Eine Einladungskarte zu lebenslangen Angststörungen und Depressionen.

»Kinder müssen sanft dazu ermutigt werden, auch mal ein Risiko einzugehen und zu erleben, dass dabei nichts Schlimmes passiert«, sagt Michael Liebowitz, Psychiater an der Columbia University und Leiter der Klinik für Angststörungen (Anxiety Disorders Clinic) am New Yorker Psychiatrie-Institut. »Sie müssen der Welt immer ein Stück weiter ausgesetzt werden, damit sie lernen, dass diese nicht grundsätzlich gefährlich ist. Überbehütende Eltern zu haben, bedeutet dagegen für sie ein Risiko, Angststörungen zu entwickeln, weil die Kinder keine Möglichkeit haben, ihre angeborene Schüchternheit zu überwinden und sich in ihrer Welt wohler zu fühlen. Sie lernen niemals, Gefahren überhaupt richtig und vernünftig einzuschätzen.«

Und da ist noch etwas: Wenn Kinder sich ständig kontrolliert fühlen, beschäftigen sie sich auf Dauer immer mehr mit sich selbst, fanden Experten heraus. Das macht sie weniger zugänglich für andere, weniger kontaktfreudig. Die ständige Beobachtung, das Gefühl, stets auf dem Prüfstand zu sein, lehrt sie, ihre wahren Empfindungen zu verstecken. Die Konsequenz: Sie sind weniger experimentierfreudig und gehen mit Dingen nur begrenzt spielerisch um. Dazu bemerkt der amerikanische Kinderpsychologe David Anderegg in der schon genannten Ausgabe von *Psychology Today*: »Wenn jede Zeichnung, die du machst, schließlich am Kühlschrank deiner Eltern landet, malst du nicht einfach mehr das, was dir in den Sinn kommt, woran du einfach nur Spaß hast. Du malst, was ihnen Freude bereitet, und versuchst deshalb vor allem, keine Fehler zu machen.«

Wer so viel Kontrolle in seinem Leben erlebt, so sehr an der kurzen Leine gehalten wird, dessen Aktionsradius so sehr beschnitten wird, dem muss das Internet, das weltweite Netz, wie eine riesige, wunderbare Landschaft vorkommen. Spiel ohne Grenzen sozusagen. Kein Wunder eigentlich, dass Jugendliche und oft sogar schon Kinder stundenlang vor ihren Computern hängen. Die Illusion von Freiheit. Zu haben auf den paar Quadratmetern Kinderzimmer, auf denen sie sich unbeschränkt und außerhalb jeder Beobachtung bewegen dürfen. Rapunzel, lass dein Haar herunter. Auf dass irgendein Retter dich irgendwann aus deinem Gefängnis befreie.

Knut Dietrich, ehemaliger Professor für Sportpädagogik an der Universität Hamburg, sieht im Computerspiel gar die Verkörperung heutiger Kindheiten: das perfekte Spiel für Kinder, die ohne Spielkameraden sind, daheim bleiben und kaum Möglichkeiten haben, ihre Umwelt mit allen Sinnen selbst zu entdecken. »In denen sie Erfahrungen nur noch aus zweiter Hand machen«, schreibt Dietrich in einem Bericht des Arbeitskreises »Straßenverkehr«.

Big Mother is watching you: Aus lauter Angst, das Kind nicht ordentlich zu erziehen und nach außen hin keine perfekte Performance als sorgende Mütter und Väter abzugeben, schießen Eltern mit ihrem Kontrollbedürfnis schon mal übers Ziel hinaus, schieben, drücken, drängeln ihren Nachwuchs zu Höherem. Die Kinder merken sehr wohl, welche Hoffnungen in sie gesetzt werden, welche Anforderungen sie zu erfüllen haben. Kleine Seelen unter Dauerdruck: Eine Studie von Patricia DiBartolo, Psychologin am Smith College in Northhampton, Massachusetts, die unter Kindern der dritten bis fünften Klasse durchgeführt wurde, bewies, dass auf Vollkommenheit gedrillte Kinder ängstlicher und viel unzufriedener mit ihren Arbeitsergebnissen waren als ihre mit normalen Ansprüchen gesegneten Klassenkameraden. Die kleinen Perfektionisten waren stets verzweifelt bemüht, bloß keinen Fehler zu machen. Sie erwarteten immer, schlecht abgeschnitten zu haben, obwohl beide Gruppen – die Perfektionisten und die Anspruchslosen – im Endeffekt gleich gute Ergebnisse in den Prüfungen zeigten. Die Wissenschaftlerin vermutete, dass perfektionistische Kinder schnell in einen Teufelskreis geraten: Sie halten sich für schlechter als andere, werden ängstlich und riskieren schon aus lauter Nervosität schlechtere Noten. Über 40 Prozent dieser Kinder weinten mehr, versuchten sich aus allem rauszuhalten, verhielten sich passiver und gerieten leicht in Stress, sobald sie gewohntes Terrain verließen.

»Mit dem Tag, an dem ehrgeizige Eltern ihre Kinder in die Grundschule schicken, werden sie mit größer Wahrscheinlichkeit den Fortschritt ihres Nachwuchses überwachen«, schreibt Hara Estroff Marano in *Psychology Today*. »Ist das Lunchpaket gepackt, sind die Hausaufgaben gemacht? Was sie mit Sicherheit nicht fragen werden: Opfert mein Kind der Jagd nach guten Noten seinen Seelenfrieden?«

Das muss wohl Liebe sein. Aber die Luft im Schutzbunker, wo Kinder gemäßigt zwischen puffernden Schaumgummikissen toben können und Kindergartenerzieher dafür sorgen, dass kein draufgängerischer Martin, keine freche Andrea sie ungerecht behandelt, kann verdammt kühl werden: Tatsächlich sind laut neuester Studien ängstliche Mütter offenbar weniger herzlich zu ihren Kindern, als es Laisser-faire-Mütter sind. Vielleicht, weil ängstliche Mütter Erziehung weniger mit Lässigkeit als mit bemühter Kontrolle angehen, weil zur Kontrolle eher Strenge gehört als fröhliches Lachen. »Erwachsene meinen viel zu oft, sie müssen erklären, anweisen und das Lernen des Kindes überwachen«, sagt William Crain in einem Interview für das Online-Magazin *Mit Kindern wachsen* im April 2004. »Das Ergebnis ist, dass die Erwachsenen jede Menge Zeit damit verbringen, ihre Kinder zu kritisieren, ihre Fehler zu korrigieren und ihnen zu zeigen, was sie hätten richtiger und besser machen sollen.«

Die Leichtigkeit des Seins – wo ist sie nur geblieben beim Versuch, das Beste für unsere Kinder herauszuholen? »Ich halte es für äußerst schwierig, immer nur ›das Beste‹ für den anderen zu wollen«, sagt der Psychiater und Neurologe Dieter Sikorski am Carl-Thiem-Klinikum in Cottbus. »Ich bin mir sicher, das geht gar nicht. Denn immer nur das Beste von jemandem zu wollen, würde zu einer maßlosen psychischen Überforderung führen.« Die ständige Sorge bestärkt Kinder nicht nur in dem Glauben, sie brächten ohnehin nichts allein auf die Reihe, sie verführt auch zu der Annahme, die Welt sei im Grunde gegen sie, zumal insbesondere ängstliche Mütter dazu neigen, immer das Schlimmste anzunehmen, das Leben in den schwärzesten Farben zu malen und auch ihre Kinder dabei äußerst kritisch zu beobachten. Jede Unterstützung, die Kinder von zu Hause erhalten, muss ihnen wie eine Krücke vorkommen – und nicht wie ein liebevoller Schubs nach vorne. Ängstliche, überbehütende Mütter und Väter stehen sich und ihrer Mutterliebe beziehungsweise Vaterliebe also gewissermaßen selbst im Wege. Und ihren Kindern: »Ein Beobachter wird die Behinderung in den meisten Fällen nicht bemerken«, konstatiert Yvonne Schütze. »Sie ähnelt einer heimlichen Krankheit, deren maskierte Symptome erst in einem späteren Alter offenkundig werden.«

Inseltage, eine Kindheit lang

Immer mehr Kinder sind ihren Eltern heute völlig ausgeliefert, auch weil die Gesellschaft und unser Leben sich nun mal komplett in den letzten Jahrzehnten verändert haben. Die Welt ist kleiner geworden, wir kommen in Windeseile überallhin, E-Mails sausen in Sekundenschnelle um den Globus, was es in thailändischen, amerikanischen oder italienischen Supermärkten gibt, findet sich auch bei uns in den Ladenregalen. Aber für Kinder ist vieles unerreichbar geworden: »Erledigt man alltägliche Wege nicht mehr zu Fuß, sondern mit dem Auto; befriedigt das Fernsehen in den eigenen vier Wänden alle wie auch immer gearteten Bedürfnisse nach Information und kultureller Teilhabe; verlagert sich der Arbeitsplatz vor den Computer zu Hause, so verringern sich die außerfamiliären Kontaktflächen dramatisch und damit gleichzeitig die Möglichkeiten für Heranwachsende, Ausweich- und Ausgleichsräume außerhalb der Familie zu finden und aufzusuchen, deren Bedeutung ich in meiner eigenen Kindheit oft als entscheidend erlebte«, schreibt der Psychoanalytiker Horst-Eberhard Richter in seinem Buch *Umgang mit Angst*. Weiter erinnert er sich:

So hatte meine Mutter einmal streng verboten, bei einsetzendem Tauwetter auf dem Fluss noch Schlittschuh zu laufen. Als andere Kinder sich nun aufmachten, konnte auch ich der Versuchung nicht widerstehen. Natürlich stürzte ich – bei dem schlechten Gewissen, das ich hatte. Das auf dem Eis sich sammelnde Tauwasser durchnässte meine Kleidung auf dem Rücken völlig. In diesem Zustand nach Hause zu gehen, hätte bedeutet, eine schwere Tracht Prügel einzustecken. So ging ich zum Schmied, stand mit dem Rücken zum Feuer, bis meine Kleidung trocken war, und machte mich erst dann auf den Heimweg. Nicht, dass ich zum Schmied in dem kleinen Dorf – Flüchtlingskind, das ich war – ein besonderes Verhältnis gehabt hätte. Vermutlich hat er mich gar nicht gekannt. Aber die Schmiede war den ganzen Tag über zugänglich, und niemand störte sich daran, wenn zwischen all dem Kommen und Gehen, dem Arbeiten und Schwätzen auch jemand eine Zeit lang dabeistand, der streng genommen da eigentlich nichts zu suchen hatte.

Auch wenn sich kein Mensch jene Tage zurückwünscht, an denen die meisten Kinder daheim schon mal mit Schlägen rechnen mussten, wenn sie etwas Verbotenes gemacht hatten und nach Hause schlichen – heute gehen Kinder erst gar nicht mehr nach Hause, sie werden gefahren. Kinderleben in diesen Zeiten findet an genau bestimmten Treffpunkten statt, dass zwischen diesen Seitenwege, Bäume, Gassen, Hinterhöfe liegen, kriegen zumindest Heranwachsende in Städten und größeren Ortschaften kaum noch mit. Experten beklagen die »Verinselung« der Kindheit: Ein bisschen ist es, als wäre die Welt der Kinder in viele kleine Stücke zersprungen, mit der Folge, dass sie nur Punkte sehen, keine ganzen Flächen, die ihren Erfahrungshorizont erweitern würden.

Die Welt wird unseren Kindern ständig fremder, weil es für sie kein Dazwischen mehr gibt. Was ihnen damit verloren geht, ist mehr als der selbstständige Weg zum Bäcker und das Gefühl, die Leute ihres Viertels zu kennen. Viel entscheidender ist: Es fehlt ihnen das Leben außerhalb ihres Schutzbunkers namens Familie. Ein zweites Standbein, Orte, die man als weiteres Zuhause empfindet, als ein weiteres Stück Heimat. Dieses zweite Zuhause wird besonders dann wichtig, wenn die Familie doch einmal zusammenbricht – was statistisch gesehen durch Scheidung jeder dritten Familie droht. Sigrid Tschöpe-Scheffler bemerkt hierzu: »Als ich klein war, besaß jedes Kind das Grundvertrauen: ›Wenn etwas passiert, weiß ich, was zu tun ist, irgendwo gibt es einen Erwachsenen, den ich ansprechen kann, etwa Frau Müller vom Kiosk, die kenne ich, die hilft mir.‹«

Neulich habe ich einen Jungen gesehen, der sich verzweifelt an seine Mutter klammerte, weil er nicht in den Kindergarten wollte. Vielleicht klammerte sich seine Mutter aber auch an ihn. Eltern und Kinder lassen einander nicht los. Irgendwie schön. Aber auch irgendwie tragisch.

Standleitung zu Mama und Papa

Im Prinzip ist es ja ist wunderbar, dass man als Kind mit jedem Problem zu Mama und Papa rennen kann. 93,5 Prozent der befragten Mütter erwarten laut einer Umfrage für *Eltern for family* aus dem Jahr 2005 auch, dass Eltern immer für ihre Kinder da sein müssen. 61,8 Prozent der Mütter, fand eine groß angelegte Studie der Universität Duisburg von 2003 heraus, verbringen den kompletten Tag mit ihren Kindern, weitere 23,4 Prozent immerhin noch den halben Tag.

Kinder lernen durch die »Bemutterung« ihrer Eltern: Auf meine Alten kann ich mich verlassen. Großartig. Nur sind Eltern heutzutage nicht nur da, wenn ihre Kinder sie brauchen, sondern auch, wenn sie eigentlich gerade mal nicht benötigt werden. Eltern geben Kindern sozusagen gar keine Chance, sich einmal ohne sie, ohne ständige Obhut wohlzufühlen. Man könnte von Bindung sprechen, natürlich. Man könnte es in manchen Fällen aber auch Fesselung nennen. Damit verheddern sie sich in einem Widerspruch: Denn einerseits wollen Eltern heute, wie gesagt, dass ihre Kinder größte Selbstständigkeit erlangen – andererseits tun sie aus lauter Sorge, das Megaprojekt könnte ihnen entgleiten, alles, um die Selbstständigkeit möglichst lange hinauszuschieben. Die Folge: Noch als Teenies fühlen sich Jugendliche mit ihren Eltern auf übertriebene Art verbunden – und sie sorgen auch dafür, dass die Verbindung nicht abreißt. Per Mobiltelefon zum Beispiel. Früher überwachten ihre Eltern sie flächendeckend mit ihrer

Anwesenheit oder mit dem Babyfon, und nun ist der ständige Kontakt zu Mama und Papa offenbar ein Muss, ohne den es nicht mehr geht. Das Mobiltelefon als Nabelschnur. Sogar auf dem Campus, stellte Hara Estroff Marano fest, telefonieren Studenten inzwischen mehrmals täglich mit ihren Eltern: »Ein Ferngespräch, das ich neulich auf einem Gang über das Unigelände mithörte: ›Hallo, Mama. Ich habe mir gerade eine Eiswaffel gekauft. Kannst du dir vorstellen, dass sie nicht nur oben, sondern auch unten Streusel reingetan haben?‹« Heimweh als Grundgefühl einer heranwachsenden Generation, die bald eigene Kinder in die Welt setzen wird.

Eltern und ihre Kinder – verbunden mit einer Art Standleitung. Ein warmes Gefühl, das irgendwo im Kopf an Teddy- und Puppentage erinnern muss. Viele überängstliche Mütter haben überängstliche Kinder herangezogen, die mitnichten zu anderen Ufern aufbrechen wollen, sondern ihre Zelte am liebsten am Fluss ihrer Kindheit aufschlagen möchten. Die sich ständig bei ihren Eltern versichern müssen, dass das, was sie gerade tun, richtig ist. Die unfähig sind, die Symbiose zwischen ihren Erzeugern und ihnen aufzugeben, um ein eigenes Leben zu leben. Normal ist das nicht. Normal ist, dass Kinder die Werte, Tipps und Vorstellungen ihrer Eltern in ihren ersten Lebensjahren durchaus verinnerlichen. Wenn wir später mit Problemen zu kämpfen haben oder in irgendeiner Situation unsicher sind, greifen wir darauf zurück. Wir leben somit vom Erfahrungsschatz der vorherigen Generation. Die Mobiltelefonmanie allerdings hält Kinder davon ab, überhaupt selbst nachzudenken, wie sie sich entscheiden oder sich selbst aus einer kniffligen Lage herausbringen sollen. »Diese Kinder haben«, bestätigt David Anderegg, »niemals irgendwas verinnerlicht. Außer dem Satz: Mama und Papa anrufen.« Einige Psychologen gehen sogar so weit und behaupten, dass das Handy, das Eltern ihren Kinder für die ständige Kontaktpflege – und nicht zuletzt für die ständige Möglichkeit, sie unter Kontrolle zu haben – in die Hand drücken, schuld daran ist, dass Kinder gar nicht erst lernen, für sich selbst im Voraus zu planen. Treffen mit anderen werden wenige Minuten vorher festgezurrt, Voraussicht, mitdenken, einen Tag durchorganisieren und selbst gestalten, gehört damit zu den Erfahrungen, die Kinder und Jugendliche kaum noch machen.

Mobiltelefone gestalten das Leben leichter, keine Frage. Aber bei vielen Kindern verstärken sie ganz offensichtlich ein paar unselige Folgen ihrer überbehüteten Beziehung. Sie sorgen dafür, dass Eltern über die Kindheit hinaus ständige Teilhaber am Leben ihrer Sprösslinge sind, dass selbstständige Planungen ungeübt bleiben – und da ist noch etwas: Sie sorgen dafür, dass jedes aufkommende Bedürfnis unmittelbare Erfüllung findet:

Sofort Kontakt zur besten Freundin, sofort zu wissen, wo es eine bestimmte CD zu kaufen gibt. Das Handy ist gleichsam eine Botschaft, die überbehütete Kinder gut verstehen: Ein leises Quäken – und schon hatte die Mutter die Flasche ausgepackt, Kekse und Brezeln. Bedürfnisbefriedigung hier und jetzt. Die Frustrationstoleranz, jene Eigenschaft, die zu den Erziehungs-Top-Ten der ersten zehn Jahre gehören sollte, bleibt dabei auf der Strecke. Langfristig werden die Kinder nicht nur immer ungeduldiger, sondern auch unwilliger, die eigenen Probleme selbstständig anzugehen. Was sich sogar auf spätere Partnerschaften auswirken kann, weil man vom anderen unter Umständen unbewusst erwartet, dass er über einem das Glück mit vollen Händen ausschüttet. Mamas und Papas Überbesorgtheit verfolgt durchs ganze Leben.

Wer nicht wagt, der nicht gewinnt. Ein altes Sprichwort. Aber eigentlich verschweigt es die Hälfte; tatsächlich ist es nämlich so: Wer nicht wagt, der verliert. Kinder brauchen eigene Erfahrungen, um an ihnen zu wachsen und stark fürs Leben zu werden. Die überbesorgt versorgten Kinder können diese schwerlich sammeln. Ihre Seelen bleiben schwächer als die von Kindern, die ihre Probleme schon mal selbst lösen müssen.

»Das Auftreten des Mamasyndroms ist deshalb nicht nur ein psychologisches Problem, das Einzelne betrifft«, so Hans Sebald und Christine Krauth, »sondern ein soziales Problem, das die ganze Gesellschaft erfasst.« Seine Folgen, das Entstehen einer verängstigten, frustrationstoleranzlosen Generation, werden wir alle tragen müssen.

7

Immer auf der Hut

Warum die neue Verzagtheit uns das Leben schwer macht

Sie prügeln sich, haben verlernt zu klettern, riskieren Herz- und Kreislaufprobleme, sind einsam – Kinder der Angst. Und vor lauter Sorge um sie gehen unsere Beziehungen kaputt. Merken wir eigentlich, was wir aufs Spiel setzen?

> Zwölfjähriger Grundschüler schlägt Lehrerin in Berlin-Kreuzberg nieder.
>
> Fünfzehnjähriger bedroht Klassenkameraden und Lehrer in Hohenschönhausen mit Messer.
>
> Sechzehnjähriger Amokläufer sticht achtundzwanzig Menschen nieder.
>
> Polizei nimmt sechzehnjährigen Schüler fest, der Mitschülerin in den Oberschenkel gestoßen hat.

Unsere Schulen sind voller Schläger, Messerstecher, Erpresser – das erzählen uns die Überschriften vieler Tageszeitungen, wie obige aus dem Jahr 2006. Gleichzeitig suchen unzählige Artikel Antworten auf das Warum, fragen sich, warum sich jedes dritte Kind laut einer Emnid-Umfrage desselben Jahres zum Thema Gewalt an der Schule aus Angst vor handgreiflichen

Attacken in der Pause nicht mehr auf den Schulhof traut. Liegt es an den Lehrern, den Kindern? Oder an den Eltern? Man könnte jedem jungen Vater, jeder jungen Mutter einen Gutschein für Elternbildungskurse schenken, die sie in entsprechenden Kircheneinrichtungen, Bildungsträgern oder Volkshochschulen einlösen können, schlug Baden-Württembergs Ministerpräsident Günther Oettinger angesichts der Schulmisere vor. Okay, da soll uns Eltern wieder mal eingeredet werden, wir hätten Schuld, weil wir das Ding mit der Erziehung einfach nicht auf die Reihe kriegen. Aber mehr Wissen ist vielleicht das Letzte, was wir brauchen – die Frage ist allenfalls, welchen Kurs wir mit dem Geschenkgutschein besuchen sollten, es muss ja einer sein, den wir vorher noch nicht belegt hatten.

Zynismus beiseite, Tatsache ist doch, dass niemand seine Kinder bewusst zur Gewalt erzieht. Niemand will, dass seine Sprösslinge wüten, schlagen, stechen. Gewalt ist das, was Eltern fast am meisten fürchten. Von ihren Kindern, für ihre Kinder. Für 72 Prozent der Eltern steht die Frage, wie man seine Kinder vor Gewalt in der Schule schützen kann, an zweiter Stelle der Dringlichkeiten – an erster Stelle beschäftigt sie der Schutz vor Drogen (87 Prozent). Und doch steckt hinter dieser Besorgnis vor Gewalt ein großes Problem: »Die gegenwärtige Gewaltwelle unter Jugendlichen weist Symptome der Folgen einer überbehütenden Erziehung auf«, konstatiert der ehemalige Hauptschullehrer und Autor Willibald Papesch.

Eingesperrte Tiere werden träge – oder aggressiv. Und Kinder? Was passiert mit ihnen, wenn die Kindheit ausschließlich in einem wohlgezimmerten Rahmen stattfindet, umsorgt und kontrolliert, wo allein Kindergärten Räume zum Toben, Kuscheln und zum Spielen bereithalten, wo die Straße, der nahe Park, das normale Leben sich als Aufenthaltszonen verbieten, und wo dem Nachwuchs künstliche Kinderwelten wie Kinderhotels und Kinderspielhäuser angeboten werden statt der realen Welt?

»Früher ritzten Schüler Herzchen, Namen, Karikaturen in die Schulpulte. Jeder Tisch war eine Landschaft aus Bildern und Sprüchen. Heute sind die Tische kratz- und säurefest beschichtet. Dafür sind die Klassenräume beschmiert«, bemerkt Papesch. Und: »Dabei brauchte es seinerzeit wesentlich mehr (kriminelle) Energie, mit dem Taschenmesser – auch eine Waffe! – die alten Holzbänke zu bearbeiten, als heute irgendwelche Sprüche und Fratzen an den Beton zu sprühen.« Die Gesellschaft versucht, ihre Kinder durch Kontrollen und übertriebene Vorsichtsmaßnahmen aller Art im Zaum zu halten – und erhält die Quittung dafür. Die Fantasie bleibt dabei als Ballast auf der Strecke – und eine ganz wichtige Erfahrung: die eigenen Grenzen zu erfahren. »Wie sollen hier, wo besorgte Mütter und Väter sofort dazwischenfahren … Kinder allmählich den fürs seelische Überleben notwendigen Abstand gewinnen zu der emotional überladenen und überforderten Kleinfamilie?«, fragt Papesch.

Gewalt wäre danach ein mögliches Ventil. Als Befreiungsschlag sozusagen. Als Reaktion auf das Gefühl, zu ersticken unter all der Fürsorge. In jüngeren Jahren nähmen viele Kinder die mütterliche und väterliche Überfürsorge noch hin, bemerkt der Psychoanalytiker Horst-Eberhard Richter in seinem Buch *Patient Familie*: »Wenn sie allerdings älter werden, wehren sie sich oft mit heftigen Widerworten, treten um sich, strampeln sich frei. Besonders Mütter reagieren dann oft beleidigt – sie haben schließlich alles für ihr Kind getan, da muss es sich nun wirklich nicht so undankbar gebärden. Sie droht, klagt an, beschuldigt den Rabauken. Und kommt ihm damit nur ein weiteres Mal zu nahe, mischt sich ein, versucht, ihm den eigenen Weg, den Blick auf die eigene Identität zu verstellen. Die unausrottbare Meinung, je mehr Liebe, je mehr Zuwendung, je mehr Behütung, letztlich auch je mehr Kontrolle, umso weniger Schwierigkeiten, gar Gewalt – erweist sich hier als gefährlicher Irrtum.«

Neulich las ich in einem Internetforum über »Angst-Selbsthilfe«, wie sich ein Sechzehnjähriger namens Jens über seine Mutter beschwerte, die nicht möchte, dass er noch nach Mitternacht mit Freunden um die Häuser zieht. Er räumte ein: »Mit sechzehn bis drei Uhr nachts rausgehen, finde ich auch übertrieben, aber halb eins sollte doch möglich sein. Wenn die Mutter zu behütend ist, dann kommt so was wie ich dabei raus. Ich bin voll Angst, Hass, Verzweiflung, Selbstzerstörung.« Das Gefühl, ständig und überall kontrolliert und gegängelt zu werden, machte den Jungen offenbar schier wahnsinnig. Immerhin schlug er offenbar vorerst nur in die Tasten seines Computers, um seine Ohnmachtgefühle loszuwerden. Die aufgestauten Emotionen, die Überbehütung mit sich bringt, kann nämlich auch laut und wild werden: die Rowdys, die keiner in den Griff kriegt, die scheinbar bösartigen Kinder, die ihre Mitschüler schikanieren, der Klassenkasper, den niemand mehr ernst nehmen mag, das Mädchen, das sich ständig mit Lügengeschichten in den Mittelpunkt schiebt – manchmal steckt nackte Angst dahinter. Angst, nicht selbst in der Welt bestehen zu können, Angst vor dem Leben, dem Fremden – hausgemachte Angst sozusagen. Die so tief sitzt, dass sie nach oben stößt, um sich Luft zu machen. Manchmal verstopft sie die kleinen Seelen so sehr, dass sie wie ein Pfropfen lärmend und aufmerksamkeitsheischend nach draußen drängt.

Kindern suchen in der Gewalt durchaus schon mal ein Ventil für ihre Angst, vermutet auch der Psychologe Christian Büttner von der Hessischen Stiftung für Friedens- und Konfliktforschung. Er nennt ein Beispiel, in dem das deutlich wird: »In einer Schule wird der Schulzahnarzt angekündigt. Prompt erscheint ein großer Teil der kleinen Jungen am nächsten Tag mit Spielzeugpistolen bewaffnet in der Schule, die Atmosphäre ist irgendwie aggressiv aufgeladen. Die Pädagoginnen sind genervt und verbieten den Jungen, mit den Pistolen zu schießen. Die Mädchen dagegen wirken irgendwie ängstlich zurückgezogen. Ihre Angst-Aggressions-Reaktion findet keinen Weg nach außen. Die Grundmuster kindlicher Reaktion auf Angst ist wie bei den Erwachsenen: Die aggressive Drohung der Kinder wird eingesetzt, um die situative Angst in den Griff zu bekommen. Die Umgebung wird als extrem feindlich und die fremden Erwachsenen werden zumeist als sehr unfreundlich und offenbar als Bedrohung wahrgenommen.«

Auf wackligen Kinderbeinen – Angst lebt gefährlich

Ängstliche Eltern wollen ihre Kinder schützen, ist ja klar. Die Krux ist nur: Tatsächlich leben ihre Kinder verdammt gefährlich durch ihre übertriebene Fürsorge. Wer jemals einen leichten Autounfall hatte, auf Skiern oder auf dem Rad einen ordentlichen Sturz hingelegt hat, weiß, wie es sich anfühlt, unsicher und wacklig auf den Beinen zu stehen. Der Körper ist ungelenk, die Muskeln sind seltsam steif, und die gesamte Koordination scheint durcheinandergeraten zu sein. Weil das Gehirn »Unsicherheit« meldet, versucht der Körper automatisch, bestimmte, ihm riskant erscheinende Bewegungen zu vermeiden und überhaupt vorsichtig zu sein. Die Folge ist paradoxerweise, dass man vor lauter Unsicherheit mit dem Auto leicht noch mal knapp am Zusammenstoß vorbeischrammt oder gleich den nächsten Sturz hinlegt. Eine Konsequenz, die übertriebene Vorsicht und Unsicherheit auch im Alltag haben kann: Ängstliche Menschen scheinen das Unglück bisweilen anzuziehen – tatsächlich aber verhalten sie sich unbewusst so, dass sie leichter zum Opfer werden als selbstbewusster auftretende, sicherere Zeitgenossen.

Deutlich geworden ist das auch am Beispiel sexuellen Missbrauchs: Ängstliche, scheue Kinder werden von Sexualverbrechern eher als Opfer herausgepickt als selbstsicher wirkende Altersgenossen. Die Körpersprache dieser Kinder sendet Pädophilen offenbar ein klares Signal: Ich bin schwach, ich weiß mich nicht zu wehren. Ängstliche Kinder strahlen schnell ein Gefühl des Verlassensein aus, wenn ihre Eltern nicht in der Nähe sind.

Beispiel Straßenverkehr: Hier kommt es weniger auf die Signalwirkung an, hier entscheidet die tatsächliche Sicherheit im Verhalten eines Kindes, ob die Radtour oder auch der Stadtbummel zum Gefahrenparcours wird. Erfahrung spielt dabei eine große Rolle. Leider sind viele Schulkinder in Sachen Ampeln und Zebrastreifen völlig aus der Übung, da etwa Erstklässler kaum noch ohne Begleitschutz zur Schule gebracht werden. Der Berliner Arbeitskreis »Mobilitätserziehung« betrachtete diese Entwicklung mit Sorge und forderte Eltern auf, ihre Kinder doch allein zur Schule laufen zu lassen, damit sie korrektes Verhalten im Verkehr trainieren könnten. Beim Aktionstag »Zu Fuß zur Schule« machten 2004 immerhin 20 000 Grundschüler in Hamburg mit – viele von ihnen waren erstmals ohne elterliche Begleitung und auf eigenen Beinen mit dem Rucksack auf dem Weg zum Unterricht.

Ein unsicheres Unterfangen, denken die Eltern. Und sie haben Recht. Nicht nur wegen der vielen unaufmerksamen Raser und des wahnsinnigen Verkehrs auf den hiesigen Straßen. Weil Deutschlands Kinder in ihrem Alltag so viel durch die Gegend kutschiert werden und sich insgesamt zu wenig bewegen, sind sie auch motorisch oft nicht auf der Höhe. Laut einer Studie des Instituts für Sport und Sportwissenschaft in Karlsruhe aus dem Jahr 2000 machen sie hierzulande gerade mal fünfzehn bis dreißig Minuten lang Sport am Tag. Die motorischen Leistungen der Vier- bis Sechsjährigen haben in den letzten fünfzehn Jahren um rund zehn Prozent abgenommen, 40 Prozent der Kindergartenkinder haben muskuläre Schwächen und Koordinierungsschwierigkeiten, 60 Prozent Haltungsprobleme. Viele Kinder fallen beim Rückwärtslaufen um oder können noch nicht einmal mehr auf einem Bein stehen. Nicht, dass das Rückwärtslaufen und Auf-einem-Bein-Stehen für den Schulweg entscheidend wären, aber wer sich in seinem Körper nicht sicher fühlt, lebt grundsätzlich gefährlich: »Wer langsam reagiert, seine Bewegungen nicht geschmeidig koordinieren kann, ist einem wesentlich höheren Unfallrisiko ausgesetzt als ›fitte‹ Gleichaltrige«, warnt die Deutsche Verkehrswacht und hat ihr früher bewährtes Konzept der Verkehrserziehung erst einmal in den Schrank gelegt. Mit motorisch unterentwickelten Kindern, legt die Begründung nahe, könnte man es einfach nicht durchführen.

Bei seinem Vortrag im Berner Kornhausforum im November 2002 wies Marco Hüttenmoser, Autor und Leiter der Dokumentationsstelle »Kind und Umwelt« im schweizerischen Muri, auf eine norwegische Untersuchung hin, die zeigte, dass der zu Fuß oder mit dem Fahrrad zurückgelegte Schulweg ganz entscheidend für die Verbesserung der motorischen Fähigkeiten der Kinder ist – entscheidender als jedes Sportangebot. Eltern, die trotzdem daran festhalten, dass ihre Kinder zumindest auf der Strecke zur Schule im Auto am besten aufgehoben seien, sollten sich Folgendes hinter den Scheibenwischer klemmen: Wirklich sicher ist der Schulweg auch im Auto nicht: Jedes dritte in einem Wagen verunglückte Kind war auf dem Weg in die Schule.

Stadtkinder, könnte man meinen, müssten in den Statistiken über Bewegungsfähigkeiten besonders schlecht dastehen, weil es ihnen mehr als anderen an Auslauf fehlt. Ist aber nicht so: Jungen und Mädchen aus größeren Orten sind motorisch offenbar durchschnittlich viel besser drauf als Kinder vom Land. 76 Prozent aller Stadteltern, aber 87 Prozent aller Landeltern gaben bei einer Befragung in Zürich und den umliegenden Dörfern zu, dass sie ihre Kinder wegen des Verkehrs am liebsten gar nicht allein im Freien spielen lassen. Die Dorfidylle existiert also nicht mehr, und kein Elternpaar, das mitten in Hamburg-Altona, in Duisburg oder im Münchner Stadtteil Neuhausen wohnt, muss neidisch auf die Regionen schielen, in denen noch Kühe auf den Weiden stehen, und der Tante-Emma-Laden sich trotzig gegen den Supermarkt behauptet.

Viele Experten sind sich sicher: Kinder brauchen die Straße, um sich austoben zu können. »Mein Kind spielt eben am liebsten am Computer«, rechtfertigen sich manche Mütter und Väter, wenn sie darauf angesprochen werden, warum sie den Sohn oder die Tochter nicht zum Spielen auf die Straße schicken. Aber am Computer liegt es nicht. Auch nicht am Fernsehen oder sonstigen Errungenschaften der modernen Medien- und Elektronikspielgesellschaft. »Wenn Sie zu Hause, während das Kind vor dem Fernseher sitzt, das Fenster öffnen und aus dem Freien das fröhliche Geschrei spielender und herumrennender Kinder in die Wohnung dringt, wird Ihr Kind kaum allzu lange vor dem Fernseher bleiben«, sagt Marco Hüttenmoser. Eine These, die der Freiburger Soziologe Baldo Blinkert durch seine Studien unterstützte: Blinkert wollte bei viertausend Kindern aus der Stadt Freiburg und zweihundertsiebzig Kindern aus zwei umliegenden Dörfern herausfinden, warum Kinder sich vor die Glotze setzten, wenn ihnen langweilig wurde. Seine Beobachtung: Die Einschaltquoten waren nicht etwa an gute oder schlechte Trickfilme, Actionstreifen oder Kinderserien geknüpft, sondern an gute oder schlechte Möglichkeiten, draußen vor der Tür Spaß zu haben. Konnte man mit anderen Kindern in Höfen oder nahen Parks in Abenteuerwelten abtauchen, dann blieb der Fernseher eher aus. Kinder, denen das Wohnumfeld kaum Bewegungsmöglichkeiten bot, schalteten bis zu sechsmal häufiger den TV-Apparat ein als solche mit Spielraum vor der Haustür. »Entscheidend ist, ob ein Spiel- oder Bewegungsangebot ohne elterliche Begleitung erreichbar ist«, sagt Hüttenmoser.

Wo die Angst der Eltern eine ständige Kontrolle der Kinder zur Folge hat, ist es mit ihrer Verhaltenssicherheit in vielen Bereichen nicht weit her – Hunde, die ewig an der Leine laufen, wissen, wird ihnen das Ding erst mal abgenommen, mit ihrer neuen Freiheit oft auch nicht umzugehen: Entweder sie wagen es zunächst kaum, sich von ihrem Herrchen zu entfernen, oder aber sie springen und rasen wie toll herum. Kinder, die das erste Mal von der elterlichen Leine befreit werden, reagieren da nicht anders. »Es gibt ein Ritual, das jeder Universitätsangestellte fürchtet«, erzählt John Portmann, Religionswissenschaftler an der University of Virginia. »Immer im Herbst setzen die Eltern ihre Erstsemester-Kinder hier ab, und innerhalb der nächsten zwei, drei Tage nehmen sie gefährliche Mengen von Alkohol zu sich und bringen sich damit selbst in Gefahr. Diese jungen Menschen sind so lange unter Kontrolle gewesen, dass sie dann einfach verrücktspielen müssen.«

Von Windeln und toten Hosen

Ich habe meine Frau wirklich geliebt, und es war auch nie eine Frage, dass wir ein Kind wollten. Aber es ging schon in der Schwangerschaft los, dass sie über nichts anderes mehr reden konnte. Dann hörte sie wieder von irgendeinem neuen Test, und schon rannte sie zum Arzt und hat alles durchchecken lassen.

Ich fand die Sorge eigentlich erst mal niedlich, ich hatte sie noch nie so erlebt. Und ich fand es toll, dass sie derart aufging in ihrer neuen Rolle. Ich meine, ist ja auch mein Kind, das willst du ja gut aufgehoben wissen. Aber nach der Geburt war ich abgeschrieben. Den Kleinen hat sie ständig auf dem Arm gehabt und gestreichelt, bei mir vergaß sie manchmal sogar den Gutenachtkuss, weil sie so kaputt war.

Nun schläft unser Sohn mit seinen vier Jahren immer noch zwischen uns. Sicher, schon aus Platzgründen wollten wir das mal ändern, aber wir kriegen das irgendwie nicht hin. So hart kann keiner von uns sein. Meine Frau möchte alles perfekt machen. Neulich kam ich nach Hause, und sie saß heulend auf dem Sofa. Irgendwie war ihr der Kleine im Supermarkt einen Moment weggelaufen, während sie am Buggy rummachte. Der Schock saß tief. Gefunden hat sie ihn vor einem Regal mit Konserven. Seitdem ist sie noch panischer. Früher ist sie so gern ins Kino gegangen – heute können wir zusammen allenfalls Susi und Strolch *sehen. Früher fragte sie mich immer: Bin ich zu dick? Mit dieser Frage können einem Frauen ja schon auf die Nerven gehen. Heute fragt sie: »Glaubst du, ich habe es richtig gemacht?« Alles dreht sich nur um den Kleinen.* (Hartmut, dreiundvierzig Jahre, Vater von Luis, vier Jahre)

Wenn einer nur über seinen Job erzählt, ist das für denjenigen, der zuhören muss, eine nervige Angelegenheit. Das gilt auch für Mütter, die in ihrer Aufgabe komplett aufgehen und ihrem Partner nur noch vom Sprössling erzählen. »Dass Kinder heutzutage mehr beachtet werden als in früheren Zeiten, ist ja ein Fortschritt«, sagt der Paarberater Hans Jellouschek, Autor des Buches *Liebe auf Dauer*. »Nur: Man kann da des Guten auch zu viel tun. Problematisch kann das unter anderem dadurch werden, dass die Paarbeziehung in den Hintergrund tritt. Arbeit, Kinder, Familienorganisation und und und – für das Paar als

Paar bleibt da keine Zeit mehr. Frustration bei einem Partner oder bei beiden ist dann die Folge. So wie die Männer in ihrer Arbeit untergehen, gehen die Frauen oft in ihrer Kinder-Mütter-Welt auf. Die beiden beginnen sozusagen in zwei verschiedenen Welten zu leben.«

Der Aufwand, den Müttern vielfach betreiben, ist oft genug mit dem eines Projektmanagers zu vergleichen. Aber kein Mensch wird einer Übermutter sagen, dass sie es mit ihrer Fürsorge nun wirklich zu weit treibt. Keiner will sich dem Vorwurf aussetzen, eine Person zu sein, die von Kindern, geschweige denn ihrer Erziehung, nicht den blassesten Schimmer hat.

Mütter können also damit rechnen, so gut wie keinen Widerspruch zu erfahren, und selbst die Ehemänner, die das ganze Geschäft rund ums Kind vielleicht ruhiger und gelassener angehen würden, rennen nicht selten gegen Betonwände. Das Killerargument, das solche Frauen wie einen Schild vor sich hertragen und keine Gelegenheit versäumen, es auch anzuwenden, lautet dann: »Du hast das Kind ja nicht im Bauch gehabt!« Oder: »Krieg du erst mal die Kinder!«

Da muss man als Mann natürlich den Schwanz einziehen. Partner von Übermüttern müssen das in vielen Fällen sowieso tun, weil eben dieser für eine ganze Weile ohnehin kaum benötigt wird. Es dreht sich in der Liebe, na klar, wirklich nicht nur um das Eine. Worum es sich dann aber doch dreht, das ist, sich gegenseitig noch wahrzunehmen, zärtlich zu bleiben und aufmerksam. Genau das geht im derzeitigen Mütterwahn vielfach verloren. Männer, die sich darüber beklagen, von ihren Frauen aufs Abstellgleis gestellt zu werden, seitdem der Nachwuchs da ist, erhalten meist Antworten, die an der neuen Rangordnung in der Familie keine Zweifel lassen:

Ich bin selbst Mutter und stille meinen Sohn nach zwei Jahren immer noch. Es stimmt schon, dass die Libido gleich null ist, aber Mutter Natur wollte es nun mal so, damit die Mütter sich nur um ihre Kinder kümmern können. Beim Stillen habe ich verstanden, was die Ikone mit Maria und Jesus bedeutet: Alle stillenden Mütter sollen respektiert werden. Die Väter haben ein Problem damit, aber was sind schon drei bis fünf Jahre, wenn wir ein ganzes Leben haben? (Anonymer Brief im Internetforum für stillende Mütter)

Der Mann, dem diese Zeilen in einem Mütterforum übermittelt wurden, hatte lediglich vorsichtig angefragt, ob es denn normal sei, dass seine Frau nun schon seit vier Jahren nicht mehr mit ihm schlafe, weil sie ihren gemeinsamen Sohn stillen müsse. Natürlich nimmt mütterliche Übersorge nicht immer diese Ausmaße an, aber die Tendenz ist eindeutig: Deutschlands Ehen scheinen unter dem Übermuttersyndrom ganz erheblich zu leiden. Selbst wenn sich beide Elternteile mit aller Liebe, all ihren Ängsten und Verzagtheiten auf ihr Kind werfen, ist Gefahr in Verzug. Dazu der Oldenburger Familienforscher Dieter Brühl: »Der Stellenwert der Kinder hat sich in einer merkwürdigen Art und Weise verändert. Eltern sehen in ihren Kindern Möglichkeiten der Befriedigung von Lebenszielen wie Glück, Emotionalität, Liebe, Schönheit, Perfektion, Spiegelung des Selbst, Erfüllung von Wünschen, die man für sich persönlich aufgegeben hat oder in der Partnerschaft aufgeben musste.« Aller Sinn, alle Hoffnung, alles Erleben des Paares erhält ein neues Ziel. In der Folge werde »jegliche Regung des Kindes registriert, und wenn sie fehlerhaft erscheint, sei es durch Krankheit, psychische Probleme oder Entwicklungsstörungen, wird das Kind sofort einer Heerschar von Experten zur Lösung übergeben«, so Brühl. »Wehe aber, die Lösung kommt nicht, wie man sie erwartet hat. Dann entstehen Lebenskrisen, Partnerschaften gehen auseinander.« Gerade bei Ehescheidungen würde das Kind zum Zankapfel, »an dem die Eltern hemmungslos ihre Konflikte austragen«. Schließlich seien sie selbst verletzt worden.

Hartmut ließ das Kind bei Regen ohne Mantel aus dem Haus, an Wochenenden, an denen er mit dem kleinen Johannes allein war, bekam der Junge zu wenig Schlaf, weil Hartmut mit ihm zusammen die *Sportschau* guckte, und seine Schultasche kontrollierte er auch nie – was kriegte ich nicht alles zu hören, wenn meine Freundin Monika über ihren Mann lästerte, mit dem sie seit Monaten im Clinch lag. Eigentlich hatten sie ganz andere Probleme, aber Monika redete nur darüber, wie er sich angeblich als Vater danebenbenahm. Ein Jahr später waren sie geschieden. Die Munition, die Monika seitdem gegen ihren Exmann verschießt, wird immer noch im Kinderzimmer geladen: »Wenn Johannes von Hartmut zurückkommt, ist er völlig durcheinander. Ich habe das Gefühl, dass er ihm irgendwelche schlechte Sachen über mich erzählt, ihn richtig gegen mich aufhetzt«, beschwert sich Monika immer wieder.

»Jeder Konflikt, den das Kind notwendigerweise hat, wird schon als Ergebnis der eigenen schlechten Partnerschaft angesehen«, sagt Oskar Holzberg. In seiner Praxis begegnet der Hamburger Psychologe inzwischen vielen Paaren, die starr auf ihr Kind schauen, statt den wirklichen Problemen ihrer Partnerschaft ins Auge zu blicken: »Paare, die sexuelle Probleme haben, lassen ihr Kind sogar noch mit elf Jahren im elterlichen Bett schlafen, um sich dadurch den Partner vom Leib zu schaffen. Die Mutter beispielsweise beharrt auf dem Kind im Bett, weil es angeblich so ängstlich sei. Der Vater traut sich nicht, es aus dem Bett zu werfen.« Die Liebe von einst? Unbekannt verzogen.

Kindern, gibt Holzberg zu bedenken, wird damit unbewusst ein schweres Stück Verantwortung aufgebürdet: Sie spüren, dass sie ihre Eltern glücklich machen sollen. Und verzweifeln womöglich, wenn sie merken, dass Mama und Papa trotz allem nicht zufrieden sind.

Die LBS-Studie von 2002 des Münchner Familienforschers Wassilios E. Fthenakis zeigt, dass der Zeitpunkt, an dem sich Paare am häufigsten scheiden lassen, drei bis vier Jahre nach der Geburt des ersten Kindes liegt. Also dann, wenn die Trotzphase der lieben Kleinen so richtig gedeiht, die Belastung hoch ist – und manche Übermutter sich vortrefflich in ihrer Kinderwelt eingelebt hat.

Wenn Kinder es dicke haben: Angst kann krank machen

Eltern, die im Übermaß sorgen, hegen und pflegen, würden sich gegen jeden Vorwurf der Kindesmisshandlung verwahren. Sicher, es gibt herumstreunende Straßenkinder, Jugendliche, die in Parks herumlungern und nichts mit sich anzufangen wissen, und denen das Zuhause kein Heim ist. Aber diese Kinder kommen aus Familien, in denen man sich nicht um den Nachwuchs kümmert, solche würde man nicht persönlich kennen, nur aus Zeitungen.

Aber Kinder können auch verwahrlosen, weil man sich zu sehr um sie kümmert. Bereits zehn Prozent aller verwahrlosten Kinder sind Wohlstandsverwahrloste, schätzt Frank Furedi. Kinder, die von zu Hause alles bekommen. Nur nicht die Dinge, die sie brauchen, um seelengesund durchs Leben zu kommen: Zeit für sich, genügend Bewegungsmöglichkeiten, Freiheit, sich selbst zu finden.

Kleinere Wehwehchen und ernst zu nehmende Krankheiten

wie Allergien, Ängste oder gar Depressionen bei Kindern haben zugenommen, kann man dem Newsletter des Bundesministeriums für Bildung und Forschung vom Mai 2004 entnehmen; 20 Prozent aller Kindergartenkinder gelten als verhaltensauffällig, meldet der *Spiegel* vom 18. Juli 2005. Ein Viertel der Fälle in ihrer Praxis, sagte die Sprecherin des Bundesverbandes der Kinder- und Jugendärzte, Gunhild Kilian-Kornell, gegenüber dem Hamburger Magazin, sei auf falsche Erziehung zurückzuführen: Kinder kämen mit Bauchschmerzen, Schlafstörungen, Aggressionen, Essstörungen. Zudem gibt es laut dem Nachrichtenmagazin eine steigende Zahl narzisstisch gestörter Einzelkinder, und immer mehr Ärzte diagnostizieren bei Kindern die Aufmerksamkeitsstörung ADHS. Ist Deutschlands Jugend krankenhausreif?

»Heute sind bei Kindern und Jugendlichen Beeinträchtigungen der Gesundheit und Persönlichkeitsentwicklung zu verzeichnen, die wir bisher nur von Erwachsenen kannten«, konstatiert der Sozial- und Gesundheitswissenschaftler Klaus Hurrelmann. Der Hamburger Psychologe Michael Thiel fürchtet bereits um den Seelenfrieden einer ganzen Generation: »Gestresste Kinder werden gestresste Erwachsene. Wird der Stress nicht abgebaut, verstärken sich Verhaltensauffälligkeiten und andere Symptome weiter. So züchten wir eine ganze Generation stressgeschädigter Erwachsener heran.«

Noch bis Ende 2006 werden achtzehntausend Kinder und Jugendliche im Alter von null bis siebzehn Jahren an hundertfünfzig Orten in Deutschland für eine Kinder- und Jugendstudie ärztlich untersucht und zu ihrer Gesundheit befragt. Es ist Zeit, herauszufinden, ob Deutschlands Nachwuchs eine Generation von Sorgenkindern ist.

ADHS

Einige nennen es das »Zappelphilippsyndrom«, eine Diagnose übrigens, die Kritiker als »Modeerscheinung« brandmarken. Nach heutigen Erkenntnissen beruht die Störung, die Kinder unkonzentriert und hyperaktiv macht, auf Entwicklungsstörungen im Gehirn. Man vermutet, dass der Nervenzellen-Botenstoff Dopamin im Stirnhirn nicht ausreichend produziert werden kann – deshalb verschreiben Ärzte schon mal das Amphetamin Ritalin, das in diesen komplizierten Mechanismus eingreifen soll. Manchmal mit frappierendem Erfolg: Vorher hibbelige, nervöse Kinder werden ruhiger und können sich konzentrieren, bringen den Alltag ihrer Eltern nicht mehr durcheinander. Bislang wird in Langzeitstudien immer noch untersucht, ob die Einnahme von Ritalin später zu einer größeren Suchtgefährdung führt, noch gibt es darüber keine eindeutigen Ergebnisse.

ADHS hat viele Gesichter – nicht immer sind die Symptome eindeutig oder womöglich gleichzeitig vorhanden. Manche Kinder wiederum wirken so lebhaft und unkonzentriert, dass man bei ihnen schnell auf Hyperaktivität tippen könnte – dabei ist ihr Verhalten einfach nur eine Phase, die vorübergeht. Die üblichen verdächtigen Charakteristika: Konzentrationsschwierigkeiten, impulsive und aufbrausende Verhaltensweisen, manchmal auch Verträumtheiten. Da die Diagnose, so die Kritiker, nur anhand eines Fragebogentests gestellt wird, der keine eindeutigen Ergebnisse liefere, sondern zum Teil nur subjektive Eindrücke zusammenstelle, sei diese als fraglich einzustufen.

ADHS ist offenbar schwer dingfest zu machen – und manchmal nur das Etikett, das man kleinen Wildfängen aufklebt. Es kann nämlich vorkommen, so Jürgen Freisleder, Direktor der Heckscher-Kinderklinik in München, dass Kinder »mit ADHS-Syndromen auf Druck oder Vernachlässigung« reagieren. Der

Kinder- und Jugendpsychologe berichtet in einem Interview mit der Zeitschrift *Brigitte* im März 2006 von dem Fall einer zwölfjährigen Gymnasiastin, die plötzlich in der Schule absackte. »Auch hier meinten die Eltern, sie habe Aufmerksamkeitsdefizite. Sie träume nur noch vor sich hin, könne sich nicht konzentrieren. Die Symptome gab es, aber in der Klink untersuchten wir das Begabungsprofil des Kindes, das leider nicht für das Gymnasium reichte. Die Eltern hatten das Kind jahrelang gefördert, oder besser gesagt: überfordert. Es war übrigens gut, dass das Mädchen mir vorgestellt wurde, denn hätte man es in dieser Situation gelassen, wäre es irgendwann wirklich psychiatrisch gewesen.« Der Psychiatrieprofessor Manfred Cierpka vermutet: »Die meisten Kinder sind aufgrund von Erziehungsfehlern so unruhig geworden.« Auch hausgemachter Leistungsdruck, zu viele Stunden vorm Fernseher und am Computer und zu wenig Bewegung gehörten dazu, davon ist der Darmstädter Pädagoge Manfred Gerspach überzeugt. Der Hannoveraner Familientherapeut Wolfgang Bergmann stellte bei 70 Prozent seiner Patienten massive Besserungen der Symptome fest, sobald die Eltern – und manchmal auch die Lehrer – ihren Erziehungsstil änderten und den Kindern gegenüber vor allem konsequenter – und damit für diese besser einschätzbar – auftraten.

Einige Kinderärzte haben in ihrer Praxis eine ADHS-Rate von über 20 Prozent, wissenschaftliche Studien allerdings kommen auf allenfalls fünf bis zehn Prozent Kinder, die vom Syndrom tatsächlich betroffen sind – und selbst diese Zahl ist nicht eindeutig gesichert. Aber: Mit ADHS lässt sich im Zweifelsfall trefflich erklären, warum der Sprössling nicht kann, wie er eigentlich will. Und wie er soll.

Übergewicht

Deutschlands Kinder werden immer dicker. Jedes fünfte Kind hat hierzulande Übergewicht – das sind doppelt so viele Kinder wie noch Ende der achtziger Jahre. Unter den Kindergartenkindern hatten in einer Untersuchung sogar 30 Prozent zu viel Speck auf den Rippen. Zu wenig Bewegung, weil Eltern sie nicht mehr nach Herzenslust draußen rumspringen oder ihren Schulweg zu Fuß bewältigen lassen, sind ein Grund für die Misere. Klaus Hurrelmann sieht aber noch eine ganz andere Ursache für das deutlich gestiegene Übergewicht deutscher Kinder: kleine, hungernde Seelen. Erwachsene, klar, futtern schon mal aus Frust. Oder weil sie sich beruhigen wollen. Kinder tun das eben auch – wenn sie nicht wissen, wohin mit ihren Gefühlen. Wenn sie riesiges Glück, große Anspannung, furchtbare Enttäuschungen nicht anders zu verdauen wissen. Wenn ihnen, so Hurrelmann, die Resilienz fehlt – jene schon beschriebene Fähigkeit, mit Krisen oder einfach ungewöhnlichen Spannungen jeder Art fertig zu werden.

Resilienz aber baut man unter anderem auch durch die Erfahrung auf, dass man sich selbst durchaus ganz gut zu helfen weiß – und diese Chance, konstatiert der Jugendforscher, fehle vielen Kindern heutzutage: »Die eigentliche Ursache für das Übergewicht ist nicht ein Überschuss, sondern ein Defizit, und zwar eines von Anforderungen, Entwicklungsimpulsen und Erfolgserlebnissen.« Anforderungen jenseits der Schule, versteht sich: Herausforderungen, wodurch Kinder mit Selbstwertgefühlen ausgepolstert werden können, wenn sie diese meistern, die ihnen ein Gefühl von Stolz fern jeder Stoffabfrage und des bloßen Funktionierens vermitteln.

Übergewicht macht Kinder unter Umständen aber nicht nur unglücklich, sondern auch krank fürs Leben: »Übergewichtige Kinder haben ein hohes Risiko für schwere chronische Krankheiten«, warnt Hurrelmann, »vor allem Diabetes, Herz-Kreislauf-Erkrankungen, Haltungsschäden und psychosoziale Probleme bis hin zu Depressionen. Übergewicht ist damit einer der gewichtigsten Risikofaktoren für die immer bedeutender werdenden chronischen Krankheiten in unserem Kulturkreis.«

Stress

Nein, es geht nicht nur darum, dass die böse Schule von unseren Kindern immer mehr verlangt, dass die Lehrer gemeine Arbeiten schreiben lassen und zu viele Hausaufgaben aufbrummen. Es geht auch darum, dass viele Kinder heillos überfordert sind von dem, was Eltern von ihnen erwarten. 46 Prozent aller Kinder und Jugendlichen zwischen neun und sechzehn Jahren geben zwar an, dass sie am meisten die Schule stresst – die darauffolgenden Plätze vergeben sie an Stressfaktoren wie Zeitdruck, zu viele Termine, Druck vor Prüfungen und Hausaufgaben. Aber immerhin fühlen sich insgesamt 17 Prozent mithin durch die Eltern selbst gestresst.

Zeitdruck, Termine, Aufgaben – das klingt nach mittlerem Management, nicht nach kratzbürstiger Kindheit. Tatsächlich weisen Deutschlands Kinder auch sonst Ähnlichkeiten mit überforderten Arbeitnehmern auf: Nervosität, Schlafstörungen, Kopf- oder Bauchschmerzen sind Dauerbrenner im Kinderzimmer. Nach einer im Januar 2006 durchgeführten Forsa-Umfrage unter Eltern haben 19 Prozent ihrer Kinder unter achtzehn Jahren häufig Bauchschmerzen und Prüfungsangst, 45 Prozent macht der Stress aggressiv, 37 Prozent ziehen sich traurig in sich selbst zurück, 17 Prozent stellten Schlafprobleme bei ihren Sprösslingen fest.

Viele Psychologen schreiben auch die Neurodermitis häufig rein seelischen Faktoren zu. Neurodermitis-Kinder müssen von frühester Kindheit an zu viel »müssen«, stellte die Psychologin Christiane Rauch in ihrer Diplomarbeit 1999 fest. Ein

Neurodermitis-Kind müsse nur denken »du musst«, und schon würde es sich vor lauter Juckreiz am liebsten das Fell vom Leib ziehen, berichtet ebenso der Darmstädter Facharzt für Psychotherapeutische Medizin, Bernd Frederich, auf seiner Internet-Homepage. »Nach meiner Beobachtung sind die Mütter von Neurodermitiker-Kindern sehr unsicher oder inkonsequent, und dadurch bewirken sie für ihr Kind zu wenig Geborgenheit, Sicherheit.« Gerade diese Kinder bräuchten klare Richtlinien, um sich nicht ständig selbst in der Pflicht zu wähnen, Verantwortung übernehmen zu müssen. Die Anspannung im Gehirn setze sich dann oft direkt in Juckreiz um.

Allergien

Umweltbelastungen, Schadstoffe, Konservierungsstoffe im Essen, Hormone im Fleisch – und was haben Eltern damit zu tun? Tatsächlich entstehen viele Allergien überhaupt erst dadurch, dass man sie zu vermeiden sucht. Nie spielten Kinder weniger im Schmutz, nie hatten sie mehr Spielzeug – was sie von Iih-Bäh-Dingen unseres Alltags, den Mülltonnen und Schrottplätzen, weitgehend fernhält. Nie wurden mehr Fläschchen ausgekocht, die Mütter früher zwischen zwei Füllungen allenfalls mal unter den Wasserhahn hielten. Nie – das gilt zumindest für Stadtkinder – kamen Kinder weniger mit Tieren zusammen.

Doch die keimfreien, hygienisch einwandfreien Kindheiten haben Folgen: Das Immunsystem wird träge, und irgendwann weiß es sich gegen ein paar harmlose Allergene nicht mehr zur Wehr zu setzen. Klaus Hurrelmann berichtet in einem unveröffentlichten Vortrag von Vergleichsstudien in Ost- und Westdeutschland gleich nach der Wiedervereinigung: »Wir fanden damals in unserem Jugendgesundheits-Survey eine deutlich geringere Verbreitung aller Formen der Allergie in den neuen

Bundesländern im Vergleich zu den alten.« Der Lebensstil im Osten Deutschlands schien weniger Allergien zu begünstigen als der westliche. Die Schadstoffbelastungen und Umweltgifte waren demnach nicht die Verursacher – die waren in der früheren DDR sogar höher als im Westen. Entscheidend schien etwas anderes zu sein: »Kinder und Jugendliche halten sich überwiegend in geschlossenen und versiegelten Räumen auf, deren hygienische Standards übertrieben hoch sind. Sie sind dadurch von der Möglichkeit ausgeschlossen, ihren Körper auf Abwehrstoffe hin ausreichend vorzubereiten. Das Spielen im Freien, das Wühlen und Graben im Boden und im Dreck, die Auseinandersetzung mit infektiösen Erregern und anderen Keimen – alle diese Trainingseffekte kommen zu kurz.« Das bedeutet: »Die schon im frühen Kindesalter einsetzende immunologische Auseinandersetzung mit mikrobiellen Erregern und verschiedenen Allergenen scheint die wichtigste Auskunft über den Verlauf von allergischen Krankheiten zu geben.« Was Hurrelmann und seinen Mitarbeitern sonst noch auffiel: Die Kinder in der ehemaligen DDR hatten insgesamt viel mehr Kinderkrankheiten durchgemacht als Kinder in der Bundesrepublik – schon dadurch, dass sie früh in den Krippen spielten und sich dabei häufiger bei anderen ansteckten oder zumindest mit deren Bakterien und Viren zusammenkamen. Dadurch, sagt Hurrelmann, »hatten die ostdeutschen Kinder eine bessere Gesundheitsförderung, so paradox das klingen mag«. Eigentlich dadurch, dass niemand sie aus lauter Angst keimfrei abschirmte.

Manchmal guckt die Welt auf Japan. Auf die seltsamen Menschen, die nur noch mit dem Computer kommunizieren und mit anderen nicht mehr umgehen können: die Otakus. Die dem ungeheuren Druck der Gesellschaft nicht mehr gewachsen sind, die sich gerade noch in den nächsten Videospiel-Shop trauen. Viele der Jugendlichen brechen die Schule von einem Tag auf den anderen ab – ab fünfzehn gilt in diesem Land ohnehin keine Schulpflicht mehr. Mahlzeiten? Lassen sie sich von ihren Müttern vor die Tür stellen. Die Otakus sind verstummt. Und doch ist ihr Verhalten ein einziger Schrei.

Jemand, der im Elternhaus massivem Druck ausgesetzt ist, haut ab. So war das vielleicht früher. Heute wagen das nur die wenigsten Kinder. Zu Hause ist es bequem, warm, es gibt zu essen. Trotzdem zieht sich auch Deutschlands Jugend zurück. In sich selbst.

Nicht wenige Kinder sind kommunikationsarm, weil sie nie gelernt haben, selbst auf Menschen zuzugehen, weil zu viele ihrer Kontakte von den Eltern arrangiert werden. Zudem: Daheim dreht sich alles um sie – und draußen, wo auch andere sind, müssen sie erkennen, dass sie nicht der Nabel der Welt sind. Daheim bedeutet aber auch, dass den Kindern unter den stets sorgenvollen Blicken der Eltern ständig ein bestimmtes Verhalten, eine bestimmte Fertigkeit abverlangt wird. Sie lernen deshalb, gute Einzelkämpfer zu sein, weil sie früh kapieren, dass es auf ihre Noten, auf ihre Leistungen ankommt, damit die Welt für Mama und Papa in Ordnung ist. So entsteht ein Charakter, den Psychologen bei Kindern immer häufiger vorfinden: den Narzissten. Narzisstische Kinder haben verstanden: Es geht um sie, um ihr Leben, ihre Zukunft. »Wenn Kinder merken«, so der Sozialpsychologe Heiner Keupp, »dass sich andere vollständig um ihren Weg kümmern, führt das zu einer

Egoorientierung. Und wenn ich immer der kleine Prinz bin, übernehme ich natürlich auch innerhalb der Familie sehr schnell die Regie.« Sich selbst realistisch einzuschätzen, die eigenen Tugenden und Fehler gleichsam zu akzeptieren, bleibt diesen narzisstisch orientierten Kinder aber oft verwehrt.

Narzisstische Kinder wissen oft nicht, wo sie stehen – und das ist sogar wörtlich zu nehmen. »Kinder haben es inzwischen schwer, Hüpfkästchen oder ähnlich einfache Spiele zu spielen«, weiß Barbara Carlon, Mitbegründerin der Graswurzel-Organisation Putting Families First. »Ihnen muss immer jemand sagen, welche Position sie auf dem Feld einnehmen müssen, ihre Eltern sagen ihnen, welche Sockenfarbe sie tragen müssen, und die Schiedsrichter sagen ihnen, wer gewonnen hat und was fair war und was nicht. Kinder verlieren dadurch definitiv ihre Führungsqualitäten.« Unter der Erziehung ehrgeiziger und lebensunsicherer Eltern, so Frank Schirrmacher in seinem Buch *Minimum*, werden aus den vielen heutigen Einzelkindern Einzelkämpfer – weil Mama und Papa selbst das Leben als Konkurrenzkampf erfahren und ihre Kinder dafür rüsten wollen. Dennoch könne der Einzelne, und sei er auch noch so begabt, nicht überleben – der Mensch, das Herdentier, braucht die Gemeinschaft. Die Gemeinschaft wiederum benötigt die Familie, mitsamt ihrer Selbstlosigkeit und Liebe. Was die Gesellschaft jedoch bekommt, sind Scheidungen, immer mehr. Und immer weniger Kinder.

Deutschlands Kinder – lauter einsame Wölfe. Grund genug, in der Nacht zu heulen. Oder Depressionen zu kriegen.

Irgendwann werden wir unsere Kinder in die Welt entlassen müssen. Kinder, die unreif, unselbstständig, ängstlich sind, denen man es nie schmackhaft machte, wirklich erwachsen zu werden: Prinzen und Prinzessinnen, Peter-Pan-Jungen und Immer-noch-Girlies. Früher war man erwachsen, wenn die Pubertät vorüber war, so ein Report des Soziologen Frank F. Furstenberg von der University of Pennsylvania: »Jetzt gibt es ein wachsendes Niemandsland der Nachpubertät zwischen zwanzig und dreißig, was man als ›frühes Erwachsenendasein‹ bezeichnet. Wer sich dort gerade befindet, sieht aus wie ein Erwachsener, ist aber noch nicht erwachsen – was traditionell dadurch definiert wird, dass man die Schule beendet, einen Job mit eigenem Einkommen hat, verheiratet ist und vielleicht sogar schon Kinder vorwiesen kann. Diese Niemandsland-Erwachsenen sind noch nicht bereit dafür – oder dürfen es einfach noch nicht sein.« Lebenslang ein Kind sein. Sich ängstlich dem Leben verschließend, Abenteuer nur Bit- und Byte-weise am Computer erlebend, Herausforderungen fliehend. Eine mutlose Generation. Auch eine Art von Otakus.

Wer ist da nur im Kinderzimmer?

In der Fremde fühlt man sich unsicher. Und unter Fremden. Sind uns unsere Kinder etwa fremd geworden, weil wir Eltern so verängstigt sind? Wir haben Barrieren aus Kontrollen errichtet, Zäune aus Zwang, Mauern aus übertriebenen Schutzmaßnahmen. Und haben unsere Sprösslinge damit auch ein Stück von uns weggetrieben. Unser Verhältnis hat nichts Lässiges, Leichtes mehr. Wir selbst fühlen uns schwer und behäbig vor lauter Verantwortung. Aus Angst, unseren Kindern nicht gerecht zu werden, ihnen nicht das richtige Rüstzeug fürs Leben mitzugeben, beladen wir sie mit dem falschen. Denn eigentlich, seien wir mal ehrlich, wissen wir doch gar nicht mehr, was sie wirklich brauchen. Wir wissen viel, ganze Erziehungstheorien können wir aufsagen. Aber gerade die Lektüre von so viel Wissen, so viel Expertenrat hat uns von dem Wissen entfernt, was in uns ist – der Intuition. Dem Gefühl für unsere Kinder. Wir haben durchaus eine Ahnung, bisweilen, aber wir trauen ihr nicht. Eigentlich, müssten wir zugeben, erziehen andere unsere Kinder – Menschen, die sie gar nicht kennen, die Experten, Ratgeber, Erziehungswissenschaftler. Das macht uns nicht sicherer, im Gegenteil: »Im Endeffekt bleibt das Selbstbewusstsein von Müttern und Vätern auf der Strecke, weil ihnen Kindererziehung permanent als Risikovermeidung verkauft wird«, so Frank Furedi. Die Unsicherheit spüren wir genau – und die Schuldgefühle, die sie hervorbringt. Die uns wiederum nur noch verkrampfter ans Unternehmen Erziehung gehen lassen. Wir haben die Lockerheit und Lässigkeit verlernt, und genauso wirken wir auch auf unsere Kinder. Die Unsicherheit geben wir ihnen mit auf den Weg ins Leben. Und das unterschwellige Gefühl, dass ihre Eltern nicht die sind, die sie sein könnten. Dass sie mit der Erziehung nicht ganz glücklich sind. Und damit eigentlich nicht mit ihnen, den Kindern. Eine traurige Mitgift.

Unsere Unsicherheit führt dazu, dass wir unsere Sprösslinge abdrängen in Kinderwelten, weg von uns gewissermaßen, während wir auf der anderen Seite paradoxerweise alles tun, sie bei uns zu halten. Wir lassen sie aber nie an dem wirklichen Dasein teilnehmen, obwohl dies Erziehung grundsätzlich einfacher machen würde.

Da leben wir also, unsere Kinder und wir, getrennt und fremd. Nebeneinander statt miteinander. Und dazwischen lebt die Angst. Man sieht uns die Verzagtheit an, das Gefühl, Alles-falsch-mach-Eltern zu sein. Angst vor der Erziehung zu haben heißt auch, Angst vor Kindern zu haben. Wir verhätscheln und vergöttern sie – und vernachlässigen dabei ihre Seelen, wissen nicht mehr, was sie wirklich brauchen.

Und wenn wir zwischen unseren Kindern und uns schon Fremdheit spüren – wie sollen das erst andere empfinden? In unserer selbst geschaffenen Umgebung gedeiht Kindern und Familien gegenüber ein latentes Misstrauen. 82 Prozent der

Bürger glauben, dass Kinder in Deutschland zu lasch erzogen werden. Viele plädieren dafür, den kleinen Klaps oder auch die Ohrfeige als Erziehungshilfe wieder einzusetzen. Selbst die Mütter und Väter tun dies. »Manche nennen es auch Zucht und Ordnung«, sagt Sigrid Tschöpe-Scheffler. »Immer mehr Eltern geben mir zu verstehen, dass ihnen die Ohrfeige nichts geschadet habe und der Klaps zur rechten Zeit richtig sei. Fällt uns wirklich nichts Besseres ein?« Und alles nur, weil wir perfekte Eltern sein wollen. Also, geben wir es auf, das Perfektseinwollen. Sehen wir es lockerer, lässiger. Das sagt sich leicht. So leicht, wie man die Dinge gern sehen möchte. Aber vielleicht ist der Weg aus der Krise wirklich einfacher zu finden, als wir denken, wenn wir das Unterholz unserer Ängste hinter uns lassen.

8

Man kann einiges tun – und noch mehr einfach lassen

Ein Plädoyer gegen die ewigen Schuldgefühle

Ich wünschte, meine Eltern hätten noch andere Hobbys außer mir.

Jonas, elf Jahre

»Hab keine Angst.« Keine Ahnung, wie oft ich das schon zu meinen Kindern gesagt habe. Manchmal auch zu Freunden, wenn ein wichtiges Meeting anstand, eine Rede, die einer von ihnen halten musste, eine Verhandlung, das Gespräch mit dem Ex. Und dann habe ich gern noch mindestens einen guten Tipp hinterhergeschoben. Vielleicht den: »Stell dir vor, was das Schlimmste wäre, was passieren kann?« Das Schlimmste war in der Regel nicht besonders furchterregend, und damit hatte der Satz »Hab keine Angst« durchaus seine Berechtigung. Zumindest als Argument taugte die Sache mit dem Schlimmsten. »Hab keine Angst.« So einfach kann man es sich also machen.

Kein Mensch wird sich ernsthaft vor den Eltern hierzulande aufbauen wollen und sagen: »Vergesst doch einfach mal eure ewigen Sorgen um die Kinder.« Die Angst lässt sich ja nicht einfach weglocken. Angst hat jeder, irgendwann, irgendwo, aus irgendwelchen Gründen. Die Frage ist nur: Was tut man damit? Erich Kästner hatte eine Antwort für sich gefunden. In seiner Autobiografie *Als ich ein kleiner Junge war*, schreibt er: »Ich wollte kein Held sein oder werden. Und ich bin auch keiner geworden. Kein falscher Held und kein echter Held. Wisst ihr den Unterschied? Falsche Helden haben keine Angst, weil sie keine Fantasie haben. Sie sind dumm und haben keine Nerven. Echte Helden haben Angst und überwinden sie.«

Mut hat nicht der, der keine Angst hat. Mut hat der, der die Angst besiegt. Das allerdings ist wichtig. »Wenn du Angst hast«, sagte der Radprofi Erik Zabel mal, »hast du den Finger schon an der Bremse.«

Angst bremst aus, macht uns kleiner, unvermögender, als wir sind. Manchmal frage ich mich, wann die ewige Unsicherheit rund um Erziehungsfragen, ums Zuviel oder Zuwenig, mal bei mir geschwiegen hat. Neulich fiel mir ein, wann das war: im Urlaub auf der Nordseeinsel Juist. Wo ich keine Angst vor rasenden Autos haben musste (es gibt dort schlichtweg nur Pferdekutschen), kein schlechtes Gewissen, dass die Kinder ohne ständiges Entertainment keinen Spaß haben (die Insel ist voller Kinder, die überall herumlaufen, weil andere Eltern eben auch keine Angst haben), keine Sorge, dass sie nicht mehr heimfinden (die Insel ist ungefähr 500 Meter breit, der Ort ziemlich klein). Komischerweise war ich in diesen Juist-Urlauben richtig gern Mutter. Weil ich entspannt war. Weil ich das Gefühl hatte, meine Kinder nicht ständig glücklich machen zu müssen, weil jeder ein Stück eigenes Leben hatte, und es doch einen Haufen Gemeinsamkeiten gab. Weil weniger Verbote durch den Wind wirbelten – aber auch seltsamerweise weniger Forderungen der Kinder.

Klar, Urlaub eben. Kein Schuldruck lastet auf den Sprösslingen, und auch der Job hat Pause. Aber es geht dabei nicht um Ferien, es geht auch nicht um Juist. Es geht einzig um das Gefühl, wie es ist, wenn Angst und Unsicherheit nicht ständige Begleiter sind. Das Gefühl, dass vieles von selbst läuft, dass man die Mutter, der Vater sein kann, die oder der man eigentlich immer sein wollte. Lachend, entspannt, mit den Kindern gehend – und nicht ständig vor oder hinter ihnen.

Mal im Ratgeber nachschlagen? Eben nicht. Wer im Gewühl auf dem Dachboden eine bestimmte Kiste sucht, wird zum ganzen Kram da oben nicht erst noch jede Menge weiteres Gerümpel dazuwerfen. Die Ruhe wiederzufinden, das kann nicht so schwer sein, wenn man sich vorher von einer ganzen Menge Ballast befreit. Von jeder Menge »Eltern müssen«, »Eltern sollten«. Und von Glaubenssätzen, die wir tief verinnerlicht haben.

Weg mit: »Wir haben Schuld!«

Eltern machen Fehler. Jede Menge. Sogar, wenn sie lieben. Gerade, wenn sie lieben, vielleicht. Weil Liebe nun mal blind macht, oft auch den eigenen Kindern gegenüber. Und schließlich ist es ja genau diese Liebe, die Eltern ängstlich und verzagt macht. Und schuldbewusst, wenn nicht alles läuft, wie es laufen sollte. Kein Mensch wird einem anderen ständig gerecht. Kein Mensch erwartet von einem anderen ewige Harmonie und Gerechtigkeit und gute Laune. Unseren Kindern gegenüber tun wir aber so, als seien wir ihnen genau das schuldig. Sind wir aber nicht. Wir sind Menschen, die mit anderen Menschen zusammenleben. Mit kleinen Menschen – auch das. Und wir machen Fehler. Die Kinder, jawohl – und wir.

Das Problem damit ist, wenn man die Erziehung allzu ernst, humorlos und anspruchsbeladen nimmt, dass man ständig unerreichbaren Idealen hinterherhechtet. Und das, was man von sich selbst erwartet – nämlich eine perfekte Performance hinzulegen –, erwartet man zumindest unbewusst auch von seinem Nachwuchs in seiner Rolle als Kind: »Eltern, die an sich selbst zu hohe Ansprüche stellen«, bestätigt der Psychologe Michael Thiel, »tun dies auch bei ihren Kindern. ›Perfekte Eltern‹ werden dann aber hilflos, wenn ihr Kind nicht funktioniert.« Hilflosigkeit plus hohe Ansprüche gleich Schuldbewusstsein, genau. Und schon sitzen wir wieder in der Falle. Aber wir sind nun mal nicht vollkommen, Gott sei Dank. Das hat in den sechziger Jahren schon mal jemand festgestellt – der österreichisch-amerikanische Pädagoge Rudolf Dreikurs. Mehr Mut zur Unvollkommenheit, lautete sein Credo: Weil es das Familienklima deutlich verbessert, wenn Eltern nicht permanent perfekt sein wollen.

Wer beständig ängstlich jeden Erziehungsfehler zu vermeiden sucht, beschäftigt sich dabei im Grunde weniger mit seinen Kindern, sondern mehr mit sich selbst. Bloß nicht fehlen, nur keinen Patzer machen, immer den richtigen Ton anschlagen, und haben wir dem kleinen Olaf auch fest in die Augen geblickt, als wir ihm verboten, mit dem Bobby-Car übers Parkett zu rollen? Verdammt, wir hätten dabei in die Knie gehen müssen, auf Augenhöhe. Vermasselt, mal wieder. Da geben wir uns später, beim Mittagessen, dann aber besonders viel Mühe, ein ausgewogenes Mahl auf den Tisch zu bringen. Und üben, ganz nebenbei, spielerisch natürlich, ein paar erste Englischvokabeln ein, »table«, »eat«, »drink«, wo wir doch gerade diese interessante Sendung über frühen Spracherwerb im Fernsehen gesehen haben. Und der Papa hat sich auch immer so leicht getan, sogar Spanisch und Swahili hat er gelernt, vielleicht hat der Olaf das ja geerbt, und so einen Startvorteil muss man doch nutzen.

Wir müssen, wir sollen, wir haben die Aufgabe. So viel Pflichten, so wenig Kür. Nur, weil wir uns im Grunde unseres Herzens als Schöpfer dieser entzückenden Wesen betrachten. Als ob wir, nur wir, das Gelingen ihres Lebens in der Hand hielten.

Die Kinder spüren das. Unsere Anstrengungen, unsere Ängste. Stellen wir uns doch mal vor, welches Bild wir ihnen täglich servieren: Mutter und Vater, korrigierend, ernst, nur über politisch korrekte Witze lachend, sich mit Verboten mühend und verärgert, wenn sie nicht eingehalten werden. Vor jedem Spaß die Schere im Kopf, ob das Versteckspiel zwischen den parkenden Autos, der Plan, einen Riesenturm mit Plastikklötzen zu bauen, die Partie Monopoly denn auch als pädagogisch wertvoll einzustufen ist. Ständig Zäune ziehend vor dem Leben. Immer bedacht darauf, den Schein zu erhalten, Kontrolle zu bewahren. Verkniffen irgendwie. Ein Bild voller Sorgenfalten. Und doch nur eine Rolle, nicht wirklich wir. Und das ist das Vorbild, das unsere Kinder vor Augen haben, wenn sie größer werden?

Gerade in Situationen, in denen der Kleine auf dem Spielplatz mit Schaufeln wirft, das Schulkind heulend sein Hausaufgabenheft zerreißt oder stundenlange Handygespräche mit der Freundin führt, statt sich bereitwillig den Geheimnissen der Chemie im Schulbuch zu widmen; in Situationen, wo der dreizehnjährige Henri schon wieder seinen Atlas daheim vergessen hat oder alle Eltern pünktlich bei der Theateraufführung in der Aula erschienen sind, man selbst aber todmüde auf dem Sofa eingepennt war und es mit Mühe und Not mit zehnminütiger Verspätung schafft. In Situationen, in denen wir spüren: Verdammt, hier läuft was schief, hier gab es eine Panne. Da hilft es manchmal, völlig neben sich zu stehen. Bildlich gesprochen, freilich. Sich von der Seite zu beobachten, das eigene Krisenmanagement, die eigene Person wie einen anderen Menschen zu begutachten. Und sich zu fragen, welcher Typ man jetzt genau, in dieser Situation, eigentlich gern sein möchte. Wahrscheinlich nicht die Mutter oder der Vater mit der moralischen Keule in der Hand, der Oberlehrer, die schamrotgesichtige Hetzmama. Auch nicht die Unsicherheit in Person.

Sondern einfach man selbst. Mit einem Lachen, weil wirklich alles halb so schlimm ist. Mit einem Lachen, weil andere das vielleicht ganz anders sehen. Mit einem Lachen, einfach, weil es befreit. Und weil es, an anderer Front freilich, noch andere Experten gibt, die mit vielen Studien bewiesen haben, dass die äußeren Gesten, die äußere Haltung auch nach innen wirkt. Studien, die ausnahmsweise mal kein schlechtes Gewissen machen, sondern guttun: Lachen macht fröhlich, jawohl. Versuchen kann man es schließlich mal. Dem Schuldgefühl in die Fratze grinsen. Und einfach tun, wonach einem ist. Den Wutanfall des Kleinen ignorieren und sich einen eiskalten Campari-Orange mixen. Den Sohn zum nächsten Schreibwarenladen schicken, damit er sich ein neues Hausaufgabenheft kauft. Sich entschuldigend lächelnd einen Platz an der Seite der Aula suchen. Daheim die Lieblings-CD auflegen. Sich von der Erzieherrolle verabschieden, einfach so. Auszeit von der Pflichtvorlesung. Leben. Und Leben vorleben.

Kann man das aus Büchern lernen? Beim Schmökern in Rosamunde Pilchers Romanen oder im Bett mit dem Lieblingskrimi vielleicht – beim Wälzen von einschlägiger Erziehungsliteratur aber eher nicht. Nichts gegen Elternratgeber (oder Elternkurse), für Mütter und Väter können sie durchaus eine Art Entspannungshilfe darstellen, weil die festen Regeln und Grundsätze in ihnen schon mal wie ein Korsett wirken, das in Fällen der Verzweiflung nicht weiter einengt, sondern schlichtweg aller Unsicherheit eine Art Rahmen verpasst. Eine Art Gatter, das ihnen zeigt: bis hierher und nicht weiter.

In anderen Fällen allerdings ist mancher Tipp einfach zu viel des Guten. Da ist man vielleicht superstolz, wie viel Zeit man sich im Alltag für den Kleinen nimmt, wie man ihn auch bei den Großeinkäufen halbwegs zufrieden in seinem Buggy hält, und dann kommen einem die Experten plötzlich mit »quality time« – es muss nicht nur Zeit sein, die man mit seinem Kind verbringt, nein, das Kind muss auch das Gefühl haben, dass in dieser »quality time« nichts wichtiger ist als das, was es gerade spielen, erzählen, erleben will. Sonst hätte man sich die ganze Mühe gleich sparen können. Womöglich hat man dem Kind wieder irreparable Schäden zugefügt, weil man im Supermarkt nur daran gedacht hat, ja nicht die Gurken zu vergessen, beim Legospielen in Wirklichkeit nur Eintopfrezepte im Kopf durchging oder daran, dass der Hund dringend vor die Tür müsste. »Wer eine knappe Erziehungszeit unter dem Diktat der Qualitätserzeugung nutzen muss, setzt sich nicht nur ständig unter Druck, sondern verlernt die spontane Zeitgestaltung, die für die Lösung unmittelbarer Probleme notwendig ist«, warnt Jürgen Oelkers.

Der Pädagoge, selbst Vater von vier Kindern, kennt zwar alle Theorien – aber eben auch die Praxis. Was Eltern immer im Hinterkopf haben sollten: »In der Erziehung versuchen wir, Probleme zu bearbeiten, ohne zu perfekten Lösungen zu kommen. Mit dieser Unsicherheit muss man leben und sich gleichzeitig gute pragmatische Lösungen zutrauen.« Die meisten Eltern seien ohnehin täglich um Problemlösungen bemüht. Eigentlich bräuchten sie keine Experten, denn »Erziehung ist kein Beruf, man muss nicht dafür studiert haben«. Man muss nur Erfahrungen sammeln und dabei nicht nur auf das starren, was nicht klappt, sondern vor allem auf das, was man mit den Kindern zusammen eigentlich ganz ordentlich auf die Reihe kriegt.

Ohnehin ist jedes Kind anders und stellt seine Eltern vor unterschiedlichste Aufgaben. »Im Blick darauf sollte man sich von niemandem Defizite einreden lassen, weil keine Elternschulung wirklich absieht, was auf Mütter und Väter tatsächlich zukommt«, sagt Oelkers. »Die Beziehung zu den Kindern ist eine lebenslange Bindung, nicht eine einmalige Problemlösung, die zu einem bestimmten Zeitpunkt fertig ist.« Also: Mit Selbstvertrauen in Herz und Bauch an die Sache rangehen –

nicht mit Expertenrat im Kopf. Ein bisschen mehr »Es wird schon irgendwie hinhauen« und »Und wenn nicht jetzt, dann vielleicht beim nächsten Mal«.

Auch Psychologen räumen ein: Ein Kind kann man nicht fehlerfrei erziehen. Dieter Sikorski, Facharzt für Neurologie und Psychiatrie, meint dazu: »Wir alle sind durch die Erziehungsleistung unserer eigenen Eltern oder Pflegepersonen so neurotisch, dass es uns nicht gelingen wird, selbst ein Kind zu einem Menschen ohne Neurosen zu erziehen.«

Natürlich gibt es Musterfamilien – aber nur in unserer Vorstellung. Eltern sollten immer daran denken, dass sie nicht allein sind und nicht als Einzige solche Schwierigkeiten haben. Niemand ist so perfekt, wie es den Anschein hat. Und immer sollte man davon ausgehen, dass die meisten Probleme zu lösen sind – selbst dann, wenn nicht alles optimal läuft. Natürlich ist es schwer, wenn jeder eigentlich seinen eigenen Stiefel leben soll, mit eigenen Werten. Jürgen Oelkers: »Auch die Debatten in der Öffentlichkeit sind nur Zieldebatten und orientieren sich nicht am tatsächlichen Kind.« Nehmen wir es einfach hin, dass heutige Kindheit viel komplexer und widersprüchlicher ist als in anderen Zeiten. Und sehen es nicht als unsere Schuld an, die wir auf unsere Schultern packen müssen.

Entspannt zu sein, tut bei Kindern gut. Man kann es sogar proben. Manchmal gelingt es auf Anhieb – am besten dann, wenn man den Kanal gerade gestrichen voll hat:

Wieder ein Tag, an dem ich mir vorkam wie ein Wachhund, immer die Ohren angelegt, immer auf Habacht. Einer der Tage auch, an dem ich am liebsten im Bett geblieben wäre. Weil ich wusste, was mich erwartete. Haushalt, kochen, mittags Hausaufgaben. Meine Freundin Ella hatte schon angerufen, ob ich auch die Seiten fünfundvierzig bis sechzig mit Rainer lernen würde, wie sie es mit ihrem Sohn tun werde. Kurz danach war die Klavierlehrerin am

Apparat, sagte, Rainer müsse mehr üben. Ich war nur Aufsichtsperson. Ich fragte mich gar nicht mehr, was ich wollte. Es war natürlich auch bequemer, nur zu reagieren; der Tagesablauf wurde damit durch den Terminkalender diktiert, durch die Arbeiten. Aber ich hatte an diesem Tag keine Lust. Mittags holte ich Rainer von der Schule, sagte: »Los, ich habe nicht gekocht, wir gehen zum Italiener essen.« Er guckte mich ganz groß an, hatte natürlich nicht so was erwartet. Ein Eis gab es auch. Und wir machten nebenbei ein bisschen Mathe. Ganz locker. Schon das Gefühl, dass ich war, wie er es nicht erwartete, dass ich ich selbst war und nicht wie vor Kollegen oder Mitarbeitern oder auch anderen Eltern eine Rolle spielte, machte alles viel einfacher. Ich cancelte den Klavierunterricht, sagte nur als Begründung: »Ich habe keine Lust, dich zu fahren.« Ich funktionierte einfach nicht. Ich war selbst verwundert über die Reaktion von meinem Sohn, der mir plötzlich Achtung entgegenbrachte. Und ich fragte mich, wie oft er mich eigentlich als Mensch erlebt hatte. (Susanne, vierunddreißig Jahre, Mutter von Rainer, elf Jahre)

Eintagsglück. Ein Experiment, aus dem Zufall geboren. Aber eines, das offenbar guttat. Raus aus der Backform. Einmal zu sich selbst stehen. Nicht nur das Programm abreißen. Susanne hat es stärker gemacht. Sie hat den Schonraum, den sie ihrem Sohn mit viel Aufwand konstruiert hatte, verlassen. Die künstliche Kinderwelt, die das Sich-selbst-Zurücknehmen, das immer nur nach den Vorgaben anderer zu leben, ja auch bedeutet. Sie hat gezeigt, dass sie ebenso Grenzen hat, ein Recht darauf, keine Lust zu haben und das, was man tun müsste, schlichtweg zu lassen. Sie hat sich gezeigt, wie sie ist. Und war in diesem Moment gewachsen. Hat alle Schuldgefühle niedergeboxt und mit erhobenen Fäusten gesiegt. Vor allem fühlte sie sich, wie sie ist. Ein Mensch mit Grundvertrauen. Vertrauen darin, die Entscheidung, die sie selbst und kein Experte, kein Ratgeber ihr gegeben hat, auszuhalten. Ein starkes Signal für ein Kind. Eines, das ein Kind auch stärker machen kann. Dadurch, dass die Eltern es senden. Mal was anderes gemacht. Und trotzdem richtig. Und vor allem: ganz nebenbei.

Und wenn es mal schiefgeht, wenn man mal weder pädagogisch ruhig noch sonst souverän reagiert, sondern zurückgeblafft hat, als der Teenager einem frech kam, auch gut. Man hat den Atlas nicht hinterhergetragen, und der Sohn hat prompt einen Eintrag gekriegt. Dann hat sich der Zehnjährige am Dosenöffner verletzt, als man ihn für zwei Stunden über Mittag allein gelassen hat, worüber die anderen Mütter sich wahrscheinlich ordentlich den Mund zerreißen werden ob dieser Aufsichtssünde. Trotzdem richtig. So hat der Junge wenigstens kapiert, dass sogar Mütter Menschen sind. Der Sohn lernt mit Sicherheit nachhaltiger, an seinen Kram zu denken, und die Sache mit dem Dosenöffner kann man ja üben – eine schöne Lektion fürs Leben. Alles, was ein bisschen danebengeht, hat nämlich auch seine guten Seiten. Die Veröffentlichung der Pannenstatistik führt auch in der Autoindustrie langfristig zu Verbesserungen – meistens wenigstens; das ist in Sachen Erziehung oft ganz ähnlich. Und wenn man sich zudem noch vor Augen führt, dass man Kindern kaum besser die Bedeutung von einem Krisenmanagement beibringen kann als in Krisen selbst – dann verhungert das Schuldbewusstsein ohnehin am langen Arm.

Wir reden ja nicht von Schlägen, wirklichen Unfällen oder nicht wiedergutzumachenden Schäden. Wir reden von kleineren Missgeschicken, von Versäumnissen oder Menschlichkeiten, die wir uns bisher immer übel genommen haben. Für die wir uns dennoch an den Pranger stellten. Ein bisschen lockerer werden, eine Nuance lässiger, das ist entscheidend. Sich klarmachen, dass nicht immer alles wie am Schnürchen laufen muss. Weder nach außen – noch nach innen. Und: Kinder verzeihen mehr, als man denkt. Lügen, Wohlfühlgerüste und Korsetts, die wir von anderen übernehmen, um sie unserem Nachwuchs umzulegen, sind schwerer auszuhalten und nachzusehen. Möglich, dass die Dinge auch mal aus dem Ruder laufen. Dann müssen wir uns eben auch mal selbst verzeihen – und erwarten können, dass es die Kinder auch tun. »Wenn sie groß sind, können sich deine Kinder einen eigenen Psychiater nehmen«, sagte mein Freund Andreas mal, als ich ihm bei einer anstehenden Entscheidung vorgejault hatte, ich sei bestimmt eine schlechte Mutter, so wie ich mich verhalten würde. Bei Andreas' Worten stutzte ich erst mal. Nach wie vor finde ich die Vorstellung, dass meine Kinder direkt aus dem Elternhaus in eine psychologische Praxis eilen müssen, nicht wirklich angenehm. Aber der Gedanke enthält einen denkwürdigen Kern: Kinder sind auch ein bisschen selbst verantwortlich für ihr Leben – und für das, was sie daraus machen. Das wiederum lernen sie nur, wenn sie erleben, dass alles, was sie tun, Konsequenzen hat. Dass harte Worte andere verletzen. Dass vergessene Turnbeutel oder Atlanten dazu führen, dass sie sich für den Ausgleich ordentlich anstrengen müssen. Dass es durchaus hilfreich ist, zu wissen, wie man sich ein Pflaster selbst auf die Wunde pappt – und wie man verschiedene Dinge selbst anpackt und lernt, damit umzugehen.

Und noch was zur Schuldfrage: Wir haben nicht Schuld daran, dass wir so verzagt und unsicher sind. Wir haben sie uns aufstülpen lassen, zugelassen, dass sie uns manchmal verrückt macht. Und wenn wir sie schon nicht gleich über Bord werfen können – wir können durchaus dazu stehen, auch vor unseren Kindern. Indem wir sagen, was wir fühlen: dass wir Angst haben, wenn der Vierzehnjährige allein zum Zelten will. Dass wir uns sorgen, wenn die Zwölfjährige zum ersten Mal auf eine Abendparty geht. Wir können zugeben, dass wir sind, wie wir sind. Daran wachsen auch die Kinder – sie merken, dass sie es mit einem Menschen zu tun haben mit wirklichen Gefühlen, die sie ebenfalls kennen – und nicht mit einem bemühten Ich-zeig-dir-was-Erzieher, der keine Fragen hat, sondern nur Antworten. Der vorgibt, den Weg zu kennen, und dabei nur auf Irrwegen wandelt. Kinder müssen die Eigenart von Menschen ertragen lernen – auch die ihrer Eltern.

Genauso wenig haben wir Schuld daran, dass wir Angst vor Fehlern haben. Wir sind allenfalls verantwortlich dafür, dass sie es sich in uns bequem machen konnte. »Wir nehmen unsere Kinder einfach ernster denn je«, sagt Michael Schulte-Marktwort. »Dadurch spüren wir auch nach, wie es ihnen geht. Und man spürt, dass man sie ab und zu frustrieren muss bei der Erziehung.« Jedes Nein ist ein Stich ins eigene Herz – jeder Stich schürt die Unsicherheit, ob es denn richtig war, dieses Nein, ob die Art, wie wir unser Kind erziehen, überhaupt in Ordnung ist.

Immer noch Schuldgefühle? Weg damit. Hochkant über Bord schmeißen. Dazu ein bisschen Revoluzzer spielen? Wild um sich schlagen, um irgendein Gängelband durchzuschlagen, einen Druckmacher zu erwischen? Nein. Sinnvoller ist es allemal, sich ein bisschen selbst zu revolutionieren. Und in aller Ruhe das Selbstbewusstsein zu füttern. Diese Wahl haben wir. Dafür muss ein zweiter Parasit raus aus unserem Kopf, ein Satz, der uns seit langem quält.

Weg mit: »Du kannst so viel kaputt machen!«

Eigentlich ist die Idee, sich beim Erziehen strikt nach einem Buch richten zu können, ja ganz verlockend. Man würde Antworten auf sämtliche Fragen bekommen, und wenn man alles brav verinnerlicht hätte, würde das Kind höchstwahrscheinlich geraten, wie man es gern hätte. Kochen nach Rezept sozusagen. Mit genormten Zutaten und gleichbleibender Temperatur.

Ist aber leider nicht so. Weil es Tausende von Ideen und Tausende von Erziehungsbüchern gibt. Und – nicht zu vergessen – Tausende von Kindern. Und dann sind da noch die vielen Erziehungsstile, etwa: Du darfst wenig, du darfst fast alles – und: Wir müssen darüber sprechen, was du darfst. Man kann auch sagen: autoritär, antiautoritär – und autoritativ, wie man das Mittelding, die häufigste Erziehungsform heutiger Tage, unter Experten nennt. Natürlich waren Pädagogen, Soziologen und Psychologen neugierig, welcher der drei Stile denn nun den größten Erfolg verbuchen konnte. Eine der ersten Studien dazu war die der amerikanischen Entwicklungspsychologin Diana Baumrind, die sie 1967 veröffentlichte. Baumrind fand heraus, dass autoritär erzogene Kinder zu Hause oft auch gefühlskalt, fordernd und kontrollierend behandelt wurden, mit der Zeit wuchsen sie zu relativ unsicheren, ungeselligen und aggressiven Kindern heran.

Antiautoritäre Eltern wiederum gingen oft ein wenig lieblos mit ihren Kindern um, diesen fehlte es später an Selbstbewusstsein und Selbstbeherrschung. Am besten gerieten nach Baumrinds Ergebnissen offenbar Kinder, die von ihren Eltern warm und gleichzeitig tendenziell streng erzogen wurden: Sie zeigten sich selbstbewusst, kontaktfreudig, selbstständig und zufrieden.

Einen vierten Stil fügte Jahre später, 1983, die amerikanische Sozialisationsforscherin Eleanor Maccoby hinzu: den gleichgültigen Stil. Weder warm noch kalt, weder streng noch erlaubend – stattdessen ein einziges »Völlig egal«. Die Kinder, die unter einem solchen Erziehungsstil heranwuchsen, wurden nach Maccobys Beobachtungen Menschen, die mit dem Leben überhaupt nicht zurechtkamen, die mit ihrem Verhalten aneckten, nicht mit ihren Emotionen umgehen konnten. Damit schien klar, dass gute Erziehung in etwa das bedeutete, was heute ohnehin von den meisten Eltern versucht wird – ein warmer, demokratischer, aber bestimmter Umgang. Das Problem: Der goldene Mittelweg ist schwer zu finden. Weder ein Nein noch ein Ja als Standardantwort, abwägen zu müssen in jeder Situation, ist ein Unterfangen, das von vielen Unsicherheiten begleitet wird. Soll man dem Kind das dritte Eis an einem sehr heißen Sommertag erlauben? Muss man hinnehmen, dass es seinen Rucksack mittags immer in die Flurecke feuert? Unsichere Eltern fürchten auch leicht, mit irgendeinem Fehler ihr Kind den Abgründen des Lebens zu weihen. Klar, es gibt Erziehungsfehler. Aber die wenigsten sind dazu angetan, einem Kind wirklich zwangsläufig die Zukunft zu vermasseln. Kinder sind zäh.

Eltern, zumindest, wenn sie lieben und selbst halbwegs sicher durchs Leben gehen, können also so verkehrt nicht liegen. »Mütter und Väter sollten viel gelassener sein. Ob ein Kind später womöglich doch im Leben scheitert, hängt nicht allein von der Erziehung ab«, sagt der Schweizer Entwicklungspsychologe Jürg Frick. »Erziehung ist sicher eine wesentliche Basis, aber im Endeffekt ist auch entscheidend: An wen gerät das Kind, wenn es erwachsen ist, wie geht es ihm in der Partnerschaft, im Beruf, unter anderen Menschen. Das Leben ist eine offene Veranstaltung. Da kann ein Kind, selbst wenn es optimal vorbereitet ist, alles Mögliche erfahren.«

»Meine Kinder kriegen das hin!«

Wieso schauen wir stets nur auf das, was unseren Kindern vielleicht fehlt – und nicht darauf, was sie schon haben? Was unbedingt und vor allem auch für ihre Fähigkeiten gilt. Unser Vertrauen in sie macht sie sogar noch stärker. Und wer nicht ständig zu spüren bekommt, dass er allein hilflos ist, kriegt tatsächlich immer mehr allein geregelt. Kinder, die sich selbst vertrauen, haben weniger Angst, selbst in wirklich beängstigenden Situationen, sind dadurch sicherer, bewältigen ihre Probleme besser – und gehen damit motivierter das nächste Problem, die nächste Situation an. Mit welchem Drachen zum Beispiel haben Kinder im Herbst mehr Spaß: Mit dem von Papa mit allen Schikanen in seiner Werkstatt aufgerüsteten Superflieger – oder mit einer Einfachversion, die sie selbst mit Papas Hilfe gebastelt haben?

Natürlich kann der Drachen übel abstürzen. Natürlich kann man hinfallen, wenn man seine eigenen Beine benutzt. Und natürlich kann eine Klassenarbeit in die Hose gehen. Auch Kinder scheitern schon mal mit dem, was sie allein bewerkstelligen wollen, müssen, dürfen. Was sie dann brauchen? Vertrauen – dass es das nächste Mal besser laufen wird. Und bestimmt kein Mitleid, das sie entmutigt. Wir alle gehen doch hin und wieder baden. Selbst an unseren Pechtagen wollen wir nicht hören: »Ach je, du Arme!« Dann fühlt man sich doch erst richtig mies, vom Schicksal betrogen und als Pechvogel entlarvt. Was man eigentlich hören möchte, sind Sätze wie: »Halb so schlimm!« und »Das passiert jedem mal«. Mitleid schwächt einfach. Wie oft haben wir schon erlebt, dass ein Kind auf die Nase fällt, sich ängstlich nach der Mutter umdreht und erst dann, jawohl, erst beim Anblick ihrer sorgenvollen

Miene, in Tränen ausbricht? Mutters (oder Vaters) Blick spricht nämlich Bände – unter anderem: »Dich kann man wirklich nicht allein laufen lassen. Was dir alles passiert, wenn ich mal nicht aufpasse!«

Asbjorn Flemmsen, Schulleiter aus dem norwegischen Skudeneshavn, ließ Spielplätze mit waghalsigen Gerüsten und Geräten anlegen, auf denen sich seine Schüler unbeaufsichtigt austoben konnten – Erwachsene hatten dort nichts zu suchen. Innerhalb von drei Jahren brachen sich zwei Kinder den Arm und eines das Bein – das war vor allem am Anfang, als der Spielplatz noch neu war. Offenbar konnten die Kinder auch ohne helfende und stützende Hände bestens ihre Kräfte und Bewegungen einschätzen. Die meisten Eltern und Lehrer waren verblüfft, dass sich sowohl Fitness als auch die sozialen Fähigkeiten der Kinder seit Bestehen dieser Abenteuerspielplätze bestens entwickelten. So stellte sich heraus, dass sie ihre Konflikte besser als zuvor allein zu lösen vermochten, ohne dass streitschlichtende Erwachsene sich einmischten.

Kein Mensch will sein Kind überfordern – aber zumuten darf man ihm ruhig einiges. Auch, dass es sich ohne Hilfe von Mutter und Vater bewährt und zu Hause nicht alles hinterhergetragen bekommt. Das Elternhaus ist ein Schonraum – im wahren Leben geht es aber nun mal anders zu. »Auf dem Schulhof«, so die amerikanische Psychologin Judith Rich Harris, »sagt doch niemand: ›Liebling, es macht mich traurig, dass du das getan hast.‹ Da heißt es schlicht: ›Du Mistvieh!‹« Nicht nur den Umgang mit den eigenen Gefühlen muss man üben – auch das Aushalten und Reagieren auf die Emotionen anderer. Ohne Eltern, versteht sich.

Üben können Kinder noch ganz andere Dinge – wenn wir sie lassen. Knöpfe annähen, eine Einkaufsliste schreiben, die Spülmaschine ausräumen, allein zur Schule gehen. Zumutungen? Aber ja. Kinder lernen daran enorm – und Eltern entlastet es, wenn sie diese Erleichterung nur endlich ohne schlechtes Gewissen zulassen würden. Anfangs haben Mütter und Väter vermutlich jedoch noch ein ganz anderes Problem mit dem Machenlassen: »Meine Sechsjährige bettelt immer, ich solle sie doch mal ein Taschentuch bügeln lassen«, erzählt meine Bekannte Marianne. »Würde ich ja. Aber bis ich es ihr gezeigt habe, habe ich es schneller selbst gemacht.« Mit anderen Worten: Jetzt heißt es runter mit den Ansprüchen – an Schnelligkeit, Genauigkeit, Sauberkeit. Eine Zumutung für die Eltern – vielleicht. Auf jeden Fall aber eine gesunde Anforderung für die Kinder. Schwieriger ist freilich, die Furcht in den Griff zu kriegen: Meine Freundin Ellen lässt ihre Tochter auch ungern ans Bügeleisen – und beim Kochen darf die Vierjährige allenfalls den Teig mit dem Handrührer bearbeiten, aber bestimmt nicht in die Nähe des Herds. »Ich sehe da schon die kleinen Hände mit Brandblasen vor mir, da habe ich einfach Angst«, verteidigt sich Ellen. Da hilft nur eines: Selbstüberwindung. Genau beobachten, was die kleinen Hände schon zustande bringen, was man ihnen zutrauen könnte: das Bügeleisen halten, einmal über den Stoff fahren, auch mal die heiße Suppe im Topf umrühren lassen. Sigrid Tschöpe-Scheffler: »Wer ständig Angst vor den Gefahren hat, die überall lauern könnten, kann sich überlegen, wo die Kinder im Alltag Schritt für Schritt kleine Formen von Autonomie erproben könnten: Das kann eine wichtige Entwicklungsaufgabe für Eltern und Kinder sein. Nur wer merkt, dass er gebraucht wird, fühlt sich dem Leben gewachsen.«

»Jetzt übertreibe ich aber!« und »Es wird schon!«

»Die Angst um unsere Kinder hat oft mehr mit uns als mit der Wirklichkeit zu tun«, sagte der polnische Pädagoge Janusz Korczak. Manchmal war man selbst ein unsicheres Kind, vielleicht hat man schlechte Erfahrungen gemacht, unter Umständen hat man sich die eigene Angst von den Ängsten seiner Eltern abgeguckt. Grund genug, um sich mal auf den Zahn zu fühlen: Wie sieht man eigentlich das Leben? Warum gehen wir immer vom Allerschlimmsten aus? Warum besteht unser Alltag in unserer Wahrnehmung aus lauter Fast-wäre-es-passiert-Momenten? »Vielleicht ist dieser Grundpessimismus Merkmal der heutigen Elterngeneration, die mit einem viel höheren Glücksanspruch und zugleich mit einer viel unsichereren Zukunftsperspektive leben muss als frühere Generationen«, sagt Sigrid Tschöpe-Scheffler. »Sie managen, planen, kontrollieren – und erleben trotzdem, dass es keinen Anspruch auf Glück und Gelingen gibt. Ein anderer Grund dafür ist wahrscheinlich der, dass wir heutzutage zu wenig gute Erzählungen von einem gelungenen Leben in uns tragen, wie sie zum Beispiel die Bibel oder Märchen vermitteln: In jeder dieser Geschichten gibt es Krisensituationen, die bewältigt werden müssen, am Ende gehen sie aber gut aus. Vielen Eltern fehlt das Grundvertrauen ins Leben, das in diesen Darstellungen zum Ausdruck kommt.«

Wir starren auf das, was passieren könnte: Wir trauen dem Leben nicht zu, dass es die Dinge selbst regelt, dass es uns und unseren Kindern wohlgesinnt ist, auch wenn wir nicht ständig alle Fäden in der Hand halten. Darum hört man den Satz »Das wird schon irgendwie gut gehen!« kaum noch – erst recht nicht, wenn es um Kinder geht.

»Mein Kind ist ein Einzelstück!«

Es gibt Hunderte von Erziehungsratgebern – und in keinem geht es um Ihr Kind. Janusz Korczak riet Eltern, ihre Kinder genau wahrzunehmen, um ihnen gerecht zu werden. Manchmal muss man nicht nur genau hingucken, sondern erst mal die

Verkleidung aus eigenen Hoffnungen und Erwartungen abschälen, die man ihnen verpasst hat. Und manchmal mag es nicht leicht sein, auch ihre Schwächen zu lieben. Das Kind zu lieben, wie es ist, das ist wichtig, ohne daran zu denken, was und wie es irgendwann einmal laut unseren eigenen Wunschvorstellungen sein sollte. Ein Kind sollte man in der Gegenwart leben lassen, statt es vorzubereiten »auf ein Morgen, das es weder versteht noch zu verstehen braucht«, forderte Janusz Korczak, weil man es dabei »um viele Lebensjahre« betrügen würde. Wer sein Kind beobachtet, immer wieder, erhält mit der Zeit ein Gefühl dafür, was man ihm zutrauen kann und was nicht. Und wie viele Zumutungen es locker stemmen kann. Aus Anforderungen werden schließlich Erfahrungen, wird schließlich Charakter.

»Weniger ist manchmal mehr.«

Faul zu sein tut gut – auch in der Erziehung. Das kann man sein, indem man Kindern nicht alles hinterherträgt, ihnen Aufgaben, die man sonst schnell selbst erledigt hätte, übergibt – und indem man nicht ständig als Erzieher unterwegs ist und mit dem Korrekturstift durchs Leben der eigenen Kinder rennt. Indem man einfach nur Mensch ist und nicht nur moralischer Zeigefinger. Indem man sich Ärger erlaubt und Lachen und Freude, einfach so – und nicht nur ein Zufriedenheitsgrinsen zeigt, wenn die Schulnote besser ausgefallen ist, als man befürchtet hat. Indem man es locker sieht, wenn es zwischen den Geschwistern mal wieder hoch hergeht.

Es gibt unendlich viele Chancen, ein bisschen fauler zu werden – und dabei entspannter. Die Tochter quengelt, weil sie Langeweile hat? Die kann sie ruhig aushalten, ohne dass Mutter mit einem Spiel herbeieilt. Es gibt Momente, da möchte man einfach lieber in Ruhe seinen Kaffee trinken, die letzten Krimiseiten zu Ende lesen, am Telefon mit der Freundin quatschen, statt Streitschlichterin zu spielen, aus dem Internet ein paar Matheaufgaben zum Üben rauszusuchen oder auch das Kind zum Tennis zu kutschieren, weil es normalerweise mit der Freundin gefahren wäre, mit der sie sich aber blöderweise heute Vormittag zerstritten hat. Wir kümmern uns heute zu viel um die Kinder, stellen sie zu sehr in den Lebensmittelpunkt, statt sie als Teil der Familie zu betrachten, in der jeder seinen Platz und seine Bedürfnisse hat. Seine eigenen Wünsche wahrzunehmen, hilft letztlich aber auch Kindern, ihren eigenen Platz zu finden – und nicht irgendwo postiert zu werden. Loslassen hat zwei Komponenten, einmal die egoistische (durchaus legitime) – und die erzieherische.

»Wir sind die Eltern!«

Janusz Korczak las nie in einem Ratgeber nach, wenn es um die Kinder seines Waisenhauses ging. Er vertraute einen Säugling lieber einer »rechtschaffenen Kinderfrau« an als einer Kinderpsychologin. Einer Frau also, die Kinder weniger mit angelesenem Wissen als mit einem Gefühl erziehen würde, dem wir heute offenbar keine große Aufmerksamkeit mehr schenken: Intuition.

Keiner kennt unsere Kinder so gut wie wir, die Eltern. Wir lesen in ihren Augen Wut und Trauer, kennen ihre Marotten und Macken, wissen um ihre größten Talente, gewaltigsten Ängste. Wir haben unsere Tochter getröstet, als die beste Freundin plötzlich nichts mehr mit ihr zu tun haben wollte – und wissen seitdem um ihre verborgene Furcht, wieder ausgeschlossen zu werden. Wir haben die Trauer unseres Sohnes erlebt, als sein Meerschweinchen eines Tages tot im Käfig lag – und wie tapfer er allen anderen gegenüber versuchte, diesen Schmerz nicht zu zeigen. Wir wissen, was unsere Kinder stolz macht – und was sie verzweifeln lässt. Wir fühlen, dass die Spielzeugpistole, die wir unserem Kleinen nicht kaufen, weil andere Eltern es auch nicht tun, unser Kind nicht zum potenziellen Gewalttäter machen wird. Wir ahnen, dass wir unseren Sprösslingen viel mehr zutrauen könnten, aber wir trauen unserem eigenen Zutrauen nicht. Wir trauen den Anleitungen, nicht unserem Gefühl.

Deshalb versenken wir unsere Köpfe eher in Büchern, statt einfach aus dem Bauch heraus Mütter und Väter zu sein. Aus dem Gefühl für unser Kind – aus Liebe, dabei dem gesunden Menschenverstand folgend. Mit Intuition eben.

Eltern, die selbstbewusst ihr eigenes Erziehungskonzept durchziehen und nicht ständig ihr Verhalten gegenüber ihrem Kind in Frage stellen, machen es stark. Auch Jürgen Oelkers plädiert für die Intuition als beste Erziehungshilfe: »Eltern sollten mehr Vertrauen zu den Lösungen haben, die ihnen einfallen. Und zwar Tag für Tag.«

9

»Eltern sollten sich gegenseitig ermutigen«

Interview mit Sigrid Tschöpe-Scheffler,
Professorin für Erziehungswissenschaft und Direktorin des Instituts für Kindheit, Jugend und Familie an der Fakultät für Angewandte Sozialwissenschaften Köln

Silke Pfersdorf: *Frau Professor Tschöpe-Scheffler, Sie beschäftigen sich seit Jahren mit Erziehungsfragen. In Ihrem Buch* Die fünf Säulen der Erziehung *beschreiben Sie, welches elterliche Verhalten die Entwicklung des Kindes fördert und welches sie hemmt. Woher weiß ich denn, ob das, was ich meinem Kind erlaube, eine Art vernünftige Zumutung ist – oder womöglich nur purer Leichtsinn?*

Sigrid Tschöpe-Scheffler: Die meisten Eltern kennen ihr Kind ziemlich gut und wissen, wenn es eher leichtsinnig oder unkonzentriert ist, kann ich es natürlich nicht einfach loslassen. Es wäre sogar fahrlässig, ein Kind, das grundsätzlich nicht guckt, bevor es über die Straße geht, allein um die Blocks ziehen zu lassen. Was Eltern aber tun können: Die Situation, um die es geht, genau wahrzunehmen und sich zu fragen: Welche Gefahren könnte es hier real geben? Wie geht mein Kind mit ähnlichen Situationen um?

Silke Pfersdorf: *Wie gefährlich ist es denn wirklich, wenn Eltern zum Beispiel im Kaufhaus Besorgungen machen wollen und ihre fünfjährige Tochter lieber allein in der Spielzeugabteilung auf sie warten möchte?*

Sigrid Tschöpe-Scheffler: In dem Fall könnten sich Eltern fragen: Ist meine Angst, das Kind könnte sich verlaufen, realistisch? Wie überschaubar ist die Abteilung, wie verlässlich habe ich mein Kind in anderen Situationen erlebt? Was passiert, wenn mein Kind nicht am vereinbarten Treffpunkt ist, wenn es nach uns sucht? Kennt mein Kind seinen Namen und seine Adresse? Trägt es vielleicht einen Zettel mit unserer Telefonnummer bei sich etc. Und: Kann es Nein sagen, wenn jemand es anspricht? Eltern können sich auch hier selbstkritisch fragen: Wovor habe ich wirklich Angst? Hat diese Angst mit der konkreten Situation zu tun? Oder ist meine Angst eher biografisch bedingt, und verhindere ich dadurch die wichtige Autonomieentwicklung des Kindes? Und schließlich ist es nötig, mit Kindern über die realen Gefahren auch zu sprechen.

Silke Pfersdorf: *Über all diesen Überlegungen ist der Einkaufsbummel eh vorbei …*

Sigrid Tschöpe-Scheffler: Sich aus der Situation heraus überrumpeln zu lassen, ist ohnehin nicht günstig. Da kann ich dem Kind auch offen sagen: »Im Moment kann ich dich noch nicht allein lassen, aber lass mich darüber nachdenken.« Eltern sollen ihre Kinder ernst nehmen – aber auch ihre eigenen Empfindungen, und sich mit ihrer individuellen Persönlichkeit, dazu gehören auch Gefühle und Unsicherheiten, dem Kind zeigen. Das gehört zur Elternpräsenz, wenn ich mich als Person dem Kind zumute.

Silke Pfersdorf: *Für Kinder mit überängstlichen Eltern gilt dann aber: nie ohne meine Eltern!*

Sigrid Tschöpe-Scheffler: Da gibt es doch aber noch Großeltern und Freunde, an die sich überängstliche Eltern wenden können. Eltern sollten Kindern Erfahrungen von Autonomie, ja, sogar von Grenzüberschreitungen nicht vorenthalten, auch wenn sie selbst schwer mit der Situation umgehen können, Kinder eigene Erfahrungen machen zu lassen. Janusz Korczak, der polnische Arzt und Pädagoge und Begründer der Rechte der Kinder, ermutigt Eltern, die dem Kind aus lauter Angst heraus Entwicklungschancen nehmen, sich ihrer Angst zu stellen und sie sogar zugunsten nötiger Entwicklungsschritte des Kindes hin und wieder auszuhalten. Erziehung und Selbstreflexion und Selbsterziehung gehören zusammen. Kinder haben übrigens fast immer auch gut funktionierende Selbstentfaltungskräfte, mit denen sie sich gegen Überbehütung wehren. Oft kommt es dann mit dem Kind zu einem Konflikt, der für die Eltern eine neue Herausforderung, auch für eigene Entwicklungsschritte, bedeuten kann.

Silke Pfersdorf: *Aber wenn alle anderen Eltern um mich herum weniger erlauben …*

Sigrid Tschöpe-Scheffler: … und andere das, was man erlaubt, für Verwahrlosung halten? Das ist ein wichtiger Punkt, weil wir in einer Zeit leben, in der Überbehütung und Kontrolle bei einigen Eltern einen höheren Wert haben als die Autonomie des Kindes. Es wäre von Eltern zu viel verlangt, wenn ich sagen würde: Kümmert euch einfach nicht darum, was andere sagen. Aber Eltern können versuchen, Freundinnen, andere Eltern, ein Netzwerk zu finden, in dem sie über diese Erfahrungen miteinander nachdenken und sich wechselseitig ermutigen, ihrer Intuition und Beobachtung zu trauen und ihren eigenen Weg in der Erziehung zu gehen. Wenn mutige, vitalstarke Kinder zum Beispiel kein Problem haben, abends mal allein ohne Babysitter zu Hause zu bleiben, und wissen, an wen sie sich in Notsituationen wenden können, kann das für die eine Familie durchaus in Ordnung sein. Für eine andere Familie mit einem ängstlichen Kind und einer ängstlichen Mutter gilt das dann nicht und wäre für alle eine Überforderung.

Insofern gibt es keine Patentrezepte und kann es auch nicht geben, weil jede Familie anders ist, jedes Kind ebenso seine individuellen Eigenarten hat wie jeder Vater und jede Mutter. Kritisch wird es übrigens dann, wenn sich Eltern über eine große Angst der Kinder, allein zu bleiben, hinwegsetzen. Situationen müssen immer so angepasst werden, dass sich alle Beteiligten damit einigermaßen wohlfühlen.

Silke Pfersdorf: *Eltern sollen sich nicht mehr so verrückt machen. Auch nicht mit der Angst, alles verkehrt zu machen. Also gibt es gar keine Erziehungsfehler?*

Sigrid Tschöpe-Scheffler: Doch, es gibt natürlich auch Fehler in der Erziehung, aber wichtig ist die Grundhaltung zum Kind. Wenn ich nicht wirklich Ja zu meinem Kind sage, und es kein Grundvertrauen entwickeln kann, weil es nicht das Gefühl vermittelt bekommt, dass es daheim einen Platz hat, dass es von den Eltern gehalten wird, egal, was passiert, dann wird es in seinem Selbstwert verunsichert. Wenn das Kind dagegen spürt: Hier gehöre ich hin, und meine Eltern halten zu mir – dann relativieren sich auch die vielen kleinen Fehler, die Eltern im Erziehungsalltag einfach machen. Deshalb müssen sich Eltern auch nicht so viele Sorgen machen, wenn sie mal falsch reagiert haben oder in einem Konflikt mit dem Kind glauben, nicht richtig entschieden oder auch mal ungerecht gehandelt zu haben. Aus dem Grundgefühl der Sicherheit, eines Urvertrauens heraus, schöpfen Kinder immer wieder Kraft.

Außerdem können Eltern auch viel stärker mit der Weisheit der Kinder rechnen; ich hatte einmal ein fünfjähriges Mädchen mit seiner Mutter zur Beratung. In einem Anflug von Wut hatte diese Mutter ihr Kind geschlagen, nahm sich das furchtbar zu Herzen und litt darunter. Die Tochter tröstete die Mutter, weil sie merkte, dass sie litt, mit folgenden Worten: »Ach, ist doch nicht so schlimm, Mama, das hätte mir auch passieren können.« Kinder können mit Fehlern der Eltern oft viel besser umgehen, als die Eltern denken. Aber dafür müssen die Eltern den Kindern gegenüber auch ihre Fehler zugeben und sich ruhig auch mal entschuldigen. Damit zeigen Eltern Kindern ja auch gleichzeitig, wie man mit solchen Konflikten umgeht, und nehmen das Kind ernst. Eltern müssen nicht immer als Erzieher über allen Dingen stehen, sie müssen sich nicht hinter ihrer Elternrolle verstecken, sondern dürfen einfach Mensch sein. Sie haben doch gute und schlechte Tage – wie ihr Kind auch. Und nur, wenn ich mir selbst zugestehe, Fehler machen zu können, kann ich auch bei meinem Kind schon einmal darüber hinwegsehen und erwarte nicht ständig, dass es perfekt funktioniert. Das Wegschauen, wenn es einmal angebracht ist, hat bereits der Pädagoge Johann Friedrich Herbart als »pädagogischen Takt« bezeichnet.

Silke Pfersdorf: *Eltern wollen ihre Kinder ja nicht nur von den konkreten Gefahren schützen, sondern oft auch vor allen Sorgen und Krisen …*

Sigrid Tschöpe-Scheffler: Schon klar, aber zum Leben gehören nun einmal Polaritäten: Freude, leichte Zeiten, gelungenes Leben ebenso wie Mühsal, Anstrengung, Schmerzen. Kindern die Kehrseite des Glücks zu ersparen, bedeutet kurzfristig natürlich Erleichterung – langfristig lernen sie aber nicht, eigene Ressourcen zu aktivieren und Leiden auch auszuhalten und damit umzugehen.

Silke Pfersdorf: *Wenn man Kinder schon nicht vor allem Unbill bewahren soll – wie schafft man es, dass sie sich später gern an ihre Kindheit erinnern?*

Sigrid Tschöpe-Scheffler: Bestimmt nicht allein durch Fun, Spaß oder Action – und auch nicht, indem man ihnen alle Zumutungen erspart. Erziehung heißt nicht nur, planen, kontrollieren und den Alltag strukturieren zu müssen; Erziehung heißt auch: Gewährenlassen, Seinlassen, Zeit haben für individuelle Entwicklungen. In der Balance zwischen beidem fühlen Kinder sich wohl und aufgehoben – und an diese Grundhaltung, die ich als »Wurzeln und Flügel der Entwicklung« bezeichne, werden sie sich auch gern zurückerinnern, wenn sie groß sind. Das geht uns Erwachsenen doch ganz ähnlich: Phasen puren Leistungsdrucks können wir schwer ertragen – wenn wir nie was zu tun haben, ist das aber auch nicht angenehm. Wir brauchen angemessene Herausforderungen, an denen wir zeigen dürfen, was wir können. Die Balance zwischen Zumutung und Freiraum ist wichtig. Die macht auch das Familienleben erst lebendig und ist ein ständig neues Sich-Einschwingen auf die unterschiedlichen Lebenssituationen und Entwicklungsphasen der großen und kleinen Menschen, die in dem »System Familie« zusammenleben. Eltern dürfen den ständigen Blick auf das Ziel, das ständige Controlling, mit dem sie im Job und vielen Alltagsdingen konfrontiert sind, nicht auf die Erziehung ihrer Kinder übertragen, weil sie denken, dann das Beste für ihre Zukunft zu tun. Viele Eltern neigen dazu, den schönen Moment der Gegenwart einer Zukunft zu opfern, die sie doch selbst noch gar nicht abschätzen können.

Silke Pfersdorf: *Klingt eigentlich sehr entspannend für Eltern …*

Sigrid Tschöpe-Scheffler: … nur leider haben wir fast alle damit unsere Schwierigkeiten. Statt Kinder einfach sein zu lassen, wie sie sind, basteln viele Eltern immer an Schablonen, in die ihre Kinder sich hineinpressen müssen. Wir denken zu oft: »Das geht doch nicht!« und »Man muss doch … Es wird erwartet, dass …« Menschen so sein zu lassen, wie sie sind, ist nicht immer einfach. Kinder auch als Fremde mit einer ihnen eigenen Logik zu sehen und neugierig auf diese Art des Fremdseins zu werden, kann ein spannender gemeinsamer Prozess sein. Wenn Eltern und Kinder in einer Krise stecken, die übrigens zu jeder Entwicklung dazugehört, merken Eltern oft, dass sie mit Kontrolle und eigenen Entwürfen nicht mehr weiterkommen. Die Irritation kann oft hilfreich sein, weil Eltern als Macher plötzlich merken: Das Leben selbst hat noch einmal einen eigenen Rhythmus, und vieles entwickelt sich anders, als ich es geplant habe. Wenn ich beginne, dem Leben, der Selbstentfaltungskraft des Kindes, aber auch meiner Intuition mehr zu vertrauen, kann das gemeinsame Leben in eine »schwingende Existenz« geraten, die dynamisch und nicht statisch ist und einem lebendigen, kreativen Chaos, aus dem heraus sich Neues entwickeln kann, mehr Raum gibt.

Silke Pfersdorf: *Gibt es Zumutungen, die wir Kindern ersparen sollten?*

Sigrid Tschöpe-Scheffler: Zumutungen des Lebens kommen aus dem Leben selbst. Wir können Kindern helfen, damit besser fertig zu werden, indem wir bei ihnen sind, mit ihnen sprechen, sie unterstützen, aber ersparen können wir doch das Leben mit seinen Risiken keinem Menschen, im Gegenteil, es ist die Herausforderung, daran zu wachsen.
Ein Beispiel übrigens, bei dem Eltern sich oft viele Gedanken

machen und glauben, die Situation durchplanen zu müssen, kann der Tod der Großeltern oder anderer Verwandter sein. Da überlegen Eltern oft, ob sie das Kind überhaupt zur Beerdigung mitnehmen sollen, was sie dem Kind zumuten können, wie sie die Seelenlage des Kindes unter Kontrolle halten können; früher war es in den Großfamilien selbstverständlich, dass Kinder Geburt und Tod mitbekamen. Kinder reifen an Erfahrungen, die man ihnen nicht vorenthält, und haben oft selbst gute eigene Lösungen für solche Fragen.

Silke Pfersdorf: *Zumutungen bedeuten ja auch, einem Kind Pflichten zu übertragen. Meine Tochter sagt schon mal: »Andere Kinder müssen nicht so viel im Haushalt helfen.«*

Sigrid Tschöpe-Scheffler: Kinder üben manchmal ganz gern Druck aus, zum Beispiel damit, dass andere Eltern angeblich mehr Zeit haben, weniger streng sind, weniger Pflichten einfordern. Eltern dürfen sich dadurch nicht einschüchtern lassen. Wenn sie andere Eltern fragen, werden sie meistens feststellen, dass es da genauso läuft und dass sie dort vielleicht sogar als die Vorbilder gelten. Aber die Pflichten selbst würde ich nicht in Frage stellen, sofern die mit der ganzen Familie abgesprochen sind. Jedem muss klar sein, für was er im Haushalt verantwortlich ist, welche Regeln in der Familie gelten, und was passiert, wenn sich einer nicht daran hält. In Sachen Strafen für Regelverstöße sind Kinder ja sehr kreativ: Sie schlagen dann zum Beispiel vor, dass das Meerschweinchen weggegeben wird, wenn die Schwester dreimal vergessen hat, den Käfig zu säubern. Auf solche Ideen kämen Eltern oft gar nicht. Wenn eine solche Konsequenz dann eigentlich fällig ist, haben Eltern so viel Mitleid mit ihrem Kind, dass sie die Konsequenz nicht einfordern und damit unglaubwürdig werden. Dabei wäre das ein wichtiges Zeichen für das Kind. Konsequenzen einzuhalten, bedeutet schließlich, dass die Eltern präsent sind, dass Regeln ihnen wichtig sind. Das hat etwas überaus Verlässliches.

10

Ist Kindheit wirklich gefährlicher geworden?

Experten äußern sich zu: sexuellem Missbrauch, Verkehrsunfällen, Mobbing unter Kindern, giftiger Umwelt und Leistungsdruck

Früher war alles anders, und was damals ging, geht jetzt nicht mehr, und eigentlich versteht uns doch niemand außer uns selbst. Die Litanei gestresster Eltern von heute müsste eigentlich allen schon auf die Nerven gehen. Tut es auch, aber die Angstgeneration gibt das nicht gern zu. Wer auf seinem Weg umkehrt, zeigt ja damit, dass er sich verfahren hat. Dass er Fehler gemacht hat. Und die fürchten diese Eltern natürlich besonders. Zugegeben, man kann sich mit solchen Sätzen auch trefflich allerlei unerwünschte Einmischung fernhalten – von Großeltern etwa, die zaghaft an die Jugend der jetzigen Eltern gemahnen, und daran, dass man mit Kindern damals viel weniger zu tun hatte, sie nicht rumchauffierte, sondern sie laufen ließ und abends erwartete, dass sie pünktlich zum Abendbrot wieder zu Hause am Tisch saßen. Zu solchen Gelegenheiten kommen sie gut, die Killersätze, dass heute eben jenes nicht mehr möglich sei, weil der Verkehr zugenommen habe, und die Welt neuerdings voller Pädophiler und anderer Gefahren sei. Weil nichts mehr sei, wie es damals war. Nach solchen Bemerkungen ist Ruhe. Die Großeltern nicken vielleicht bedächtig mit dem Kopf, halten sich aber ansonsten mit weiterer Kritik zurück. Dabei gäbe es nur eine Antwort darauf: Die Dinge sind nicht, wie sie scheinen.

Tatsächlich lebten Kinder niemals sicherer als heute. Noch vor hundert Jahren starben zweihundert von tausend Neugeborenen im ersten Lebensjahr, 1970 waren es dreiundzwanzig, heute sind es fünf. Babybreie und -milch wurden nicht ständig von Ernährungswissenschaftlern überwacht. Kein Mensch kam auf die Idee, Spielzeugpackungen mit Warnhinweisen zu versehen, dass man möglicherweise kleinere Teile verschlucken könnte. In Sachen Sicherheit haben wir heutzutage wirklich weniger zu meckern denn je. Und auch sonst müssen Eltern sich in vielen Bereichen weit weniger Gedanken um ihre Kinder machen, als sie denken. Bangemachen gilt nicht.

Elternangst 1
Das Böse lauert überall: Kinder sind vor sexuellem Missbrauch nicht mehr sicher

Sexualmord in der Staatsoper – die Leiche lag im Duschraum.

Schon wieder ein Kind ermordet – wann tut die Polizei endlich was?

So litt Sarah. Und niemand griff ein.

Tote Siebzehnjährige im Toilettenwagen.

Die Wahrheit

Die furchtbaren Schicksale hinter diesen Schlagzeilen sind glücklicherweise viel seltener, als uns Zeitungen und Fernsehen glauben machen wollen, weil sie diese wochenlang ausschlachten. Aber solche reißerischen Nachrichten rütteln auf, verbreiten Panik – und verkaufen sich damit glänzend. Es nützt nichts, sich darüber aufzuregen, man muss nur lernen, damit umzugehen. Und sich nicht von der Angst, die sie verbreiten, anstecken lassen. Früher war es nämlich auch nicht ungefährlicher, im Wald, durch menschenleere Hinterhäuser, auf einsamen Pfaden oder durch verlassene Gassen umherzustreunen. Die Welt war keinesfalls friedvoller – auch nicht im Fernsehen, übrigens. Zwei beliebige, aber bekannte Beispiele: Fritz Langs Film *M. Eine Stadt sucht einen Mörder* aus dem Jahr 1931 über einen Serienmörder, der im Lustrausch insgesamt acht Berliner Schulmädchen umbrachte; 1958 schließlich *Es geschah am helllichten Tag* mit Heinz Rühmann und – in der Mörderrolle – Gerd Fröbe. Ein Film übrigens, für den Friedrich Dürrenmatt das Drehbruch schrieb, als Auftragsarbeit für die UFA, die mit diesem Film auf das Thema Kindervergewaltigung aufmerksam machen wollte.

Alles schon da gewesen, leider. Aber was viel entscheidender ist: Die Kindesmisshandlungen sind erheblich seltener geworden, obwohl die meisten Menschen das Gegenteil glauben: »Vor zehn Jahren gab es etwa zweiunddreißig Fälle pro Jahr«, sagt der Kriminologie Christian Pfeiffer, Direktor des Kriminologischen Forschungsinstituts Niedersachsen. »Bei Umfragen schätzen die meisten, dass Sexualmorde um das Vierfache zugenommen haben. Dabei sind sie deutlich zurückgegangen.« Statistisch gesehen ist die Gefahr für ein Kind, einem Sexualdelikt mit Todesfolge (so heißt es in der Beamtensprache) zum Opfer zu fallen, so gering wie nie zuvor, im Durchschnitt waren es in den letzten fünf Jahren zwei Kinder pro Jahr (was trotzdem zu viel ist). Noch nie wurden weniger Kinder sexuell missbraucht als in diesem Jahrzehnt, drei Prozent wurden davon vergewaltigt. Was den Missbrauch als Tat nicht geringer machen soll – wohl aber die Angst, mit der Eltern durchs Leben laufen.

Die Menschen sind nicht besser geworden, die allgemeinen Sicherheitsvorkehrungen oder Gesetze auch nicht schärfer, aber die Kinder- und Jugendpsychiatrie reagierte in den letzten Jahrzehnten schneller, als es darum ging, schwer gestörte

Kinder recht früh zu therapieren. Rudolf Egg, Leiter der kriminologischen Zentralstelle in Wiesbaden, vermutet, dass dadurch weniger Sexualtäter heranwachsen.

Und das Restrisiko? Was kann man tun, um seine Kinder vor Missbrauch zu schützen?

Michaela Langen, Leiterin von N. I. N. A., der Nationalen Infoline zu sexueller Gewalt an Mädchen und Jungen in Kiel (www.nina-info.de): »Während man die Kinder früher vor allem davor warnte, mit Fremden mitzugehen, weiß man inzwischen, dass mehr als 90 Prozent der sexuellen Übergriffe im Familien-, Bekannten- oder Freundeskreis geschehen. Wir wissen auch, dass selbstbewusste Kinder und Jugendliche selten Opfer solcher Gewalttaten werden.

Für die Prävention ergibt sich, dass die Erwachsenen das Selbstbewusstsein der Mädchen und Jungen stärken sollten, anstatt ihnen eine diffuse Angst vor fremden Menschen einzuflößen. Die Eltern sollten auch schon kleine Kinder an Entscheidungen der Familie beteiligen und sie darin bestärken, Grenzen zu ziehen und Nein zu sagen, wenn sie beispielsweise Berührungen oder Küsse unangenehm finden. Es ist gut, wenn Eltern ihr Kind dazu ermuntern, über seine Gefühle zu sprechen, und wenn sie regelmäßig zu einer festen Gesprächszeit miteinander darüber reden, was am Tag geschehen ist. Auch ist es sinnvoll, die Geheimnisse in gute und schlechte Geheimnisse zu unterteilen, und dem Kind zu erklären, dass es die schlechten Geheimnisse ruhig verraten darf.

Zur Prävention gehört natürlich auch eine altersgerechte Aufklärung über Sexualität, die schon damit beginnt, dass in der Familie eine Sprache für die verschiedenen Körperteile vorhanden ist. Außerdem ist es ratsam, dass die Eltern mit ihrem Kind über die meist spektakulären Fälle sexuellen Missbrauchs reden, die als Thema in den Medien auftauchen. Sie sollten ihrem Kind altersgerecht erklären, welche Gefahren es gibt, dass es sich dagegen aber wehren, Hilfe holen und vor allem mit ihnen darüber reden darf.«

Elternangst 2
Der Tod wartet vor der Tür: Man kann sein Kind bei dem Verkehr nicht mehr auf die Straße lassen

Die Wahrheit

Nie verunglückten weniger Kinder auf Deutschlands Straßen tödlich – zumindest nicht, seit 1953 eine bundeseinheitliche Statistik eingeführt wurde. Im Jahr 2004 waren fast die Hälfte der verunglückten Kinder Mitfahrer im Auto – und damit keineswegs mit dem Rad oder zu Fuß unterwegs, was Eltern heutzutage ja oft unterbinden. Interessant auch: Die Mahner sind oft genug auch die Raser. Ein Versuch mit einer versteckten Kamera in einer Tempo-30-Zone in der Nähe einer Schule zeigte, dass 40 Prozent der Autofahrer mit fünfzig und sechzig Stundenkilometern heranpreschten – häufig saßen Mütter oder Väter am Steuer, die ihre Kinder gerade zur Schule brachten.

Und das Restrisiko? Ab wann kann ich mein Kind allein zur Schule gehen lassen?

Simone Machalett, Verkehrssicherheitsberaterin bei der Berliner Polizei: »Ab wann ein Kind den Schulweg allein bewältigen kann, müssen die Eltern entscheiden, denn keiner kennt ihr Kind und dessen Weg zur Schule so gut wie sie. Wichtig ist, dass sie ihm frühzeitig die Straßenverkehrsregeln erklären und mit ihm gemeinsam mindestens ein Vierteljahr lang den Schulweg in kleinen Schritten üben und dabei unbedingt die verfügbaren Ampeln und Zebrastreifen nutzen.

Die Kinder müssen ihren Schulweg im Schlaf können! Denn sie sind viel stärker gefährdet als die Erwachsenen, weil es ihnen aufgrund der fehlenden Erfahrung viel schwerer fällt, beispielsweise die Richtung von Geräuschen zu erkennen oder die Geschwindigkeit von Fahrzeugen abzuschätzen. Darum sollten die Kinder mit dem Fahrrad (selbstverständlich mit Helm!) erst allein fahren, wenn sie zehn Jahre alt sind. Erfahrungsgemäß sind sie bis dahin den schwierigen Anforderungen des Straßenverkehrs noch nicht gewachsen. Weil Unachtsamkeit und Ablenkung die Hauptursache für Unfälle mit Kindern sind, ist es außerdem wichtig, ihnen einzuschärfen, dass sie den Weg konsequent gehen müssen und nebenbei nicht spielen dürfen. Und schließlich müssen sich die Eltern jederzeit ihrer Vorbildfunktion bewusst sein. Wenn die Kinder ihre Eltern als Autofahrer erleben, die rasen, jede Lücke nutzen und Ampeln auf den letzten Drücker passieren, werden sie genauso Fahrrad fahren.«

Elternangst 3
Die Gewalt unter Kindern hat zugenommen: Mein Kind ist in der Schule nicht mehr sicher

Deutschlands Schüler schlagen, treten, stechen zu. Jeder dritte Schüler, ergab eine Umfrage, betritt aus Angst vor Mobbing und der Brutalität seiner Mitschüler nur ungern den Pausenhof. Im April 2006 schlugen die Lehrer der Berliner Ruetli-Schule Alarm, weil sie der Gewalt in den Klassen nicht mehr Herr wurden.

Kindergewalt gab es immer. Schüler hänselten, kickten, lästerten, rangelten wahrscheinlich zu allen Zeiten, auch wir kamen seinerzeit schon mal mit Veilchen, zerrissenen Hosen, beim Kampf aufgeschrammten Knien nach Hause. Die Klage, dass die Jugend immer brutaler wird, führten schon unsere Großväter im Mund. Und deren Ahnen vermutlich auch. Unzählige Filmklassiker sind voller Prügelszenen zwischen Schülern, selbst in Erich Kästners ansonsten harmlosem Kinderbuch *Das fliegende Klassenzimmer* gehen Real- und Oberschüler mit blankem Hass aufeinander los.

Tatsächlich ist die Gewalt unter Schülern in Deutschland rein statistisch gesehen eher zurückgegangen. Eine Untersuchung durch den Bundesverband der Unfallkassen (BUK) an deutschen Gymnasien, Grund-, Haupt-, Sonder- und Realschulen und damit von 8,3 Millionen Schülern stellte den 15,5 Angriffen pro 1000 Schüler im Jahr 1993 die Zahl von 11,3 Angriffen mit Verletzungen im Jahr 2003 gegenüber. Die Gewaltrate unter Hauptschülern, hieß es in der Studie, sei innerhalb von zehn Jahren sogar von 48,6 auf 32,8 Angriffe pro 1000 Schüler gesunken. Grundschulen sind, wenig erstaunlich, mit 4,9 und Gymnasien mit 5,7 Übergriffen pro 1000 Schüler offenbar ohnehin nicht wirklich als gefährlich zu bezeichnen.

Insgesamt hat ebenso die Zahl schwerer Verletzungen von Schülern an Schülern abgenommen – Deutschlands Kinder scheinen also auch nicht gefährlicher geworden zu sein, wie manche Schlagzeilen glauben machen wollen. Dennoch: Länder wie Berlin und Brandenburg stehen tatsächlich außerhalb des Trends – bei ihnen nimmt die Gewalt offenbar zu; in Berlin scheint die Zahl der Angriffe auf einzelne Schüler allein 2004 um ein Drittel hochgeschnellt zu sein.

Kinder, das ist allerdings neu, gehen bisweilen nicht nur mit ihren Fäusten in die Scharmützel – viele von ihnen haben

Klappmesser, Stilette, Schleudern in den Hosentaschen, selbst Pistolen hat man bei Jugendlichen schon gefunden. Das sind nicht Beweise für eine gewachsene Kriminalität, sondern für den gewachsenen Wohlstand, der den Erwerb solcher Geräte ermöglicht, konstatieren einige Experten. »Es ist zwar richtig, dass sich viele Jugendliche heutzutage bewaffnen. Aber nicht, um gewalttätig zu werden, sondern um vor Freunden cool dazustehen. Waffen sind für die meisten nur ein Mittel, um anzugeben«, schrieben Achtklässler der Thomas-Mann-Oberschule in Berlin im März 2006 in einem Leserbrief an den *Spiegel*.

Und das Restrisiko? Wie mache ich mein Kind stark, wenn es gemobbt wird?

Horst Kasper, Mühlheim, Lehrer und Autor von *Prügel, Mobbing, Pöbeleien*: »Mobbing ist kein gewöhnlicher Streit, eher ein Dauerkonflikt. Dabei gehen die Angriffe zunächst von einem einzelnen Kind aus. Die Gegenwehr des angegriffenen Kindes wird brutal unterdrückt. Meist mit verschiedenen Gemeinheiten, seltener mit Prügeln. Es ist völlig normal, dass man als Eltern davor Angst hat, dass seinem Kind so etwas passiert, aber ein Problem ist dabei die Übertragung auf Kinder. Das Kind spürt die Angst seiner Eltern und wird immer unsicherer. Das Antriebsmuster beim Mobbing ist aber nun mal: Wir quälen einen Schwächeren. Wichtig ist also, die Kinder stark zu machen. Kinder können lernen, auf konstruktive Weise mit heiklen Situationen wie Beleidigungen und Provokationen umzugehen. Es gilt den Prozess umzudrehen: mit Mut aus der Krise. Wir lernen am meisten und am besten, wenn wir mit all unseren Kräften herausgefordert sind. Da strengen wir unseren Verstand und unsere Fantasie an und mobilisieren unsere besten Kräfte. Voraussetzung ist dabei immer, dass wir nicht von Angst überwältigt werden. Die überwältigende Angst lähmt uns und lässt uns ›vor Schreck erstarren‹. Es kommt deshalb vor allem darauf an, jene Kräfte und Fähigkeiten zu trainieren, die uns in kritischen Situationen helfen, zu bestehen. Sie stärken allmählich das Selbstvertrauen, und darauf kommt es an. Selbstbewusstes Auftreten kann man trainieren: Kopf hoch, Kritik aushalten, cool bleiben, möglichst schlagfertig parieren zum Beispiel. Eltern sind dabei wie Trainer im Sport, mit Ermunterung und Lob für jeden kleinen Fortschritt sind sie die Unterstützung, die gute Kräfte wachsen lässt.

Ansonsten: Mobbing vergeht nicht von allein. Der Satz: ›Das müssen die Kleinen unter sich regeln‹, ist in diesem Fall falsch. Am Anfang müssen Eltern klären, ob ihr Kind das Ziel von Angriffen ist oder selbst angegriffen hat, ob es ein Einzelfall war, oder – wenn es häufiger vorkam – wie oft es passiert. Ob es allein das Ziel der Angriffe ist und, natürlich, ob es immer die gleichen Angreifer sind. Niemals die Eltern der Angreifer ansprechen, erst mal die Freunde des Kindes, um festzustellen, wie die Situation genau aussieht, von wem die Sache ausgeht. Man muss seinem Kind gegenüber aber klarmachen, dass man sein Problem ernst nimmt und ihm nachgeht. Natürlich kann man nicht selbst in die Mitte der Klasse treten – aber man kann seinem Kind zu Hause den Rücken stärken, ohne Billigung von Gegengewalt des Kindes natürlich. So kann man zu Hause ein Stück Sicherheit vermitteln.

Wichtig ist schließlich noch der Kontakt mit den Lehrern – die sollte man unbedingt von den Vorfällen in Kenntnis setzen und um Unterstützung bitten. Suchen Sie besser nicht nach der Konfrontation, suchen Sie gemeinsam nach der besten Lösung. Wenn alles nichts hilft und die Situation unerträglich scheint, können Eltern allerdings auch überlegen, das Kind die Klasse oder gar die Schule wechseln zu lassen.«

Elternangst 4
Dafür ist mein Kind noch viel zu klein!

Die Wahrheit

Sie ahnen ja nicht, was Ihre Kinder alles können. Das tun übrigens die wenigsten Eltern. Aber wie sollten die Kleinen den Großen das beweisen, wenn man sie nicht lässt? Kinder können nicht allein Bus fahren, sie können nicht nachrechnen, ob die Verkäuferin auch richtig rausgibt, sie können keine Einkaufstüte tragen oder sich ordentlich selbstständig den Mantel zuknöpfen. Angst verbietet viel – aber häufig ist es, mal ehrlich, nur Faulheit. Wie oft habe ich meine Tochter von der Pfanne weggezogen, weil mir ihr Umrühren in der Eile nicht schnell genug ging. Und habe ich ihr, wenn ich eine Naht reparierte, nebenbei mal gezeigt, wie man einen Knopf annäht? Meinem fünfjährigen Sohn, wie er eine Krawatte binden kann wie Papa? Keine Zeit, eben. Weil ich davon ausging, dass alles, was man Kinder machen lässt, Ewigkeiten dauert. Weil sie ja noch so klein sind. Und dann liest man ihnen abends aus anderen Kinderwelten vor, von den Kindern aus Bullerbü, die Holz schlagen und schleppen, Regale reparieren und Waffeln backen. Allein. Erwachsene kommen in diesen Büchern nur als Zierrat vor, als stille Wegbegleiter einer Kindheit. Und wer dennoch an den Möglichkeiten von Kindern zweifelt, kann sich ja mal andere Kindheiten vor Augen führen – in Ländern beispielsweise, in denen Kinder selbstverständlich den halben Haushalt schmeißen, verantwortungsbewusst auf ihre kleinen Geschwister aufpassen, Essen zubereiten und weite Wege durch unwegsames Land zurücklegen müssen, um Wasser zu holen. Keine erstrebenswerten Zustände, beileibe nicht, aber Zustände, die einem beweisen, wozu Kinder imstande sind.

Viele Eltern plagt schon die Angst, ihr Kind sei mit knapp sechs für den Schulanfang zu klein und zu verspielt. Vielleicht, weil sie ihm noch niemals etwas anderes zugetraut haben, als den Buntstift ordentlich zu halten, die Puppe zu füttern und das Bobby-Car sicher um die Kurve zu bringen. Psychologisch durchaus verständlich – man hat die Kleinen ja lange genug als hilflose Bündel erlebt. Was sollten ein paar läppische Jahre daran schon geändert haben? Aber jedes dieser läppischen Jahre ist für ein Kind ein mittlerer Quantensprung. Und, so weh es vielleicht auch tut, ein Sprung weg aus Mamas Dunstkreis.

Was die meisten Kinder in einem bestimmten Alter schon allein hinkriegen, hat der Hamburger Psychologe Michael Thiel zusammengefasst:

Kinder von 1 bis 4:

- beginnen mit Gleichaltrigen zu spielen, ab achtzehn Monaten auch ruhig allein;
- können durchaus einfache Aufgaben verstehen und befolgen (»leg das Messer weg«);
- können sich zunehmend allein beschäftigen;
- können Treppen steigen und ab zwei auch ohne Hilfe Dreirad fahren;
- können ab vier allein mit dem Fahrrad auf dem Fußweg fahren;
- können ab vier Freunde und Verwandte in der Nähe allein besuchen;
- können beim Spaziergang bis zur nächsten Ecke vorauslaufen und dort warten.

Kinder von 5 bis 8:

- sind recht zuverlässig, können deshalb schon ein Haustier versorgen;

- können kleinere Einkäufe machen;
- können ans Telefon gehen und Nachrichten weitergeben;
- können ab sechs Jahren einen Streit mit Gleichaltrigen allein austragen;
- übernachten auch mal bei Freunden;
- können kurz auf jüngere Geschwister aufpassen;
- schaffen es, kleinere Gerichte nach Anleitung selbst zu kochen;
- packen Schulrucksack und Turnsachen ab acht Jahren selbst;
- bleiben auch mal eine Stunde allein zu Hause;
- können die Geschirrspülmaschine ausräumen oder den Müll wegbringen;
- man kann ihnen den Haustürschlüssel geben.

Kinder von 9 bis 12:
- wollen langsam ihre Unabhängigkeit und Selbstständigkeit von den Eltern respektiert sehen, rebellieren aber auch öfter mal gegen Aufgaben;
- können abends allein zu Hause gelassen werden;
- können sämtliche Aufgaben im Haushalt mit übernehmen, selbst kleinere Gerichte kochen;
- können zum Sportverein gehen und Ausflüge mitmachen;
- übernehmen ein bisschen Verantwortung für jüngere Geschwister;
- können allein Klamotten einkaufen.

Kinder von 13 bis 16:
- können bis 22 Uhr in die Disko oder auf Partys gehen (nach Absprache auch länger);
- übernachten häufiger mal bei Freunden.

Jugendliche ab 16:

- können mit Ferienjobs und Zeitungsaustragen eigenes Geld dazuverdienen;
- unternehmen schon mal allein Radtouren oder reisen per InterRail mit Freunden;
- kaufen, was sie möchten;
- können als Austauschschüler ins Ausland;
- erleben erste Liebe und sexuelle Erfahrungen – hoffentlich mit Kondom.

Sicher sind dies grobe Verallgemeinerungen. Jedes Kind ist anders, und wenn der achtjährige Hannes partout nicht bei seinem Freund übernachten will, weil er es zu Hause am schönsten findet, oder wenn die elfjährige Lena zu verträumt durchs Leben läuft, als dass man sie mit dem Rad auch nur in die Nähe einer Hauptstraße lassen möchte – auch gut. Aber manchmal taugen Verallgemeinerungen als grobe Richtschnur, an der man seine eigenen Vorstellungen von dem, was Kinder zu leisten imstande sind, durchaus messen kann. Die Eltern sind es, die ihre Kinder am besten kennen, die um ihre Schwächen und Stärken wissen. Es ist nur wichtig, die Bilder, die man davon im Kopf hat, bisweilen mit der Realität zu vergleichen. Anders gesagt: Gucken wir doch mal, ob wir Holger nicht einfach mal ein T-Shirt bügeln lassen, wenn er so darum bettelt. Und warum lassen wir Lisa nicht selbst ihre Lieblingswurst besorgen, wenn sie Appetit darauf hat? Hausarbeit macht übrigens selbstsicher – aber nur, wenn Kinder das Gefühl haben, wirklich etwas Neues dabei zu leisten. Botengänge und Hol-mal-das-Bier-aus-dem-Keller-Sprüche sind damit nicht gemeint, auch Abwaschen ist ab einem gewissen Alter zwar eine Hilfe, aber keine Herausforderung mehr, an der man wachsen kann. Insgesamt gilt: Kleine Schritte auf neuem Terrain lassen Kinder größer werden, und wer sein Kind selbstständig machen will, darf ruhig eine Spur mehr von ihm fordern, als es gerade kann. Klar, dass Kinder besonders zufrieden mit sich sind, wenn sie etwas schaffen, bei dem sie nicht so ganz sicher waren, ob sie es geregelt kriegen würden.

Die Folgen solcher kleinen, aber wichtigen Horizonterweiterungen sind manchmal geradezu dramatisch: Es gibt Kinder, die komplett aufblühen, wenn man ihnen ein bisschen mehr Verantwortung überlässt, die sich bemühen, alles richtig zu machen, um ihren Eltern zu zeigen: »Hey, ich kann das schon.« Und die man an ihren Aufgaben regelrecht wachsen sieht. Auch eine Quelle für jede Menge Stolz auf die Kinder. Schulnoten sind nämlich nicht alles.

Übrigens: Viele Erziehungswissenschaftler sind sich einig, dass die meisten Kinder heutzutage nicht über-, sondern gründlich unterfordert sind.

Und das Restrisiko? Ich traue mich nicht, meinem Kind schon so was zuzumuten!

Michael Thiel, Diplom-Psychologe, Hamburg: »Kinder entwickeln sich genau an der Grenze zwischen dem, was sie gerade noch können, und dem, was schon ein bisschen zu viel verlangt ist. Das sind Herausforderungen, an denen sie wachsen. Wie beim Schnürsenkelbinden: Da denkt ein Kind, das kann ich nicht, probiert aber weiter, bis es den Dreh raus hat – so lernt man. Wenn Eltern dann immer dazwischenfunken und ihrem Kind alles abnehmen, weil es zum Beispiel einfach schneller geht, wenn Mutter den Schuh rasch bindet, wirkt das wie eine Entwicklungsbremse.

Eltern sollten Kinder immer genau beobachten, dann sehen sie bald, was ihrem Kind an Fähigkeiten noch fehlt – und was sie aus ihm herauskitzeln können, um es weiterzubringen. Dafür brauchen Kinder Aufgaben und eben auch Zumutungen. Das kann bedeuten, dass man das Kind mal allein zur Oma fahren oder für das Abendbrot der Familie einkaufen lässt. Und dann gibt es die Dinge, die man von seinem Kind durchaus verlangen könnte, zu denen es aber keine Lust hat – da sollten Eltern nicht nur ermutigen, sondern ganz klar fordern. Zum Beispiel, dass es mit fünf Jahren ans Telefon geht und Nachrichten weitergibt. Dem Alter entsprechende Aufgaben halt; nichts Unsinniges oder Dinge, mit denen man Kinder in einem bestimmten Alter überfordern würde – ein Zwölfjähriger etwa kann noch nicht ständig sein Zimmer aufgeräumt halten, und mit vier Jahren muss kein Kind auf einer Geburtstagsparty stundenlang stillsitzen.

Eltern dürfen nie vergessen, dass Kinder Herausforderungen brauchen, weil sie sonst intellektuell und emotional verkümmern. Man tut Kindern also nichts Gutes, wenn man sie von allem Lästigen, von allem angeblich zu Schwierigem fernhält. Unterstützen kann man sein Kind dabei, indem man ihm das Gefühl gibt, zu Hause einen sicheren Hafen zu haben, in dem es ganz unabhängig von seinen Leistungen und Aufgaben, die es geschafft hat, jederzeit Trost und Hilfe findet.«

Und wenn sich mein Kind beim Klettern verletzt? Woher weiß ich, was ich ihm zumuten kann?

Andrea von Gosen, Kita-Beraterin und Projektleiterin des »SpielRaums für Bewegung« in Berlin: »So wie jedes gesunde Kind in der Lage ist, ohne fremde Hilfe robben, krabbeln und laufen zu lernen, so kann es irgendwann auch ganz allein das Klettergerüst erobern. Die Sorge vieler Eltern, dass ihre Kinder verunglücken könnten, ist verständlich. Doch Gefahr entsteht eigentlich nur dann, wenn sie in das persönliche Bewegungsprogramm ihres Kindes eingreifen. Wird ein Kind beispielsweise hingesetzt, obwohl es noch gar nicht sitzen kann, oder wird ihm helfend die Hand gereicht, wenn es nicht gleich allein den Weg vom Klettergerüst herunterfindet, behindert das seine selbstständige Entwicklung. Das Kind wird verunsichert, verlässt sich auf andere, nicht auf sich selbst, und Unfälle können die Folge sein. Auch Ermahnungen wie ›Pass auf!‹ oder: ›Sei vorsichtig!‹ bringen es aus dem Gleichgewicht. Wenn Eltern gelassen, aber aufmerksam dem Geschehen zuschauen, werden sie erleben: Das Kind schafft, was es sich vorgenommen hat, und ist oft viel vorsichtiger als erwartet. Vertrauen Sie also Ihrem Kind, signalisieren Sie die Bereitschaft, ihm im Notfall, aber nicht generell zu helfen. Wenn Ihr Kind sich das Treppensteigen, Rollerfahren und Klettern aus eigener Kraft erarbeitet, gewinnt es Sicherheit, ein gutes Körpergefühl und Selbstvertrauen, das sich auf seine gesamte Persönlichkeit positiv auswirkt.«

Ich muss mein Kind doch vor Messer, Schere und Feuer schützen, oder nicht?

Katrin Eisold, Erzieherin in einer Kindertagesstätte des Diakonischen Werks, Dresden: »Wenn ein Kind zeigt, dass es eine Kerze ganz allein anzünden, einen Apfel selbst schneiden oder ein Spiegelei mal ohne die Hilfe der Mama braten will, gibt es keinen Grund, ihm das zu verbieten. Kinder haben Respekt vor gefährlichen Dingen und ein gutes Gespür dafür, was sie beherrschen könnten und was noch nicht. Wir sollten ihre Vorhaben unterstützen. Nur so können die Kinder die Welt erobern, ohne dass ihnen die Angst im Nacken sitzt. Natürlich ist es wichtig, dass wir die Experimente beaufsichtigen und die Regeln erklären: Dass man mit dem Messer nicht herumlaufen darf und die Kerzen auspusten muss, bevor man den Raum verlässt. Vor kleineren Verletzungen werden wir sie trotzdem nicht bewahren können. Auch wir schneiden uns ab und zu in den Finger oder verbrennen uns mal am Kochtopf. Die schlimmsten Unfälle passieren erfahrungsgemäß dann, wenn die Kinder heimlich etwas tun, was die Eltern ihnen verboten haben. Auch aus diesem Grund halte ich es für bedenklich, dass wir den Kindern aus Angst, Ungeduld oder Bequemlichkeit den Gebrauch von Werkzeugen verwehren.«

Meine Tochter ist sieben und möchte immer mehr allein machen: einkaufen, auf den Spielplatz gehen, eine Freundin besuchen. Mir fällt es schwer, sie loszulassen. Was kann ich tun?

Dr. Jan-Uwe Rogge, Erziehungsberater und Buchautor, Bargteheide: »Dass ein Schulkind sich der Welt öffnet und wie ein Märchenheld hinausziehen will, ist ein wichtiger Entwicklungsschritt und ganz normal. Ebenso normal ist es, dass die Eltern sich Sorgen machen. Aber sie können sich verschiedener Techniken bedienen, die das Loslassen erleichtern:

1. Sorgen Sie dafür, dass sich die Kinder zu Hause behütet (aber nicht überbehütet!) fühlen, und geben Sie ihnen Selbstvertrauen. Unsichere Kinder haben es viel schwerer, die Welt zu erkunden.
2. Gehen Sie mit Ihren Ängsten offensiv um, das stärkt Ihr Kind. Sagen Sie zum Abschied: ›Ich habe zwar Angst um dich. Aber ich traue dir das zu. Du schaffst das schon.‹ Zur eigenen Entlastung spielen Sie einmal für sich selbst durch, wovor Sie konkret Angst haben. Der allgemeine Gedanke ›Es kann so viel passieren‹ belastet nur.
3. Geben Sie Ihrem Kind als symbolische Stärkung etwas von zu Hause mit, zum Beispiel einen Talisman oder einen Teddybären. Das gibt dem Kind Sicherheit.
4. Setzen Sie Grenzen. Legen Sie eine Uhrzeit fest, wann das Kind zurück sein soll, und achten Sie darauf, dass es sich an die Vereinbarung hält.

5. Ein altes indisches Sprichwort lautet: ›Wer die Kinder loslässt, hat die Hände frei für Neues.‹ Machen Sie sich bewusst, dass das Festhalten sinnlos ist. Auch Sie können und müssen sich weiterentwickeln.«

Ab welchem Alter dürfen Kinder auch mal ohne Babysitter allein zu Hause bleiben?

Gabriele Wichert, Bundesgeschäftsführerin des Deutschen Kinderschutzbunds, Hannover: »Anders als in den USA gibt es bei uns keine Vorschrift, die festlegt, ab welchem Alter man ein Kind allein zu Hause lassen darf. Ich halte solche starren Regelungen auch nicht für sinnvoll. Die Eltern tragen die Verantwortung für ihr Kind und sollten mit ihm gemeinsam die Entscheidung treffen. Wenn es einverstanden und selbstbewusst genug ist und die Eltern das Gefühl haben, es nicht zu überfordern, spricht meiner Meinung nach nichts dagegen, dass das Kind für einen vorher festgelegten Zeitraum allein zu Hause bleibt. Wichtig ist, dass es sich in einer ihm vertrauten Umgebung befindet und zur Sicherheit einen Kontakt zur Außenwelt hat: dass Vater und Mutter oder eine andere Person telefonisch erreichbar sind, und dass die Nachbarn Bescheid wissen. Unter diesen Umständen halte ich es auch für vertretbar, jüngere Kinder (natürlich keine Babys!) der Obhut älterer Geschwister anzuvertrauen. Wenn die Eltern unsicher sind, ihr Sohn oder ihre Tochter aber sagt: ›Ihr könnt ruhig gehen, ich möchte gern allein zu Hause bleiben‹, dann sollten Sie diesen Wunsch respektieren. Allein klarzukommen, ist für jedes Kind ein wichtiger Schritt in Richtung Selbstständigkeit. Kleiner Seitenblick: In Norwegen und Finnland sind Kinder schon ab sieben Jahren gern allein ohne ihre Eltern zu Hause, so eine Studie am Institute of Education der University of London. Dort kommen Schüler manchmal schon um elf vom Unterricht heim und spielen allein mit ihren Freunden, während ihre Eltern schon mal erst am späten Nachmittag nach Hause kommen.«

Elternangst 5
Die Umwelt wird immer giftiger. Und unsere Kinder immer kränker

Die Zeitschrift *Ökotest* ortete im Februar 2006 in der Hälfte von zwanzig getesteten Wickelunterlagen gefährliche Chemikalien, die schon in geringsten Mengen das Hormonsystem und die Immunabwehr schädigen. Pestizide wurde in Babynahrung gefunden, Rundwürmer in Fischen, Hühnern hatte man in den Legestationen Nikotin verabreicht, und dann war da noch die Sache mit dem Gift im Olivenöl. Man kann nichts mehr essen, nichts mehr füttern, und die Welt ist voller schädlicher Substanzen – das Gefühl kann man schnell bekommen, ein Blick in die Zeitung genügt meist.

Die Wahrheit

Die Umweltwerte in Sachen Luft und Wasser haben sich in den letzten zwanzig, dreißig Jahren verbessert, bestätigt sogar der BUND für Umwelt- und Naturschutz. Ob gentechnisch manipuliertes Essen uns irgendwann mal den Garaus macht, ist umstritten, und selbst die Frage, ob Biogemüse und -fleisch wirklich gesünder ist als herkömmliche Normalkarotten und gewöhnliche Steaks, ist offenbar noch nicht hundertprozentig geklärt. Jahrzehntelang wurden wir mit dem Appell belagert, mehr Fisch im Speiseplan müsse her, und dann tauchte im Mai 2006 plötzlich die Meldung auf, dass die Omega-3-Fettsäuren in diesen Wirbeltieren offenbar doch nicht so günstig für das

Herz- und Kreislaufsystem seien. Was aber ganz sicher ist: Noch nie hatten wir in Europa die Möglichkeit, so abwechslungsreich und nahrhaft zu essen, noch nie kamen mit dem Essen weniger lebensbedrohliche Keime auf den Tisch. Der britische Arzt Michael Fitzpatrick ist davon überzeugt, dass wir in einer »Tyrannei der Gesundheit« leben; immer häufiger beobachtet er in seiner Praxis »ängstlich Gesunde«, die schon die bloße Angst vor der Umwelt und irgendwelchen möglichen Gefahren, die im Essen lauern könnten, zu einem Arzt treibt, oder die fürchten, dass sie krank sein könnten, weil sie gegen irgendwelche dubiosen Ernährungsregeln verstoßen haben.

Aber ja doch – es gibt gefährliches Essen für Kinder: zu viel, zu fett und zu süß. Aber dieses Problem ist weitgehend hausgemacht.

Und das Restrisiko? Wie bringe ich mein Kind denn gesund durchs Leben?

Dr. Mathilde Kersting, Forschungsinstitut für Kinderernährung, Institut an der Rheinischen Friedrich-Wilhelms-Universität Bonn: »Nicht die Umweltgifte sind bei der Frage nach der Ernährung von Kindern entscheidend, sondern die Zusammensetzung der Mahlzeiten. Am besten hält man sich an die ›optimierte Mischkost‹, da gibt es drei einfache Regeln: reichlich Getränke und pflanzliche Lebensmittel, mäßige Mengen tierischer Lebensmittel in möglichst fettarmen Varianten, wenige süße und fette Lebensmittel. Worauf man immer achten sollte, sind versteckte Fette in Fleisch, Wurst und in Milchprodukten – die Vollfettmilch halten Eltern oft für die beste Lösung, dabei ist teilentrahmte Milch sicherlich die gesündere für die meisten Kinder. Speziell für Kinder gemachte Lebensmittel wie Nutella, Milchschnitten oder Fruchtzwerge sind fast immer zu süß und zu fett – damit sollte man sparsam sein.

Auch Frühstückscerealien bestehen zum großen Teil aus Zucker. Wenn Kinder bei Geburtstagen mal richtig viele Süßigkeiten essen, ist das nicht weiter schlimm – das findet ja dann nicht dauernd statt. Ansonsten sollten sich Eltern ruhig miteinander absprechen, dass sie Kindern und deren Freunden, die zu Besuch sind, lieber mal Obst statt immer nur Kekse anbieten. Die meisten Eltern sind ganz froh, wenn sie sich mit anderen darauf einigen können.

Wer sich aber trotzdem wegen der Umweltbelastung in den Lebensmitteln sorgt, sollte möglichst Nahrungsmittel aus der heimischen Produktion und Gemüse der Saison auf den Tisch bringen.«

Elternangst 6
Mein Kind muss doch was leisten, wenn es was werden will. Und: Wenn ich als Mutter versage, versagt mein Kind

Eltern schleppen fast immer ein Handicap mit durchs Leben – sie wollen das Beste für ihr Kind und haben dabei ziemlich feste Vorstellungen vom Besten. Da wird gedrängelt, bestochen, mit Engelszungen gesäuselt, um die Aktivitäten des Nachwuchses in vorbestimmte Bahnen zu lenken: Golf (damit kann man sich auch in der besseren Gesellschaft behaupten), Ballett (macht graziös), Tennis (Bobbele hatte auch mal klein angefangen) oder Blockflöte (macht was her unterm Weihnachtsbaum). Natürlich darf's auch ein bisschen mehr sein: Für die Klavierstunden wird die Kleine später einmal dankbar sein, und die wöchentliche Gymnastik ist so wichtig für die Beweglichkeit. Und wer das als Mutter oder Vater nicht auf die Reihe kriegt, wer schlichtweg den Überblick verliert oder sich den Hol- und Bringdienst am Kind einfach nicht antun will, kann keine gute Mutter, kein guter Vater sein. Oder?

»Diese Angst ist eher unbegründet«, sagt Gottfried Spangler, Entwicklungspsychologe an der Universität Gießen. »Schon die normale Stimulation in einer gesunden Umwelt reicht aus, um nichts verkümmern zu lassen.« Wenn Kinder dagegen mit Kursen und Lerneinheiten überfordert werden, schalten ganze Blöcke von Nervenzellen im Gehirn schon mal auf Durchzug, weil die Flut der Reize nicht mehr verarbeitet werden kann. Ihr Sohn kann mit fünf noch kein englisches Wort, obwohl man doch weiß, dass Kinder in dem Alter beim Fremdsprachenlernen wie Schwämmchen sind, die alles locker und leicht aufsaugen? Elsbeth Stern, Lernforscherin in Berlin, ist skeptisch, ob das möglichst frühe Fremdsprachenlernen vor der Schule wirklich so sinnvoll ist, zumal es meistens nach dem gleichen Schema abläuft: Man spielt ein englisches Spiel, liest ein französisches Buch oder singt fremde Lieder, aber: »Bisher gibt es keine Belege, dass dies irgendetwas nützt.« Die ehemalige Professorin für Pädagogische Psychologie in Leipzig sieht vor allem den sozialen Druck wachsen, dem Kind möglichst viel anzubieten, und »dass es Eltern gibt, die sich fragen, ob sie ein schlechtes Gewissen haben müssen, weil sie den Englischkurs für ihr Kind nicht bezahlen können. Wenn man die Alternative hat, draußen zu spielen oder Spanisch zu lernen, würde ich fürs Spielen plädieren.«

Und was Musikkurse angeht: Natürlich kann es für den Nachwuchs beglückend sein, am Piano Harmonien zu erobern, aber »an einigen Kindern gehen Klavierstunden vorbei wie das schlechte Wetter«, weiß Ernst Hany, Psychologe an der Universität Erfurt. Weil sie einfach keinen Draht dazu finden, die Chemie zwischen ihnen und dem Musiklehrer nicht stimmt oder nur die Furcht, die Eltern zu enttäuschen, ihre Fingerchen auf die Tasten drückt. Eines kommt solchen Vätern und Müttern freilich entgegen: Begeisterung ist ansteckend.

Vor allem im Grundschulalter ist das Interesse von Kindern hinsichtlich Musik fast grenzenlos, stellte der Hamburger Kinder- und Jugendlichenpsychotherapeut Gerhard Suess fest. Springt der Funke aber nicht über, gerät die vermeintliche Kür zur Pflicht.

Vieles geht übrigens auch ohne Kurse oder Trainingseinheiten. Mit festem Lehrplan, Zeitmesser und To-do-Listen, meint Gottfried Spangler, rückt unsere Gesellschaft ihren Jüngsten sowieso reichlich zu Leibe. Zehnjährige, so die Statistik, haben pro Tag durchschnittlich gerade eine Stunde nichtorganisierte Freizeit zur Verfügung. Obwohl Psychologen und Erzieher zwei Kurse pro Woche für das Maximum halten. Spanglers Empfehlung: »Statt formale Förderung zu betreiben, sollten Eltern ihre Kinder lieber in dem unterstützen, was sie ohnehin gern machen. Wenn ein Kind gern liest, geht man mit ihm in die Bücherei. Das ist vernünftige, nichtformale Förderung.« Übrigens: Ein Kind muss nicht unbedingt musikalisch sein, auch wenn das die Gehirnzellen durchaus weiterbringen kann – auch körperliche Begabung ist mit Intelligenz verbunden, fanden Harvard-Wissenschaftler heraus

Und alles, was vermeintlichen Segen bringen soll, kann sich auch zum Gegenteil verkehren: »Beim Fußball lernen Kinder unter Umständen auch unfaires Wettbewerbsverhalten und wie man sich gegenseitig austrickst«, gibt Gottfried Spangler zu bedenken. Tennis fördert womöglich das Einzelkämpfertum, ein Instrument kann ein Kind zum Stubenhocker machen, der Computerkurs zum Einzelgänger. Sollte der Nachwuchs jedoch weder Interesse für Noten noch für den Sportplatz aufbringen, sondern sich zu profanen Dingen wie dem Sammeln von Überraschungseier-Nilpferden hingezogen fühlen, ist das auch nicht das Ende des Abendlandes: Sammeln, wissen Experten inzwischen nämlich, fordert das Gehirn, lehrt vorauszudenken, zu systematisieren; und beim Tauschen trainieren

Kinder sogar Verhandlungsgeschick, Geduld und Durchsetzungsvermögen.

Der Schweizer Psychologe Remo Largo ist davon überzeugt, ein Kind könne ohnehin »nur so viele Erfahrungen aufnehmen, wie es ihm von seinem Entwicklungsstand her möglich ist. Angebote, die über seine Bedürfnisse hinausgehen, bleiben ungenutzt oder behindern gar seine Entwicklung. Ein Kind, das überfüttert wird, wird nicht größer, sondern nur dick.«

Und das Restrisiko: Wie fördere ich mein Kind denn richtig?

Michael Thiel, Diplom-Psychologe, Hamburg: »Kinder fördert man, indem man ihre Talente entdeckt – und nicht, indem man sie zu Rennpferden hochzüchtet. Wenn Eltern ihre Kinder genau anschauen, entdecken sie, was ihnen Spaß macht. Vielleicht liebt ein Kind das Turnen, dann wird es auch einen gewissen Ehrgeiz dort hineinstecken und größere Fähigkeiten entwickeln als Kinder, die sich dabei eher langweilen. Immer dort, wo Kinder ein großes Interesse mitbringen, entwickelt sich ein sogenannter Engelskreis: Man hat Spaß, übt viel, wird besser. Das wiederum motiviert noch mehr, macht noch mehr Spaß und so weiter. Der Teufelskreis, zu dem viele Eltern ihre Kinder zwingen, läuft genau andersherum: Ein Kind quält sich zur Klavierstunde, übt wenig, wird immer frustrierter – und hat irgendwann überhaupt keine Freude mehr an der Musik.

Kinder sind Individualisten, man kann ihnen verschiedene Aktivitäten anbieten, aber sie werden sicherlich keine Allrounder, die alles, was man ihnen nahelegt, bestens beherrschen. Genau wie Erwachsene zeigen sie bestimmte Vorlieben und Interessen – und Fähigkeiten. Erfolg wird in unserer Welt langfristig nur derjenige haben, der etwas nicht aus Zwang oder Druck heraus, sondern aus Energie und Freude tut.«

Elternangst 7
Wenn ich nicht bei meinem Kind bin, habe ich oft Angst, es passiert etwas Schlimmes

Die Wahrheit

Es passiert jede Menge Schlimmes – in unseren Vorstellungen. Was kommt, weiß keiner. Aber man kann sich ja mal angucken, was war. Als Deutschlands Kinder noch nicht rund um die Uhr bewacht wurden. Als wir Kinder waren, zum Beispiel:

Wenn du ein Kind in den fünfziger, sechziger oder siebziger Jahren warst, ist es zurückblickend kaum zu glauben, dass wir so lange überleben konnten! Als Kinder saßen wir in Autos ohne Sicherheitsgurte und ohne Airbags. Unsere Bettchen waren angemalt in strahlenden Farben voller Blei und Cadmium. Die Fläschchen aus der Apotheke konnten wir ohne Schwierigkeiten öffnen, genauso wie die mit Bleichmittel. Türen und Schränke waren eine ständige Bedrohung für unsere Fingerchen. Auf dem Fahrrad trugen wir nie einen Helm. Wir tranken Wasser aus Wasserhähnen und nicht aus Flaschen. Wir bauten Wagen aus Seifenkisten und entdeckten während der ersten Fahrt den Hang hinunter, dass wir die Bremsen vergessen hatten. Damit kamen wir nach einigen Unfällen klar. Wir verließen morgens das Haus zum Spielen. Wir blieben den ganzen Tag weg und mussten erst zurück sein, wenn die Straßenlaternen angingen. Niemand wusste, wo wir waren, und wir hatten nicht mal ein Handy dabei! Wir haben uns geschnitten, brachen Knochen und Zähne, und niemand wurde deswegen verklagt. Es waren eben Unfälle. Niemand hatte Schuld außer wir selbst. Keiner fragte nach einer »Aufsichtspflicht«.

Wir kämpften und schlugen einander manchmal bunt und blau. Damit mussten wir leben, denn es interessierte die Er-

wachsenen nicht. Wir aßen Kekse, Brot mit dick Butter und wurden trotzdem nicht zu dick. Wir tranken mit unseren Freunden aus einer Flasche, und niemand starb an den Folgen. Wir hatten nicht: PlayStation, Nintendo 64, X-Box, Videospiele, 64 Fernsehkanäle, Filme auf Video, Surround-Sound, eigene Fernseher, Computer, Internet-Chat-Rooms. Wir hatten Freunde. Wir gingen einfach raus und trafen sie auf der Straße. Oder wir marschierten einfach zu deren Heim und klingelten. Manchmal brauchten wir gar nicht zu klingeln und gingen einfach hinein. Ohne Termin und ohne Wissen unserer Eltern. Keiner brachte uns und keiner holte uns …

Wie war das nur möglich? Wir dachten uns Spiele aus mit Holzstöcken und Tennisbällen. Außerdem aßen wir Würmer. Und die Prophezeiungen trafen nicht ein: Die Würmer lebten nicht in unseren Mägen für immer weiter, und mit den Stöcken stachen wir nicht besonders viele Augen aus. Beim Straßenfußball durfte nur mitmachen, wer gut war. Wer nicht gut war, musste lernen, mit Enttäuschungen klarzukommen. Manche Schüler waren nicht so schlau wie andere. Sie rasselten durch Prüfungen und wiederholten Klassen. Das führte nicht zu emotionalen Elternabenden oder gar zur Änderung der Leistungsbewertung. Unsere Taten hatten manchmal Konsequenzen. Das war klar, und keiner konnte sich verstecken. Wenn einer von uns gegen das Gesetz verstoßen hat, war jedem bewusst, dass die Eltern ihn nicht aus dem Schlamassel heraushauen. Im Gegenteil: Sie waren der gleichen Meinung wie die Polizei! So etwas! Unsere Generation hat eine Fülle von innovativen Problemlösern und Erfindern mit Risikobereitschaft hervorgebracht. Wir hatten Freiheit, Misserfolg, Erfolg und Verantwortung. Mit alldem wussten wir umzugehen. (Unbekannter Autor, Kettenmail im November 2003)

Und das Restrisiko?

Das Leben. Wir haben es unseren Kindern geschenkt. So, wie es nun mal ist. Wir müssen nur sehen, dass sie sich darin einrichten lernen. Und sie nicht ständig wegziehen, wenn sie danach greifen wollen.

Literatur

Sabine Ahrens-Eipper: Soziale Unsicherheit im Kindesalter. Indikation und Evaluation eines verhaltenstherapeutischen Trainings. Dissertation Philosophie, Martin-Luther-Universität, Halle-Wittenberg 2002

Rolf W. Brednich: Die Spinne in der Yucca-Palme. Sagenhafte Geschichten von heute. C. H. Beck, München 1999

Bill Clinton: Mein Leben. Econ, Berlin 2004

Donata Elschenbroich: Weltwissen der Siebenjährigen. Wie Kinder die Welt entdecken. Goldmann, München 2002

Heiko Ernst: Das gute Leben. Der ehrliche Weg zum Glück. Ullstein, München 2003

Frank Furedi: Warum Kinder mutige Eltern brauchen. Dtv, München 2004

Oskar Holzberg/Claudia Clasen-Holzberg: Brigitte Kursbuch Familie. Familie im Gleichgewicht. Naumann & Göbel, Köln 2002

Matthias Horx: Wie wir leben werden. Unsere Zukunft beginnt jetzt. Campus, Frankfurt am Main 2006

Klaus Hurrelmann: Lebensphase Jugend. Eine Einführung in die sozialwissenschaftliche Jugendforschung. Juventa, Weinheim 2005

Florian Illies: Generation Golf. Eine Inspektion. Fischer, Frankfurt am Main 2001

Hans Jellouschek: Liebe auf Dauer. Die Kunst, ein Paar zu bleiben. Kreuz-Verlag, Stuttgart 2004

Horst Kasper: Prügel, Mobbing, Pöbeleien. Cornelsen-Verlag Scriptor, Berlin 2003
Hans Keupp: »Entwickeln wir uns zu einer Gesellschaft der Ichlinge?« In: Psychotherapie im Dialog, 5 (3, 2004), S. 294–298
Claudia Isabelle Köhne: Familiäre Strukturen und Erziehungsziele zu Beginn des 21. Jahrhunderts. Dissertation, Universität Duisburg-Essen 2003
Janusz Korczak: Wie man ein Kind lieben soll. Vandenhoeck & Ruprecht, Göttingen 2005
Darrin M. McMahon: Happiness. A History. Atlantic Monthly Press, New York 2006
Kristina Netzer: Erziehungsziele. Das Glück des Kindes als ein neues Ziel der modernen Pädagogik: Eine kritische Betrachtung. Hausarbeit Erziehungswissenschaft an der Universität Trier 2003
Jürgen Oelkers: Reformpädagogik. Eine kritische Dogmengeschichte. Juventa, Weinheim 2005
Jürgen Oelkers: Einführung in die Theorie der Erziehung. Beltz, Weinheim 2001
Wolfgang Schirmacher: »Erziehung in der technischen Welt«. In: Sigmund Bonk (Hg.): Erziehung in der technischen Welt. München 1991
Frank Schirrmacher: Minimum. Vom Verstehen und Neuentstehen unserer Gemeinschaft. Blessing, München 2006
Johann August Schülein: Die Geburt der Eltern. Psychosozial-Verlag, Gießen 2002
Michael Schulte-Markwort/Franz Resch (Hg): Kursbuch für integrative Kinder- und Jugendpsychotherapie, Beltz, Weinheim 2005
Yvonne Schütze: »Veränderung im Eltern-Kind-Verhältnis seit der Nachkriegszeit«. In: Rosemarie Nave-Herz (Hg.): Kontinuität und Wandel der Familie in Deutschland, Lucius & Lucius, Stuttgart 2002

Hans Sebald/Christine Krauth: Ich will ja nur Dein Bestes! Econ, München 1981
Sigrid Tschöpe-Scheffler: Kinder brauchen Wurzeln und Flügel. Erziehung zwischen Bindung und Autonomie. Grünewald, Mainz 2002
Sigrid Tschöpe-Scheffler: Die fünf Säulen der Erziehung. Wege zu einem entwicklungsfördernden Miteinander von Erwachsenen und Kindern. Grünewald, Mainz 2003
Sigrid Tschöpe-Scheffler: Konzepte der Elternbildung. Eine kritische Übersicht. Budrich, Opladen 2005
Sigrid Tschöpe-Scheffler: Perfekte Eltern und funktionierende Kinder? Vom Mythos der »richtigen« Erziehung. Mit einem Elternstärkentest. Budrich, Opladen 2006
Barbara Vinken: Die deutsche Mutter. Der lange Schatten eines Mythos. Piper, München 2002
Emmy Werner: »The children of Kauai. Resilience and recovery in adolescence and adulthood«. In: Journal of Adolescent Health, July 1992

Dank

Ich bedanke mich ganz besonders bei meinen Gesprächs- und E-Mail-Partnern: Professor Jürgen Oelkers, Professor Sigrid Tschöpe-Scheffler, Professor Klaus Hurrelmann, Dr. Jürg Frick, Professor Michael Schulte-Markwort, Professor Heiner Keupp, Hans Jellouschek, Oskar Holzberg, Josef Kraus, Heiko Ernst, Michael Thiel, Horst Kasper, Dr. Mathilde Kersting, Martin Kunze und Dieter Brühl